Theorie und Empirie Lebenslangen Lernens

Herausgegeben von
Ch. Hof, Frankfurt/Main, Deutschland
J. Kade, Frankfurt/Main, Deutschland
H. Kuper, Berlin, Deutschland
S. Nolda, Dortmund, Deutschland
B. Schäffer, München, Deutschland
W. Seitter, Marburg, Deutschland

Mit der Reihe verfolgen die Herausgeber das Ziel, theoretisch und empirisch gehaltvolle Beiträge zum Politik-, Praxis- und Forschungsfeld *Lebenslanges Lernen* zu veröffentlichen. Dabei liegt der Reihe ein umfassendes Verständnis des Lebenslangen Lernens zugrunde, das gleichermaßen die System- und Organisationsebene, die Ebene der Profession sowie die Interaktions- und Biographieebene berücksichtigt. Sie fokussiert damit Dimensionen auf unterschiedlichen Aggregationsniveaus und in ihren wechselseitigen Beziehungen zueinander. Schwerpunktmäßig wird die Reihe ein Publikationsforum für NachwuchswissenschaftlerInnen mit innovativen Themen und Forschungsansätzen bieten. Gleichzeitig ist sie offen für Mono-graphien, Sammel- und Tagungsbände von WissenschaftlerInnen, die sich im Forschungsfeld des Lebenslangen Lernens bewegen. Zielgruppe der Reihe sind Studierende, WissenschaftlerInnen und Professionelle im Feld des Lebenslangen Lernens.

www.TELLL.de

Herausgegeben von

Christiane Hof
Goethe-Universität
Frankfurt/Main

Jochen Kade
Goethe-Universität
Frankfurt/Main

Harm Kuper
Freie Universität Berlin

Sigrid Nolda
Technische Universität Dortmund

Burkhard Schäffer
Universität der Bundeswehr München

Wolfgang Seitter
Philipps-Universität Marburg

Claudia Dellori

Die absolute Metapher ,lebenslanges Lernen'

Eine Argumentationsanalyse

Mit einem Geleitwort von Jochen Kade

 Springer VS

Claudia Dellori
Frankfurt a.m., Deutschland

Dissertation Goethe-Universität Frankfurt, Deutschland

D 30

Theorie und Empirie Lebenslangen Lernens
ISBN 978-3-658-10959-2 ISBN 978-3-658-10960-8 (eBook)
DOI 10.1007/978-3-658-10960-8

Die Deutsche Nationalbibliothek verzeichnet diese Publikation in der Deutschen Nationalbibliografie; detaillierte bibliografische Daten sind im Internet über http://dnb.d-nb.de abrufbar.

Springer VS
© Springer Fachmedien Wiesbaden 2016

Gedruckt auf säurefreiem und chlorfrei gebleichtem Papier

Springer Fachmedien Wiesbaden ist Teil der Fachverlagsgruppe Springer Science+Business Media
(www.springer.com)

Geleitwort

Die aus der Dissertation hervorgegangene und zum Zweck der leichteren Rezeption vor allem um eine größere Zahl von aufwendigen empirischen Fallrekonstruktionen – angesichts der enormen Arbeit, die darein gegangen ist, sicher auch mit einem weinenden Auge – erheblich gekürzten Studie von Claudia Dellori verbindet einen gleichsam aufs Ganze gehenden erkenntnisphilosophisch begründeten theoretischen Zugang zur Grundbegrifflichkeit des Lebenslangen Lernens mit einem in der qualitativen Sozialforschung fundierten mikroskopischen Blick auf seine Empirie in den Spezialdiskursen der Bildungspolitik und darüber hinaus der wesentlichen Bereiche des Erziehungs- und Bildungssystems, wie der Elementarpädagogik, der Sekundarstufe I und der Erwachsenenbildung/ Weiterbildung. Diese Spannweite allein schon hebt Delloris Studie aus der gewiss nicht kleinen, seit den 1990er Jahren noch einmal wachsenden Zahl von Veröffentlichungen zum Lebenslangen Lernen heraus und wird ihr eine besondere Aufmerksamkeit in den Erziehungswissenschaften bringen.

Mit der Fokussierung des Lebenslangen Lernens als einer ‚absoluten Metapher' greift Claudia Dellori einen Gedanken auf, den Gerhard de Haan bereits 1991 unter Bezug auf den Philosophen Hans Blumenberg zur Absetzung von selbstverständlichen Begriffserwartungen entwickelt hat, ohne dass dies in der Diskussion zum Lebenslangen Lernen jedoch weitere Folgen gehabt hätte. Dellori entdeckt den Begriff der ‚absoluten Metapher' im Grunde neu. Dies geschieht nicht nur, aber auch auf dem Wege einer theoriegeschichtlich gut informierten Wiedererinnerung. Diese führt zu einer für gehaltvolle empirische Forschung unverzichtbaren Erhöhung der theoretischen Sensibilität, auch im Horizont der Grounded Theory. Es ist vor allem aber die empirische Analyse von theoriegenerierenden Interviews (Meuser/Nagel), die Claudia Dellori mit insgesamt 20 Experten im Bildungs- und Erziehungssystem geführt hat und mit dem kreativ weiterentwickelten Instrumentarium der Diskursforschung (Keller), der Grounded Theory (Glaser/Strauss und Strauss/Corbin) und der Argumentationsanalyse (Schütze) ausgewertet hat, welche der These vom Lebenslangen Lernen als absoluter Metapher eine neue Aktualität gibt. Absoluten Metaphern mangelt es an Klarheit und Bestimmtheit von Begriffen. Aber gerade durch diese Vagheit und Diffusität haben sie eine Geschichte. Sie können damit „indizieren, wie eine Epoche über das ihnen zugrundeliegende Phänomen gedacht" (S. 156) hat.

In den beinahe 25 Jahren, die seit de Haans Analyse vergangen sind, scheint das Lebenslange Lernen im professionellen Bewusstsein offenbar im Status einer absoluten Metapher soweit seinen deutlichen Niederschlag zur Orientierung in sich entwickelnden pädagogischen Feldern im Erziehungssystem gefunden zu haben, dass sie von theoriesensibler, komparativ angelegter empirischer Forschung – wie in dem Fall dieser Studie von Claudia Dellori – ‚entdeckt' und in seinen differenten Merkmalen näher rekonstruiert werden kann, ohne dass man dabei einem „induktivistischen Selbstmissverständnis" (S. 39) auf den Leim gehen müsste. Delloris Studie hat de Haans These, dass dem Lebenslangen Lernen der Status einer absoluten Metapher zukommt, nicht nur belegen können, sie hat diese These auch näher differenziert und damit möglicherweise das Konzept des Lebenslangen Lernens auch zunehmend brüchig werden lassen. Die Fallanalysen ermöglichen einerseits eine „empirische Dimensionalisierung" (S. 159) des Lebenslangen Lernens als ‚absoluter Metapher'. Es können unterschiedliche Typisierungen (Konstrukt, Idee, Schlagwort) aufgewiesen werden; es lässt sich eine Austauschbarkeit der metaphorischen Anteile ‚lebenslang', ‚lebenslänglich' und ‚lebensbegleitend' nachweisen; und es können diachrone Bedeutungsveränderungen der Rede vom Lebenslangen Lernen identifiziert werden. Andererseits kann die Studie auch – in typisierender Perspektive – kontextgebundene Definitionen im diskursiven Umgang mit der absoluten Metapher des lebenslangen Lernens herausarbeiten. Das ist zum einen die Fokussierung einer kontinuierlichen pädagogischen Förderung der Lernkompetenz im Lebenslauf; dann die parallele Inklusion der Lernenden in Einrichtungen mehrerer Bildungsbereiche und schließlich ein deutliches Votum für eine Reform einzelner Bildungsbereiche und dazugehöriger Organisationen.

Mit der in der TELLL-Reihe veröffentlichten erziehungswissenschaftlichen Studie von Claudia Dellori ist zum ersten Mal der Diskurs zu dem bildungsbereichsübergreifenden Umgang mit dem Lebenslangen Lernen; genauer: mit dem Lebenslangen Lernen als einer ‚absoluten Metapher' zum empirischen Gegenstand gemacht worden. Auf diesem Basiswissen aufbauend, wird man weitere Bereiche des Erziehungssystems in den Blick nehmen können, man wird aber auch den Fokus erweitern können, indem man etwa die mehr oder weniger expliziten Diskurse der Adressaten in den verschiedenen Bereichen in die Reflexion miteinbeziehst, auch unter dem Aspekt einer weiteren Professionalisierung pädagogischer Akteure einerseits, einer weiteren Universalisierung pädagogischer Denk- und Handlungsmuster, damit des Pädagogischen, andererseits. In Zukunft bedarf es sicher weiterer Diskussionen zur Klärung der Fragen, ob die Zeit des Lebenslangen Lernens als einer ‚absoluten' Metapher ihrem Ende zugeht bzw. aus Gründen wissenschaftlicher Klarheit zugehen sollte, wie Claudia Dellori in ihrem Fazit andeutet, oder ob es einen kommunikativen Sinn machen kann, auf dem Lebenslangen Lernen als ,absoluter Metapher' zu insistieren. Aber diese können und müssen nach Claudia Delloris beeindruckender Studie zum Lebenslangen Lernen im Erziehungssystem auf einer anderen, theoretisch elaborierteren und empirisch gehaltvolleren Grundlage geführt werden. Nicht zuletzt dies macht die Studie äußerst lesenswert.

Jochen Kade

Inhalt

Abbildungsverzeichnis

1 Einleitung

Bildungspolitische Rahmenbedingungen und ihre Auswirkungen auf die pädagogische Praxis und erziehungswissenschaftliche Forschung

Der Diskurs über das lebenslange Lernen ist in Deutschland bildungspolitisch initiiert und hat seine Anfänge in den 1970er Jahren (vgl. Gerlach 2000; Kraus 2001; Kuhlenkamp 2010).[1] Indem in den internationalen und vor allem europäischen Diskussionen zum lebenslangen Lernen versucht wird, „gesellschaftliche Probleme als Bildungs- oder Lernprobleme zu reformulieren" (Rothe 2011: 397) wird das Thema ‚lebenslanges Lernen' auch für die Erziehungswissenschaft relevant. Durch entsprechende nationale bildungspolitische Förderprogramme wird das Postulat ‚lebenslanges Lernen' zu einem Gegenstand der pädagogischen Praxis und der erziehungswissenschaftlichen Reflexion, wie die zahlreichen Publikationen zum Thema ‚lebenslanges Lernen' aufzeigen. Der Einfluss solcher Förderprogramme ist gerade im Erwachsenen- und Weiterbildungsbereich groß, da hier aufgrund abnehmender Grundfinanzierung das Akquirieren zusätzlicher Finanzmittel von Bedeutung ist (vgl. Rothe 2011: 264).

‚Bildungsbereichsübergreifende Vernetzung', ‚Stärkung der Bezüge' sowie ‚Förderung der Durchlässigkeit zwischen den Bildungsbereichen' sind Schlagwörter, die in der aktuellen bildungspolitischen Programmatik zum lebenslangen Lernen verwendet werden (vgl. BLK 2004; BMBF 2008). Sie werden als Bedingungen genannt, um die subjektbezogene Realisierung des Lernens im Lebenslauf vonseiten der Bildungseinrichtungen zu unterstützen. Schaut man sich beispielsweise die vom Bundesministerium für Bildung und Forschung im Jahr 2008 herausgegebenen „Empfehlungen des Innovationskreises Weiterbildung für eine Strategie zur Gestaltung des Lernens im Lebenslauf" an, so liegt die Begründung für die geforderte „Verbesserung der Durchlässigkeit und die Verzahnung der Bildungsbereiche" (BMBF 2008: 15) hauptsächlich in der Herstellung und Sicherung der Erwerbsfähigkeit durch die Bereitstellung von vielfältigen Lern- und Bildungsangeboten seitens der am Lebenslauf orientierten Bildungs-

---

1   Hintergrund für die in den 1970er Jahren einsetzende Fokussierung der internationalen Diskussion auf die Notwendigkeit der Entwicklung neuer Bildungskonzepte und Leitideen ist die von Philip H. Coombs Ende der 1960er Jahre veröffentlichte Analyse einer Weltbildungskrise (vgl. Gerlach 2000, 14-25).

einrichtungen. Durch die Beteiligung an bildungspolitischen Förderprogrammen wie „Lernende Regionen – Förderung von Netzwerken" sowie „Lernen vor Ort" des Bundesministeriums für Bildung und Forschung oder „Lebenslanges Lernen" der Bund-Länder-Kommission nehmen sich Bildungseinrichtungen aus den verschiedenen Bildungsbereichen diesen Forderungen an und versuchen diese auf der Ebene von Projekten umzusetzen. Verschiedene Publikationen weisen auf die Fülle von unterschiedlichen Projekten hin, die in diesem Kontext entstanden sind (vgl. BLK 2004; Nuissl, Dobischat, Hagen & Tippelt 2006; Emminghaus & Tippelt 2000; Tippelt, Reupold, Strobel & Kuwan 2009). Die Vielzahl an Projekten zeigt aber auch auf, dass mit der bildungsbereichsübergreifenden Umsetzung lebenslangen Lernens unterschiedliche Ideen und Intentionen verbunden sind. Dies spiegelt sich im erziehungswissenschaftlichen Diskurs des lebenslangen Lernens wider, wenn beispielsweise lebenslanges Lernen als „erziehungswissenschaftliches Theoriekonzept, als bildungspolitisches Handlungskonzept, als institutionelles Didaktikkonzept oder als subjektives Aneignungskonzept" (Kade & Seitter 1998: 51) betrachtet wird.

Die Beantwortung der Fragen ‚Was bedeutet lebenslanges Lernen?' und ‚Was ist unter einer bildungsbereichsübergreifenden Umsetzung des lebenslangen Lernens zu verstehen?' gestaltet sich schwierig, da aus erziehungswissenschaftlicher Sicht „die Perspektiven des Individuums, die der Politik und die der Organisationen nicht präzise auseinander gehalten werden und auf diese Weise eine gefährliche Vermischung unterschiedlicher Handlungslogiken stattfindet" (Nittel 2006: 254).

Forschungsleitende Fragestellung und Zielsetzung der Arbeit

Die vorliegende Studie greift die dargelegte Problematik auf und untersucht auf der Basis von Experteninterviews aus einer diskursanalytischen Perspektive, wie das Wissen über die bildungsbereichsübergreifende Umsetzung[2] lebenslangen Lernens von Bildungsexpertinnen und -experten aus dem Elementarbereich, dem Sekundarbereich I und der Erwachsenenbildung/Weiterbildung sowie Entschei-

---

2   ‚Umsetzung' ist hier im Sinne der „revidierten Verwendungsforschung" (Beck & Bonß 1984; 1989) zu verstehen. Gemeint ist hier *nicht* „(...) die eindimensionale Übertragung auf und ‚Anwendung' von Ergebnissen in praktische Entscheidungs- und Handlungssituationen, sondern [Verwendung, C.D.] verweist auf den komplexen ‚Umgang' mit wissenschaftlichen Deutungsmustern und Interpretationen in der Praxis selbst. Gegenüber dem traditionellen Trichtermodell nimmt die ‚revidierende Verwendungsforschung' somit einen radikalen Perspektivenwechsel vor: nicht mehr die Nutzung und Diffusion des systematisierten Wissens in der Praxis aus der Sicht der Wissenschaft steht im Mittelpunkt, sondern die Aneignungsprozesse und Bedingungen der Praxis selbst" (Lüders 1991: 424).

dungsträgerinnen und -trägern aus der Bildungspolitik ausgehandelt, kodifiziert und tradiert wird. Da zu jeder Expertengruppe sowohl Praktiker/-innen als auch Wissenschaftler/-innen befragt werden, berücksichtigt das Forschungsdesign sowohl die erziehungswissenschaftliche als auch die praxisbezogene Perspektive auf das lebenslange Lernen und dessen bildungsbereichsübergreifender Umsetzung. Ebenfalls im Forschungsdesign angeführt ist die bildungspolitische Perspektive auf das lebenslange Lernen und dessen bildungsbereichsübergreifender Umsetzung. Ziel dabei ist es, auf der Grundlage von 20 Experteninterviews den Diskurs über die bildungsbereichsübergreifende Umsetzung lebenslangen Lernens näher zu bestimmen und einen Beitrag zur Klärung der im Diskurs enthaltenen diesbezüglichen unterschiedlichen Vorstellungen und Intentionen zu leisten.

Erziehungswissenschaftliche Relevanz der Arbeit

Die erziehungswissenschaftliche Relevanz der Arbeit liegt in den folgenden Argumenten begründet:

- In der Studie wird erstmalig das bildungspolitische Postulat ‚lebenslanges Lernen' empirisch hinterfragt, indem Praktiker/-innen aus der pädagogischen Praxis, Erziehungswissenschaftler/-innen, aber auch bildungspolitische Akteurinnen und Akteure zu ihrem Verständnis des lebenslangen Lernens, dessen Bedeutung für das eigene berufliche Handeln sowie die bildungsbereichsübergreifende Umsetzung befragt werden.
- Die komparativ angelegte Untersuchung berücksichtigt erstmalig Vertreter/-innen aus mehreren Bildungsbereichen und der Bildungspolitik.[3] Es werden

---

3   An dieser Stelle ist auf das von der Deutschen Forschungsgemeinschaft geförderte Projekt „Pädagogische Erwerbsarbeit im System des lebenslangen Lernens. Berufliche Selbstbeschreibungen und wechselseitigen Funktions- und Aufgabenzuschreibungen (PAELL)" (vgl. Nittel, Tippelt & Schütz 2014) zu verweisen. Aus der Perspektive einer komparativen pädagogischen Berufsgruppenforschung wird hier u. a. die Orientierungskraft des lebenslangen Lernens innerhalb der pädagogischen Berufsgruppen des Erziehungs- und Bildungssystem untersucht. Im Mittelpunkt stehen dabei: Erzieher/-innen, Grund-, Haupt-, Real-, Gymnasial- und Berufsschullehrer/-innen, Mitarbeiter/-innen der außerschulischen Jugendbildung, Weiterbildner/-innen sowie Hochschullehrer/-innen (vgl. hierzu auch Kapitel 2.3 in der vorliegenden Arbeit). Während das PAELL-Projekt den Fokus auf die Untersuchung pädagogischer Berufsgruppen legt, liegt der Fokus der vorliegenden Arbeit auf den benannten Bildungsbereichen und den für den jeweiligen Bildungsbereich zuständigen Pädagoginnen und Pädagogen sowie entsprechenden Erziehungswissenschaftlerinnen und -wissenschaftlern, die ihren Arbeitsschwerpunkt in diesem Bereich haben. D.h., wenn Akteurinnen und Akteure z. B. aus dem Elementarbereich befragt werden, so setzt sich das Sample zusammen aus Praktiker/-innen (Erzieher/-innen, pä-

explizit auch Akteurinnen und Akteure aus der bildungspolitischen Ebene in das Datenkorpus aufgenommen. Grund hierfür ist, dass deren Verständnis des lebenslangen Lernens und vor allem der bildungsbereichsübergreifenden Umsetzung aufgrund ihrer Funktion als Entscheidungsträger/-innen die pädagogische Praxis vor Ort beeinflussen kann, wodurch letztendlich auch erziehungswissenschaftliche Forschungsfragen aufgeworfen werden.

▪ Ferner wurde bisher die bildungsbereichsübergreifende Perspektive der Umsetzung lebenslangen Lernens über drei Bildungsbereiche des deutschen Erziehungs- und Bildungssystems noch nicht verfolgt.

▪ Während des Forschungsprozesses hat sich ein weiterer Bedeutungshorizont entwickelt: Die Studie leistet einen Beitrag zur qualitativen Forschung in der Erziehungswissenschaft, indem eine neue Auswertungsmethodologie für Experteninterviews zum Einsatz kommt. Es wird ein Auswertungskonzept entwickelt, dessen Kern die Verknüpfung zwischen wissenssoziologischer Diskursforschung, Grounded Theory und konversationsanalytischer Argumentationsanalyse darstellt.

Aufbau der Arbeit

In Kapitel 2 wird zunächst das Konstrukt ‚lebenslanges Lernen' aus bildungspolitischer und erziehungswissenschaftlicher Perspektive beleuchtet, um anschließend die bildungsbereichsübergreifende Umsetzung des lebenslangen Lernens zu erörtern.

Die Beschreibung des Forschungsdesigns erfolgt in Kapitel 3. Hier werden die methodologischen Zugänge erläutert: die Wissenssoziologische Diskursanalyse nach Keller als Forschungsperspektive, die Grounded Theory nach Glaser/Strauss und Strauss/Corbin als Forschungsstil und Analysemethode, das Experteninterview nach Meuser/Nagel als Erhebungsinstrument und die Argumentationsanalyse auf der Grundlage des Argumentationsschemas von Schütze als Element der Feinanalyse.

In Kapitel 4 wird der Forschungsprozess dargelegt, indem die einzelnen Arbeitsschritte sowie Schwierigkeiten bei der Datenerhebung und der Datenauswertung beschrieben werden. Im Unterkapitel „Datenauswertung" wird das im Rahmen der Arbeit entwickelte Auswertungskonzept vorgestellt, das auf der Verknüpfung von wissenssoziologischer Diskursforschung, Grounded Theory

---

dagogische Fachberater/-innen) und Erziehungswissenschaftler/-innen (Professorinnen und Professoren), die ihren Forschungsschwerpunkt in der Elementarbildung haben. Es findet also eine Verschränkung der praxisbezogenen und wissenschaftlichen Perspektive auf die pädagogische Tätigkeit im jeweiligen Bildungsbereich statt.

und konversationsanalytischer Argumentationsanalyse beruht. Ein besonderer Fokus wird dabei auf die Weiterentwicklung des Argumentationsschemas (Schütze 1978) gelegt.

Das fünfte und das sechste Kapitel beinhalten zwei für diese Publikation aus der Langfassung der Dissertation ausgewählte empirische Einzelfallanalysen. Es handelt sich um das Fallporträt Müller, ein Experte aus dem Bereich Erwachsenenbildung (Kapitel 5) und um das Kurzporträt Wagner, eine Expertin aus dem Sekundarbereich I (Kapitel 6).

In den Kapiteln 7 und 8 werden die Ergebnisse der Studie präsentiert. Dabei wird in Kapitel 7 die Kernkategorie der vorliegenden Arbeit vorgestellt: Unter Berücksichtigung von Fachliteratur erfolgt zunächst eine Auseinandersetzung mit dem wissenschaftlichen Konzept ‚absolute Metapher'. Daran anschließend wird die empirische Dimensionalisierung der absoluten Metapher ‚lebenslanges Lernen' dargestellt. Kapitel 8 erläutert die im Rahmen dieser Studie erarbeitete gegenstandsverankerte bereichsspezifische Theorie „Kontextspezifischer Umgang mit der absoluten Metapher ‚lebenslanges Lernen'". Dabei werden drei kontextgebundene Definitionsversuche im Umgang mit der absoluten Metapher ‚lebenslanges Lernen', die Bedingungen, die zu diesen Definitionsversuchen führen sowie daraus resultierende Konsequenzen herausgearbeitet.

In Kapitel 9 werden die zentralen Ergebnisse der Studie zusammenfassend dargestellt und reflektiert. Ferner stellt sich die Autorin im Rahmen eines Ausblicks der Frage, welche Auswirkung die Ergebnisse dieser Studie für die Pädagogik/Erziehungswissenschaft haben können.

2 Perspektiven auf das Konstrukt ‚lebenslanges Lernen'

2.1 Lebenslanges Lernen als bildungspolitisches Konzept

Gesellschaftliche Begründungslinien für das bildungspolitische Konzept ‚lebenslanges Lernen'

Seit Ende des Zweiten Weltkrieges haben sich in zunehmendem Maße grundlegende gesellschaftliche, politische, ökonomische sowie ökologische Veränderungen eingestellt, die sich auf alle Bereiche des menschlichen Lebens auswirken. Durch die Akzeleration des technologischen Fortschritts und der wissenschaftlichen Forschung werden in immer kürzeren Abständen innovative Erkenntnisse und Methoden entwickelt und vermittelt, die neue Möglichkeiten und Situationen generieren (vgl. Gerlach 2000: 9). Vor diesem Hintergrund gewinnt vor allem aus der bildungspolitischen Perspektive die Bildung für Individuen und Gesellschaft verstärkt an Bedeutung, um den ständigen Veränderungen in allen Lebensbereichen standhalten und die Beschäftigungsfähigkeit der einzelnen Gesellschaftsmitglieder aufrechterhalten zu können. Kell (1996) beschreibt diese Situation folgendermaßen:

> „Die Entwicklung von ‚Anthropologischen Zeitzonen' (von biologischen Rhythmen) zur neuen ‚Nanosekunden-Kultur' (zur von der Computertechnik bestimmten Zeit) führt zu Wahrnehmung von Veränderungsgeschwindigkeit als Grundphänomen, das ein Lernen auf Vorrat für die Zukunft immer schwieriger werden lässt und deshalb lebenslanges Lernen notwendig macht – vorwiegend als Anpassung an die schnell abgelaufenen Veränderungen" (Kell 1996: 49).

Lebenslanges Lernen als ein übergreifendes Bildungskonzept, das dem Menschen ermöglichen soll, „während seines gesamten Lebens durch Lernprozesse seine Bestimmung als Individuum und kollektives Wesen einer Gesellschaft wahrzunehmen und zu entfalten" (Gerlach 2000: 9), wird im 21. Jahrhundert als Axiom in allen politischen Bereichen anerkannt. Vor dem Faktum, dass sich das heutige Verständnis von Lernen stark an Beschleunigungs- und Entgrenzungsdiskursen (vgl. Harney & Rahn 2003) orientiert, zieht Kell (1996) eine Verbindung zur Evolutionstheorie und formuliert die These:

„Die Übertragung dieser Überlegungen auf die Evolutionstheorie führt zu einer Erweiterung der Darwinschen Sicht vom ‚Überleben des am besten angepassten Lebewesens‘ zur neuen Sicht vom ‚Überleben des am besten Informierten‘. Der am besten Informierte ist derjenige Organismus, der mehr Informationen in kürzerer Zeit verarbeiten kann" (Kell 1996: 54).

Bildungspolitische Dokumente zum lebenslangen Lernen auf internationaler, europäischer und nationaler Ebene

Vier internationale Organisationen haben durch Berichte, Studien und Empfehlungen seit den frühen 1970er Jahren den Begriff des lebenslangen Lernens auf bildungspolitischer Ebene stark geprägt. Es handelt sich dabei um die UNESCO (United Nations Educational, Scientific and Cultural Organization), die OECD (Organization for Economic, Cooperation and Development), den Europarat und die Europäische Union.[4]

Hintergrund für die in den 1970er Jahren einsetzende Fokussierung der internationalen Diskussion auf die Notwendigkeit der Entwicklung neuer Bildungskonzepte und Leitideen ist die von Philip H. Coombs Ende der 1960er Jahre veröffentlichte Analyse einer Weltbildungskrise (vgl. Gerlach 2000: 14-25). Neben der Auseinandersetzung mit Ursachen[5] einer weltweiten Bildungskrise sowie der Formulierung von Zielen[6] und Lösungsansätzen[7] zu deren Bewältigung, fordert Coombs in seinen Explikationen eine notwendige Bearbeitung der Krise im Kontext einer internationalen Zusammenarbeit.

Für die o. a. Organisationen besteht der Konsens, dass das lebenslange Lernen die Basis der zukünftigen Bildungssysteme darstellt. Zur Umsetzung des lebenslangen Lernens in der individuellen Biografie wurden vor allem in den

---

4   Überblick über die wichtigsten bildungspolitischen Dokumente (vgl. dazu Kraus 2001): *Europäische Beiträge*: Europarat: „Permanent Education. Fundamentals for an Integrated Educational Policy"(1971); Europäische Union: „Lehren und Lernen. Auf dem Weg zur kognitiven Gesellschaft" (Weißbuch 1995). *Beiträge der UNESCO*: Faure-Report: „Wie wir leben lernen" (1972); Delors-Report: „Lernfähigkeit: Unser verborgener Reichtum" (1996). *Beiträge der OECD*: "Recurrent Education" (1973); "Lifelong Learning for All" (1996).

5   Coombs (1969) expliziert vier Faktoren als Hauptursachen der Weltbildungskrise: quantitativ höhere Bildungsnachfrage, Ressourcenknappheit (finanziell, personell), Trägheit der Bildungssysteme (Unfähigkeit der Bildungssysteme Bildungsnachfrage zu decken) sowie Trägheit der Gesellschaft (starre Wertsysteme und soziale Statusvorstellungen bezüglich Bildungswege und Qualifizierungen).

6   Als Ziele werden benannt: allgemeine Grundschulpflicht, allgemeine Befähigung zum Lesen und Schreiben, gleiche Bildungschancen für Frauen, Steigerung des Sekundar- und Hochschulbesuchs und ausgedehntere Erwachsenenbildung (vgl. Coombs 1969: 117).

7   Lösungsansätze werden in Technologie, Forschung und Innovation gesehen (vgl. Coombs 1969: 129-138).

1970er und 1990er Jahren unterschiedliche Bildungsstrategien entworfen. Dabei ist deren inhaltliche Ausprägung von dem jeweiligen Wertesystem und politischen Orientierungen der Organisation abhängig.

Die 1971 vom Europarat und dem Rat für kulturelle Zusammenarbeit veröffentlichte Publikation „Permanent Education. Fundamentals for an Integrated Educational Policy."[8] stellt die Kernelemente der europäischen Bildungsstrategie zur Umsetzung des lebenslangen Lernens in den 1970er Jahren vor. Selbstverantwortung, Selbstbildung und persönliche Entfaltung verkörpern die Ziele der Permanent Education. Diese sollen erreicht werden durch ein flexibles Bildungssystem, das gekennzeichnet ist durch modularisierte Lerneinheiten, selbstbestimmte Einteilung der Lernzeiten, Auswahl an möglichst breitgefächerten, diversifizierten Lernangeboten und offenem Zugang zu diesen. Die bestehenden Institutionen sollen nicht abgeschafft, sondern zur Erreichung der notwendigen Flexibilität reformiert werden. Die Neuorganisation des Bildungssystems soll an den Prinzipien der Chancengleichheit, Demokratie und Transparenz erfolgen (vgl. Kraus 2001: 59-65).

Als *das* Auftaktdokument der bildungspolitischen Diskussion zum lebenslangen Lernen wird allerdings der Faure-Report[9] der UNESCO deklariert (vgl. Dohmen 1996: 15; Gerlach 2000: 14). Das im Faure-Report angestrebte gesellschaftliche Modell ist das der Lerngesellschaft. Ihre Basis ist die Education permanente, die für jedes Individuum Lernen während der gesamten Lebensspanne und in allen Lebensbereichen ermöglicht (vgl. Faure et al. 1973: 246). Neben der vorschulischen und schulischen Erziehung ist die Erwachsenenbildung ein wesentlicher Bestandteil des lebenslangen Lernens.[10] Nicht nur die Vermittlung von formaler Ausbildung, sondern ebenfalls die Vorbereitung auf die das Leben betreffenden Kompetenzen und Fähigkeiten sind Aufgaben des zukünftigen Erziehungs- und Bildungssystems. Selbstgesteuertes sowie non-formales und informelles Lernen gewinnen als wichtige Prinzipien zur Umsetzung des lebenslangen Lernens an Bedeutung.

Impulsgebende Strategie der OECD in den 1970er Jahren ist die Recurrent Education[11]. Nukleus dieser Bildungsstrategie ist das Alternieren von organisier-

---

8   Der vollständige Titel lautet: Council of Europe/Council for Cultural Co-Operation/committee for out-of-school-education: Permanent Education. Fundamentals for an integrated Educational Policy. Studies on permanent Education, no 21/1991. Strassbourg.

9   Zur Erstellung des Berichtes wurde eine Kommission gegründet, deren Vorsitzender Edgar Faure war. Unter seinem Namen wurde der Bericht bekannt. Der Bericht wurde 1972 veröffentlicht. 1973 erschien die deutsche Ausgabe.

10 Die Erwachsenenbildung erhält durch den Faure-Report eine bildungspolitische Aufwertung (vgl. Gerlach 2000: 52).

11 Originaltitel des Dokuments: OECD/Centre for Educational Research and Innovation (CERI): Recurrent Education: A Strategie for Lifelong Learning. OECD: Paris 1973. In Deutschland er-

ten Bildungsphasen mit anderen Lebensphasen[12] während der gesamten Lebensspanne (vgl. Sekretariat der Ständigen Konferenz der Kultusminister der Länder der Bundesrepublik Deutschland 1974: 21). Die Recurrent Education bezieht sich hauptsächlich auf die der Pflichtschulphase nachgelagerten Bereiche der Ausbildung und Weiterbildung und involviert formale und informelle Lernprozesse. In organisierten Lernphasen soll das Individuum die Möglichkeit zur Reflexion, Systematisierung und Erweiterung von in informellen Lernprozessen erworbenen Lernerfahrungen erhalten.

Während in den 1980er Jahren die internationale bildungspolitische Diskussion über das lebenslange Lernen abebbt, erfährt sie ab Mitte der 1990er Jahre einen neuen Aufschwung, gekennzeichnet durch „eine Aufbruchstimmung im Hinblick auf die kommende Jahrtausendwende" (Gerlach 2000: 101). Beim Vergleich der Dokumente aus den 1970er und den 1990er Jahren ist eine inhaltliche Umorientierung zu konstatieren: Während in den 70er Jahren Strategien zur Realisierung des lebenslangen Lernens erarbeitet werden, so wird in den 1990er Jahren lebenslanges Lernen selbst zu einer omnipotenten Bildungsstrategie und einem omnipotenten Bildungskonzept deklariert.

1996 veröffentlicht die OECD die Studie „Lifelong Learning for All". Lebenslanges Lernen wird nun als ein das ganze Leben umspannendes Lernen betrachtet. Recurrent Education, wie sie die OECD in den 70er Jahren als Bildungsstrategie angestrebt hat, wird nur noch „in angepasster Form, lediglich als eine Möglichkeit der Rückkehr zu formaler Bildung klassifiziert" (Gerlach 2000: 107). Persönlichkeitsentwicklung, sozialer Zusammenhalt sowie Wirtschaftswachstum sollen unter Berücksichtigung der Prinzipien wie Transparenz, Durchlässigkeit, Zusammenarbeit, Flexibilität, Kohärenz und Chancengleichheit erzielt werden. Im Gegensatz zur Recurrent Education gewinnt die vorschulische und schulische Erziehung als grundlagenschaffende Bildungsbereiche an Bedeutung. Selbstgesteuertes Lernen mit konventionellen, vor allem aber mit neuen Medien wird zum grundlegenden methodischen Prinzip.

Ein wichtiges EU-Dokument stellt das „Memorandum über Lebenslanges Lernen" dar, das von der Kommission der Europäischen Gemeinschaft im Jahr 2000 veröffentlicht wurde und handlungsleitend für das in 2001 vom Bundesministerium für Bildung und Forschung publizierte Aktionsprogramm „Lebensbegleitendes Lernen für alle" ist. Ein erster deutscher bildungspolitischer Beitrag zum lebenslangen Lernen erfolgt 1996 von Günther Dohmen im Auftrag des

---

schien die Publikation unter dem Titel: Sekretariat der Ständigen Konferenz der Kultusminister der Länder der Bundesrepublik Deutschland (Hrsg.): Ausbildung und Praxis im periodischen Wechsel (Recurrent Education), 1974

12   Zu den Lebensphasen werden Berufstätigkeit, Arbeitslosenphase, Freizeit und Ruhestand gezählt, wobei der Fokus auf der Phase der Berufstätigkeit liegt.

Bundesministeriums für Bildung, Forschung und Technologie mit dem Titel „Das lebenslange Lernen. Leitlinien einer modernen Bildungspolitik". Ein aktuelles nationales bildungspolitisches Dokument ist die Publikation der Bund-Länder-Kommission „Strategie für lebenslanges Lernen in der Bundesrepublik Deutschland" aus dem Jahr 2004. Die in diesem Dokument dargestellte Strategie orientiert sich sowohl an den Lebensphasen des Menschen als auch an Entwicklungsschwerpunkten für lebenslanges Lernen.

2.2 Erziehungswissenschaftlicher Diskurs über das lebenslange Lernen

Seit den 1990er Jahren hat sich neben der bildungspolitischen Programmatik zum lebenslangen Lernen ein relativ eigenständiger Diskurs in der Erziehungswissenschaft herausgebildet, der in Deutschland zu einer „grundlegenden Veränderung und Erweiterung der inhaltlichen Vorstellungen über das Konstrukt des lebenslangen Lernens" (Brödel 2003: 115) geführt hat. Während in den 60er und 70er Jahren des 20. Jahrhunderts in Deutschland lebenslanges Lernen gleichgesetzt wird mit dem Auf- und Ausbau organisierter institutioneller Erwachsenenbildung, wird diese seit den 1990er Jahren als ein Teilbereich lebenslangen Lernens betrachtet. Dabei werden unter dem erziehungswissenschaftlichen Theorem der „Entgrenzung" (Kade 1997) ursprünglich nicht-pädagogische Institutional- und Handlungskontexte als Orte lebenslangen Lernens untersucht. In diesem Zusammenhang wird auch die von bildungspolitscher Seite forcierte Differenzierung ‚formales Lernen', ‚nonformales Lernen' und ‚informelles Lernen' im erziehungswissenschaftlichen Diskurs reflektiert.[13] Aus biografietheoretischer Perspektive wird diese Differenzierung allerdings nicht als „Typologie von Lernprozessen interpretiert, sondern auf die Strukturen und Rahmungen der jeweiligen *Lernkontexte* bezogen" (Alheit & Dausien 2010: 722, Hervorhebung im Original; ebenso Nittel & Seltrecht 2013: 7).

---

13 Auf europäischer bildungspolitischer Ebene werden formales, nonformales und informelles Lernen wie folgt definiert: Beim formalen Lernen handelt es sich um ein Lernen, „das üblicherweise in einer Bildungs- oder Ausbildungseinrichtung stattfindet, (in Bezug auf Lernziele, Lernzeit oder Lernförderung) strukturiert ist und zur Zertifizierung führt. Formales Lernen ist aus der Sicht des Lernenden zielgerichtet" (Europäische Kommission 2001: 33). Nonformales Lernen bedeutet „Lernen, das nicht in Bildungs- oder Berufsbildungseinrichtung stattfindet und üblicherweise nicht zur Zertifizierung führt. Gleichwohl ist es systematisch (in Bezug auf Lernziele, Lerndauer und Lernmittel). Aus Sicht der Lernenden ist es zielgerichtet" (a.a.O.: 35). Informelles Lernen umfasst „Lernen, das im Alltag, am Arbeitsplatz, im Familienkreis oder in der Freizeit stattfindet. Es ist (in Bezug auf Lernziele, Lernzeit oder Lernförderung) nicht strukturiert und führt üblicherweise nicht zur Zertifizierung. Informelles Lernen kann zielgerichtet sein, ist jedoch in den meisten Fällen nichtintentional (oder ‚inzidentell'/ beiläufig)" (a.a.O.: 33).

In der erziehungswissenschaftlichen Diskussion wird sowohl die faktische Durchsetzung des lebenslangen Lernens durch das Individuum (vgl. Kade & Seitter 1998) als auch in den letzten drei Jahrzehnten ein rapider Institutionalisierungsprozess konstatiert, „(...) in dessen Verlauf für alle Lebensphasen Einrichtungen etabliert worden sind, die mehr oder weniger lebenslaufspezifische Bildungs- und Lernangebote machen und damit Menschen jeden Lebensalters die Gelegenheit zum erneuten und fortführenden Lernen bieten" (Kade & Seitter 1996: 16). Dennoch sehen sich die Bildungsinstitutionen der Kritik gegenübergestellt, durch „(...) kaum überwindliche strukturelle Barrieren der Institutionen, Organisationen, Zuständigkeiten und Traditionen (...)" (Kraus 2001: 6) die institutionelle Realisierung bzw. Unterstützung lebenslangen Lernens zu behindern.[14]

Ferner wird lebenslanges Lernen als eine Modernisierungsstrategie, die die Ablösung der Bildungskarriere durch die Bildungsbiografie fokussiert, betrachtet (vgl. Harney & Rahn 2003: 274). Seit den 1970er Jahren hat die Struktur der Karriere die Unsicherheit moderner Biografieverläufe absorbiert, indem sie Individuen einen Planungs- und Prognoseraum, den damit verbundenen Aufbau von Erwartungen sowie die Zurechnung von Erfolg und Misserfolg ermöglichte. In den 1990er Jahren wird die Bildungskarriere allmählich zugunsten der Bildungsbiografie abgelöst. Harney und Rahn (2003) sprechen diesbezüglich von einer „Destandardisierung des Lebenslaufs".

> „Ging es in den 1970er Jahren um die Frage, wie ein durchlässiges System sequentialisierter Bildungsgänge und -titel geschaffen werden kann, an dem sich individuell biographische Entscheidungen orientieren können, geht es nun um die umgekehrte Problemstellung, das heißt darum, wie sich die im Lebensvollzug realisierten Lernergebnisse bewerten und zertifizieren lassen." (Harney & Rahn 2003: 278)

Individuelle Kultivierung von Wissen und Können sowie Aufwertung von Nichtwissen stellen bei der Bildungsbiografie im Gegensatz zur Bildungskarriere zwei Umgangsweisen mit der Ungewissheit moderner Biografieverläufe dar.

Nach Hof (2011) beschreibt der Ausdruck ‚lebenslanges Lernen'

> „(...) das Phänomen des Lernens im zeitlichen Verlauf des Lebens. Dieses Lernen findet innerhalb und außerhalb formaler pädagogischer Institutionen statt und beinhaltet sowohl den Erwerb neuer Kenntnisse als auch die Aneignung neuer Fertigkeiten sowie die Veränderung des Selbst- und Weltbildes durch die Auseinanderset-

---

14   Seit Veröffentlichung der PISA 2000 - Ergebnisse stehen vor allem Institutionen des Elementarbereichs sowie die allgemeinbildenden Schulen unter der Kritik, Kindern und Jugendlichen nicht in ausreichendem Maße Grundkompetenzen zur Befähigung zum lebenslangen Lernen zu vermitteln.

zung mit sozialen Erfahrungen und mit der Reflexion auf das eigene Leben." (Hof 2011: 117)

Dabei unterliegt dieses Verständnis lebenslangen Lernens sozial-historischen Veränderungen (vgl. Hof 2009: 18-24). Nittel und Schütz (2010) verstehen lebenslanges Lernen in Anlehnung an G. H. Mead als einen Universalisierungsmechanismus, der auf drei Ebenen zum Tragen kommt (vgl. Nittel & Schütz 2010: 137-139): Im bildungspolitischen Kontext nimmt lebenslanges Lernen die Funktion eines Universalisierungsmechanismus zwischen Orts- und Weltgesellschaft ein, „weil hier die lokale Bildungslandschaft (‚Lernen vor Ort') mit den nationalen Entscheidungsinstanzen und diese wiederum mit international agierenden politischen Einheiten (EU-Kommission und UNESCO) verbunden und ‚kurzgeschlossen' werden sollen" (Nittel & Schütz 2010: 138). Auf gesellschaftspolitischer Ebene fungiert lebenslanges Lernen als Universalisierungsmechanismus zwischen Individuum und Gesellschaft, indem dieser einen Beitrag „zu einem neuen Programm der Vergesellschaftung des Subjekts und einer dazu parallel verlaufenden Individualisierung des Gesellschaftsmitglieds" (ebd.) leistet. Im Mittelpunkt steht dabei die Aufrechterhaltung der Erwerbsfähigkeit, „wobei es um die Parallelisierung von individueller Kompetenzbiographie auf der einen und dem Wandel der Anforderungsstruktur in der Arbeitswelt auf der anderen Seite geht" (a.a.O.: 138-139). Im erziehungswissenschaftlichen Kontext erscheint lebenslanges Lernen als Universalisierungsmechanismus zwischen Kindheit, Jugend und Alter. Er „sichert die Einheit des Erziehungssystems als eine spezifische Ordnung zwischen den Generationen, weil der Lebenslauf unter dem Fokus des sequentiellen Durchlaufens unterschiedlicher pädagogischer Institutionen als grundlegendes Medium und zugleich als Form der Systembildung betrachtet wird" (a.a.O.: 139).

Nach Rothe (2011) gibt es drei theoretische Perspektiven, die in der Erwachsenenbildungsforschung zum Lernen in der Lebensspanne an Bedeutung gewonnen haben: die biografietheoretische, die modernisierungstheoretische und die gouvernementalitätstheoretische Perspektive (vgl. Rothe 2011: 75), wobei die letzten beiden Ansätze als neuere theoretische Zugänge dargestellt werden.

Rothe konstatiert, dass aus der biografietheoretischen Perspektive – unabhängig von der bildungspolitischen Programmatik – Lernen als ein Prozess betrachtet wird, der die gesamte Lebensspanne begleitet (vgl. Rothe 2011: 77). Lebenslanges Lernen wird als subjektgebunden betrachtet, das auf biografischen Lernerfahrungen und der Erweiterung von biografischem Wissen basiert. Vor diesem Hintergrund wird lebensgeschichtliches Lernen zu einer „unabdingbaren Dimension lebenslangen Lernens" (Brödel 2003: 130) expliziert. Die biografietheoretische Perspektive ermöglicht die Analyse der lebenszeitlichen Dimension des Lernens, d. h. die zeitliche „Strukturierung, der (Um-)Ordnung von Bildung und Lernen *im Lebenslauf*" (Dausien 2008: 164, Hervorhebung im Original). Ferner wird die Kontextualität von Lernprozessen berücksichtigt, d. h. Lernen findet im sozialen Raum statt und häufig sind mehrere Individuen an einem Lernprozess beteiligt (vgl. a.a.O.: 164-165). Der biografietheoretische Ansatz bezieht darüber hinaus die biografische Reflexivität mit ein. Darunter ist zu verstehen, dass das Individuum seinen Erfahrungsprozess nicht nur in ein reflektiertes Verhältnis setzen kann, sondern die biografische Reflexivität „disponiert bestimmte Handlungen und Lernvorgänge und schränkt damit den prinzipiell möglichen Handlungsspielraum auf eine ‚selbst gemachte', eben ‚reflexive' Weise ein" (a.a.O.: 166).

Bei der modernisierungstheoretischen Perspektive gilt lebenslanges Lernen als Voraussetzung, „nicht nur als anthropologische Grundlage, sondern auch als gesellschaftliche Praxis in modernen Gesellschaften" (Rothe 2011: 158). Lebenslanges Lernen wird hier hauptsächlich als „eine Begleiterscheinung der Universalisierung pädagogischer Kommunikation [betrachtet, C.D.] und wird nicht explizit in den Zusammenhang bildungspolitischer Konzeptionalisierungen und Aktivitäten gestellt" (ebd.). Bei diesem Ansatz liegt das Forschungsinteresse nicht auf Lernphänomenen, sondern der Fokus richtet sich auf „die kommunikativen Prozesse, die auf die Herstellung, Aufrechterhaltung und Fortsetzung von Lernprozessen gerichtet sind" (a.a.O.: 159). Zu den zentralen Vertretern dieses Ansatzes gehören Jochen Kade und Wolfgang Seitter (vgl. Rothe 2011: 126).

Die gouvernementalitätstheoretische Perspektive fokussiert die bildungspolitische Programmatik des lebenslangen Lernens. Bei diesem Ansatz wird versucht, „über eine bestimmte analytische Herangehensweise zu zeigen, wie die gegenwärtigen Veränderungen im Bildungsbereich in breitere gesellschaftliche Entwicklungen eingebunden sind und die Annahme, dass die Richtung, die diese Veränderungen nehmen, keineswegs durch Notwendigkeit bestimmt, sondern durch Machtverhältnisse bedingt sind" (a.a.O.: 76). In seiner gouvernementalitätstheoretischen Studie zum lebenslangen Lernen im Weiterbildungssystem konstatiert Wrana (2003):

> „Ich behaupte also, dass der Begriff „lebenslanges Lernen nicht auf einen Gegenstand verweist (so wie der Begriff ‚Schlüsselqualifikation'), sondern auf eine thematische Wahl, also ein ganzes Gebiet von Gegenständen in einer bestimmten Relation. Je komplexer der Bereich ist, auf den ein solcher Begriff verweist, desto unbestimmter wird der Begriff, desto leichter wird er zum Einsatz für alles mögliche, desto eher geht er den Konnex auf ein Thema als auf einen Gegenstand ein." (Wrana 2003: 12)

Wrana stellt in seiner Studie anhand von vier bildungspolitischen Gutachten aus den Jahren 1960, 1970, 1984 und 1997 dar, dass das bildungspolitische Interesse an dem „konkrete[n, C.D.] Können als unmittelbare Wertsteigerung der Arbeitskraft" (a.a.o.: 26) in der chronologischen Abfolge der Dokumente immer mehr abnimmt:

> „Aber diese Form der Regierung des Könnens ist keine Angelegenheit der Öffentlichkeit mehr. Hatte der Staat in den Bildungsreformen noch ein Interesse, auf das Kräfteprofil der gesamten Bevölkerung Einfluss zu gewinnen, ‚Begabungsreserven auszuschöpfen' und die berufliche und allgemeine Erwachsenenbildung auf ein öffentlich verantwortetes Fundament zu stellen, so ist dieses Interesse nun scheinbar verschwunden bzw. wird der betrieblichen Weiterbildung überlassen. Der Staat beschränkt sich darauf, die Mentalitäten zu regieren, die allgemeinsten Kräfte und die Haltungen der Individuen." (a.a.O.: 26-27)

In den gouvernementalitätstheoretischen Untersuchungen wird das bildungspolitische Konzept ‚lebenslanges Lernen' eher kritisch betrachtet, „indem gezeigt wird, das Lebenslanges Lernen eben nicht in erster Linie wachsende Möglichkeiten der Selbstbestimmung bedeutet, sondern über die komplexe Verschränkung von Selbst- und Fremdführung eine vertiefte Unterwerfung der Subjekte unter ökonomischer Rationalitäten zu Folge hat" (Rothe 2011: 159).

Es kann konstatiert werden, dass das lebenslange Lernen im erziehungswissenschaftlichen Diskurs durchaus als ein mehrdimensionales Konstrukt klassifiziert wird, das in den verschiedenen politischen, wirtschaftlichen, gesellschaftlichen und alltagsweltlichen Bereichen mit unterschiedlichen Intentionen verbunden ist. Die zweckbezogene Beliebigkeit bei der Verwendung des Ausdrucks ‚lebenslanges Lernen' wird im erziehungswissenschaftlichen Diskurs kritisch betrachtet. Nach Rothe (2011) verweist der Ausdruck ‚lebenslanges Lernen' „in Abhängigkeit vom Kontext auf ein bildungspolitisches Konzept, ein alltäglich zu beobachtendes Phänomen, eine moralische Verpflichtung oder dient lediglich als Worthülse, für die von allen Seiten Zustimmung erwartbar ist, auch wenn ihr konkreter Inhalt unklar bleibt" (Rothe 2011:11). Ferner merkt sie an:

> „Betrachtet man die Dauer der Auseinandersetzung um den Begriff Lebenslanges Lernen, erscheint klärungsbedürftig, warum er nach mehr als zehn Jahren anhaltender bildungspolitischer (stellvertretend Gerlach 2000, Schemmann 2007) und wissenschaftlicher Diskussion (stellvertretend Alheit/Dausien 2000, Brödel (Hrsg.) 1998, Alheit/von von Felden (Hrsg.) 2009, Herzberg (Hrsg.) 2008, Kade/Seitter 1996) noch immer diffus und vieldeutig erscheint. Der Konsens über den Begriff reicht aus, um miteinander zu diskutieren, und ist offen genug, die Diskussion fortzusetzen und immer neue Aspekte damit verbinden zu können. Nach wie vor scheint unklar, ob und gegebenenfalls welchen inhaltlichen Gehalt der Begriff im erzie-

hungswissenschaftlichen Feld hat und wofür er in der bildungspolitischen Diskussion steht." (Rothe 2011: 12-14)

De Haan (1991) weist darauf hin, dass es sich beim lebenslangen Lernen um keine wissenschaftliche Kategorie, sondern um eine Metapher handelt. Wissenschaftliche Kategorien sind ‚Stammbegriffe‘, die den Kriterien der Klarheit und Bestimmtheit unterliegen und somit definierbar sind. Metaphern hingegen schaffen keine Eindeutigkeit, auch wenn sie diese auf den ersten Blick suggerieren (vgl. de Haan 1991: 363). In Anlehnung an Blumenberg charakterisiert de Haan das lebenslange Lernen als eine absolute Metapher, die prinzipiell keine klare Definition des Sachverhaltes, den sie beschreibt, anstrebt. „Ihre Funktion liegt gerade darin, Sicherheit zu schaffen, Erwartungen zu regulieren und Haltungen auszudrücken, also Bedürfnissen der Orientierung zu genügen, die sich begrifflich nicht gewinnen lassen" (de Haan 1991: 368; siehe hierzu auch Kapitel 7.4).

Mit lebenslangem Lernen werden nicht nur neue Freiheiten und Chancen assoziiert, sondern ebenso neue Zwänge und Gefahren (vgl. Nittel 2003: 75). Geißler und Orthey (2001) konstatieren in diesem Zusammenhang, dass das lebenslange Lernen den Menschen als lebenslang defizitär definiert (vgl. Geißler & Orthey 2001: 239). Hierdurch besteht die Gefahr einer vollständigen Absorption der Lebensführung durch „das Primat des lebenslangen Lernens" (Kade, Nittel & Seitter 2007: 79). Lebenslanges Lernen wird zu einem Zwang, um den privaten und beruflichen Alltag zu bewältigen, bei gleichzeitiger Verdrängung seiner potenziellen Wirkungskraft auf die individuelle und gesellschaftliche Emanzipation (vgl. ebd.).

2.3 Bildungsbereichsübergreifende Umsetzung lebenslangen Lernens

Die bildungsbereichsübergreifende Umsetzung lebenslangen Lernens stellt eine Forderung im Rahmen der bildungspolitischen Programmatik zum lebenslangen Lernen dar (vgl. BLK 2004; BMBF 2008) und wurde vor allem durch bildungspolitische Förderprogramme wie „Lernende Regionen – Förderung von Netzwerken" des Bundesministeriums für Bildung und Forschung und durch das BLK-Modellversuchsprogramm „Lebenslanges Lernen" an die pädagogische Praxis herangetragen. „Ziel ist es, durch eine erhöhte Durchlässigkeit zwischen den Bildungsbereichen eine verbesserte Verzahnung verschiedener Bildungsangebote zu erreichen" (Emminghaus & Tippelt 2009: 9). Bei der bildungsbereichsübergreifenden Umsetzung lebenslangen Lernens liegt der Fokus auf den einzelnen Bildungsbereichen (Elementarbereich, Primarbereich, Sekundarbereich I und II, Tertiärbereich und Weiterbildungsbereich), den dazugehörigen Bildungseinrichtungen und den pädagogischen Fachkräften. Lebenslanges Lernen wird damit zu einer Querschnittsaufgabe erklärt, die alle Segmente des Erziehungs- und Bildungssystems betrifft (vgl. Wiesner & Wolter 2005: 22):

> „Lebenslanges Lernen wird jetzt also mehr und mehr als ein durchgängiges, übergreifendes Prinzip der Interdependenz verstanden, das die Anschlussfähigkeit, d. h. die curriculare und institutionelle Abstimmung zwischen aufeinander folgenden oder nebeneinander stehenden pädagogischen Institutionen gewährleistet. Mit lebenslangem Lernen verbinden sich die Vision eines relativ offenen, flexiblen und transparenten Systems mit vielfältigen Eingängen und Ausgängen, mit zahlreichen Übergängen und Verbindungslinien, mit hoher Durchlässigkeit und ohne Sackgassen. Bei einem System lebenslangen Lernens geht es eher um Vernetzung, Kooperation und Offenheit als um Segmentierung oder Abschottung zwischen Bildungsinstitutionen." (ebd.)

Wird lebenslanges Lernen in dem dargestellten Sinne als Querschnittsaufgabe für alle Bildungsbereiche des Erziehungs- und Bildungssystems betrachtet, kann in Anlehnung an den Neo-Institutionalismus eine Institutionalisierung lebenslangen Lernens stattfinden (vgl. Schäffter 2008: 69):

> „Im Kern geht es beim sozialtheoretischen Begriff der Institutionalisierung um Formen gesellschaftlicher Ordnungs- und Strukturbildung, die soziale, mentale, körperliche und handlungstheoretische Aspekte umfassen. Institutionalisierung beschreibt Entwicklung im Sinne strukturellen Wandels als ein Herausbilden von ‚Möglichkeitsräumen' für neuartige Wahrnehmung, Bedeutungsbildung und soziales Handeln. (…) Gesellschaftliche Institutionalisierung von Lebenslangem Lernen meint in diesem Verständnis ein Auf-Dauer-Stellen von konkreten Möglichkeitsräumen für Lerner und von generellen Erwartungen an Lernen (…)." (ebd.)

Mögliche Institutionalisierungsformen lebenslangen Lernens in neo-institutionalistischer Sicht könnten Lernortkooperationen darstellen (vgl. hierzu auch Tippelt & Reich-Claassen 2010:17-10).

Ein aktuelles Projekt, dass sich u. a. mit der bildungsbereichsübergreifenden Umsetzung lebenslangen Lernens in Form von Kooperationen beschäftigt, ist das von der Deutschen Forschungsgemeinschaft finanzierte Projekt „Pädagogische Erwerbsarbeit im System des lebenslangen Lernens. Berufliche Selbstbeschreibungen und wechselseitige Funktions- und Aufgabenbeschreibungen (PA-ELL)".[15] Aus der Perspektive einer komparativen pädagogischen Berufsgruppenforschung wird u. a. untersucht, inwieweit das lebenslange Lernen im Berufswis-

---

15　Es handelt sich um ein Kooperationsprojekt der Goethe-Universität Frankfurt am Main und der Ludwig-Maximilians-Universität München. Es wurde in dem Zeitraum April 2009 bis März 2011 von der Deutschen Forschungsgemeinschaft gefördert.

sen von pädagogischen Fachkräften verankert ist (vgl. Nittel, Schütz, Fuchs & Tippelt 2011; Dellori & Wahl 2012) und welche Varianten der bildungsbereichs-übergreifenden Kooperation bereits realisiert werden. Die Datenerhebung erfolg-te mittels schriftlicher Einstellungs- und Interessenserhebung sowie Gruppendis-kussionsverfahren.[16] Erste Ergebnisse zeigen auf, dass unterschiedliche Wahr-nehmungsformen von Kooperationen existieren. Diese „gehen von der obligato-risch-pragmatischen Sichtweise (im Bereich der Erwachsenenbildung) über die emphatisch-fakultative Haltung bis hin zum strategischen Engagement, welches sich in fast allen Bildungsbereichen widerspiegelt" (Schütz & Reupold 2010: 33).

---

16   In die quantitative und qualitative Erhebung wurden folgende pädagogische Berufsgruppen mit
      einbezogen: Erzieher/-innen, Grund-, Haupt-, Real-, Gymnasial- und Berufsschullehrer/-innen,
      Mitarbeiter/-innen der außerschulischen Jugendbildung, Weiterbildner/-innen sowie Hoch-
      schullehrer/-innen.

3 Forschungsdesign

Der vorliegenden Arbeit liegt die folgende forschungsleitende Fragestellung zugrunde:

Wie wird das Wissen über die bildungsbereichsübergreifende Umsetzung lebenslangen Lernens von Bildungsexpertinnen und -experten aus verschiedenen Bildungsbereichen (Elementarbereich, Sekundarstufe I, Erwachsenenbildung) sowie Entscheidungsträgerinnen und -trägern aus der Bildungspolitik ausgehandelt, kodifiziert und tradiert, welche Schwerpunkte werden dabei gesetzt, bei welchen gibt es Konsens und bei welchen unterschiedliche Haltungen und Positionen?

Ausgehend von der forschungsleitenden Fragestellung wurde das Forschungsdesign der Untersuchung entwickelt. Da der forschungsleitenden Fragestellung eine diskursanalytische Perspektive innewohnt, bildet die wissenssoziologische Diskursanalyse nach Keller die spezifische Forschungsperspektive der Arbeit und damit den äußeren Mantel der Untersuchung. Der Prozess der Erkenntnisgenerierung basiert auf dem Forschungsstil der Grounded Theory nach Glaser und Strauss, der sowohl die Datenerhebung als auch die Datenauswertung beeinflusst.

Als Erhebungsmethode kommt das theoriegenerierende Experteninterview von Meuser und Nagel zum Einsatz. Aufgrund der diffizilen formalen Struktur der erhobenen Daten findet bei der Auswertung eine Verknüpfung von Argumentationsanalyse auf der Grundlage des Argumentationsschemas von Schütze und dem Kodierverfahren der Grounded Theory nach Strauss und Corbin statt.

Abbildung 1:   *Methodologische Zugänge der Studie*

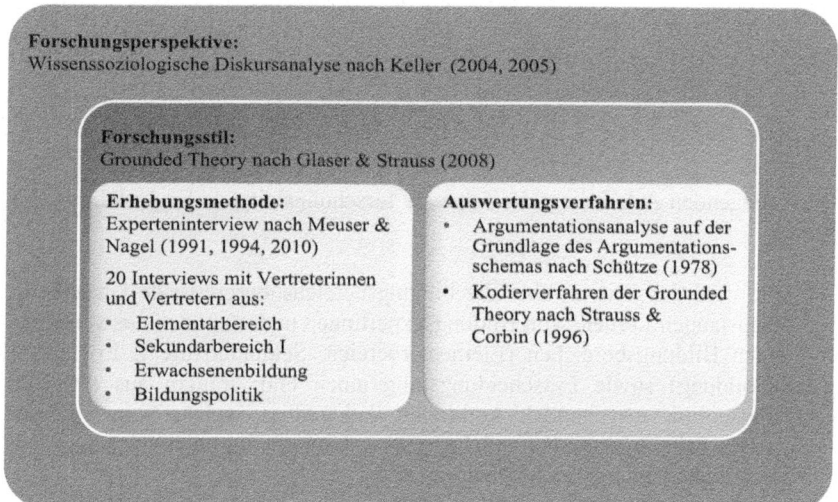

3.1 Forschungsperspektive: Wissenssoziologische Diskursanalyse nach Keller

Ausgehend von der forschungsleitenden Fragestellung beschäftigt sich die vorliegende Studie mit den Spezialdiskursen über das lebenslange Lernen und dessen bildungsbereichsübergreifender Umsetzung in ausgewählten Segmenten des deutschen Erziehungs- und Bildungssystems (Elementarbereich, Sekundarbereich I, Erwachsenenbildung/Weiterbildung) sowie auf der bildungspolitischen Ebene. Die Datengrundlage (Diskursfragment) stellen Argumentationen im Rahmen von Experteninterviews dar.

Wissenssoziologische Diskursanalyse in ihrer Funktion als Forschungsperspektive

Die Betrachtung der diskursiven Prozesse im Kontext der Experteninterviews erfolgt in Anlehnung an die wissenssoziologische Diskursanalyse nach Keller (2004; 2005; 2007). Diese stellt eine Forschungsperspektive dar, die als Diskurse

bezeichnete Gegenstände näher fokussiert. In dieser Funktion gibt sie den Forschenden ‚theoretisches Vokabular'[17] sowie diesbezügliche Forschungsfragen[18]
an die Hand (vgl. Keller 2005: 181).[19] Sie verfügt jedoch nicht über eine einheitliche Methode zur Analyse diskursiver Prozesse, sondern je nach forschungslei-
tender Fragestellung gilt es, ein entsprechendes Auswertungsverfahren zu entwickeln:

> „Die konkreten Analysen schließen in der Regel entweder an Verfahren der qualita-
> tiven Sozialforschung wie der Grounded Theory, Inhaltsanalyse, Biographieanalyse
> oder Ethnographie an, oder an Textanalysepraktiken der französischen ‚analyse du
> discours', der Sprechakttheorie der Rhetorik und der Textsemiotik. Durch diese dif-
> ferenten Analysepraktiken, die diskurstheoretisch rekonstelliert werden, kann von
> einem einheitlichen diskursanalytischen Ansatz ebenso wenig die Rede sein wie von
> einem homogenen Diskursbegriff." (Langer & Wrana 2010: 335)

Forschungsgegenstand der wissenssoziologischen Diskursanalyse

Im Mittelpunkt der wissenssoziologischen Diskursanalyse steht die Untersuchung der „gesellschaftlichen Praktiken und Prozesse der kommunikativen Konstruktion, Stabilisierung und Transformation symbolischer Ordnungen sowie
deren Folgen (...). Der *Wissenssoziologischen Diskursanalyse* geht es dann darum, Prozesse der sozialen Konstruktion, Objektivation, Kommunikation und
Legitimation von Sinn-, d. h. Deutungs- und Handlungsstrukturen auf der Ebene
von Institutionen, Organisationen bzw. sozialen (kollektiven) Akteuren zu rekonstruieren und die gesellschaftlichen Wirkungen dieser Prozesse zu analysieren" (Keller 2004: 57, Hervorhebung im Original).[20] Vor diesem Hintergrund

---

17   Zu dem theoretischen Vokabular gehören beispielsweise Akteure, Sprecherposition, Subjekt-
     position, Diskursformation, diskursive Praktiken, Diskursstrategien etc. (vgl. Keller 2005: 229-
     230).
18   Beispiele für mögliche Fragestellungen (von der Verfasserin entsprechend der forschungslei-
     tenden Fragestellung der vorliegenden Studie ausgewählt) sind: „Welche sprachlichen und
     symbolischen Mittel und Strategien werden eingesetzt? Welche manifesten und/oder latenten
     typisierbaren Inhalte kognitiver, moralisch-normativer und ästhetischer Art werden vermittelt?
     Welches Wissen (Deutungen und Problemlösungen) wird also erzeugt und verbreitet? Welche
     Phänomenbereiche werden dadurch wie konstituiert?" (Keller 2005: 257). Weitere Fragestel-
     lungen siehe Keller 2005; Keller 2004.
19   Die Ableitung der wissenssoziologischen Diskursanalyse aus der Wissenssoziologie von Peter
     L. Berger und Thomas Luckmann sowie ihre Verbindung zur Diskurstheorie von Michel
     Foucault werden ausführlich in Keller 2005 dargelegt.
20   Langer und Wrana (2010) weisen darauf hin, dass in der erziehungswissenschaftlichen Dis-
     kursforschung bzw. Diskursanalyse „Praktiken des Äußerns in pädagogischen Kontexten einer-
     seits und über Themen wie Erziehung, Lernen, pädagogische Professionalität oder pädagogi-

wird unter dem Begriff ‚Diskurs' ein „Komplex von Aussageereignissen und darin eingelassenen Praktiken [verstanden, C.D.], die über einen rekonstruierbaren Strukturzusammenhang miteinander verbunden sind und spezifische Wissensordnungen der Realität prozessieren. Dieser Strukturzusammenhang umfasst die den Ereignissen gemeinsamen Regeln und Ressourcen der Diskursformation. Er bezieht sich auf die Konstitution der Inhalte und auf die Äußerungsmodalitäten" (Keller 2005: 230). Dabei wird unter Aussage der typisierbare Gehalt einer konkret dokumentierten sprachlichen Äußerung verstanden, der sich im Kontext vielfältiger Äußerungen erschließen lässt. Es handelt sich um „strukturierte und zusammenhängende (Sprach-)Praktiken, die Gegenstände und gesellschaftliche Wissensverhältnisse konstituieren. Einzelne diskursive Ereignisse aktualisieren diesen Zusammenhang" (a.a.O.: 181-182). Diskurse werden durch soziale Akteure, die in ihrer Funktion als Rollenträger unter Rückgriff auf spezifische Regeln und Ressourcen diskursive Praktiken vollziehen, produziert und aktualisiert:

> „So sprechen Diskurse nicht für sich selbst, sondern werden erst durch *soziale Akteure* und deren Sprachakte in gesellschaftlichen Praxisfeldern und institutionellen Gefügen ‚lebendig'." (Keller 2007, Abs. 43, Hervorhebung im Original)

Wichtige Begriffe der wissenssoziologischen Diskursanalyse

Keller (2004; 2005) definiert in seinen Arbeiten wichtige Grundbegriffe der wissenssoziologischen Diskursforschung, welche den jeweiligen Fokus der Diskursanalyse angeben und durch entsprechende Fragestellungen untersucht werden können. Im Folgenden wird eine Auswahl von Grundbegriffen vorgestellt. Diese Auswahl orientiert sich am Forschungsinteresse und -design der vorliegenden Studie, d. h. es werden nur jene Begrifflichkeiten angeführt, die im Rahmen der Untersuchung angewendet bzw. erforscht werden:

> *„Akteur(e)*: Individuelle oder kollektive Produzenten der Aussagen; diejenigen, die unter Rückgriff auf spezifische Regeln und Ressourcen durch ihre Interpretationen und Praktiken einen Diskurs (re-)produzieren und transformieren.
> *Diskursformation (oder diskursive Formation)*: Bezeichnung für einen abgrenzbaren Zusammenhang von Diskurs(en), Akteuren, Praktiken und Dispositiven (z. B. die moderne Reproduktionsmedizin).

---

sche Institutionen andererseits" (Langer & Wrana 2010: 336) untersucht werden. Dabei werden diskursive Praktiken definiert als „(…) das In-Beziehung-Bringen von Sachverhalten, das Ab- und Ausgrenzen von Gegenstandsbereichen, die Muster argumentativer Verknüpfungen, die Öffnung- und Schließung semantischer Räume über den Gebrauch von Metaphern" (a.a.O.: 335).

Diskursfragment: Aussageereignis, in dem Diskurse mehr oder weniger umfassend aktualisiert werden (z. B. ein Text); Haupt-Datengrundlage der Analyse.
Diskursive Praktiken: Kommunikative Muster der Aussagenproduktion, die sich bspw. textförmig materialisieren (z. B. Presseerklärungen, wissenschaftliche Artikel, Vorträge).
Diskursstrategien: Argumentative, rhetorische, praktische Strategien zur Durchsetzung eines Diskurses (z. B. ,black boxing', d. h. die Etablierung unhinterfragbarer Grundannahmen; Protestveranstaltungen, um massenmediale Aufmerksamkeit zu erzielen; Besetzung von institutionellen Schlüsselpositionen).
Öffentlicher Diskurs: Diskurs mit allgemeiner Publikumsorientierung in der massenmedial vermittelten Öffentlichkeit.
Spezialdiskurs: Diskurs innerhalb von gesellschaftlichen Teilöffentlichkeiten, z. B. wissenschaftlichen Kontexten.
Sprecherposition: Mit Rollensets verknüpfte, institutionell-diskursive strukturierte Orte für legitime Aussagenproduktion innerhalb eines Diskurses (z. B. akademische Grade).
Subjektposition: Im Diskurs konstituierte Subjektvorstellungen und Identitätsschablonen für seine möglichen Adressaten (z. B. angebotene Kollektiv-Identität; Modelle des ,umweltbewussten Bürgers'); auch Positionierungsvorgaben für Akteure, auf die ein Diskurs Bezug nimmt bzw. über die er spricht (bspw. als ,Problemverursacher', ,Helden')." (Keller 2005: 229-230, Hervorhebungen im Original)

3.2 Forschungsstil und Analysemethode: Grounded Theory nach Glaser/Strauss und Strauss/Corbin

Bei der Grounded Theory handelt es sich um eine gegenstandsverankerte Theorie, die induktiv aus der Analyse des Untersuchungsgegenstandes, welchen sie abbildet, abgeleitet wird (vgl. Glaser & Strauss 2008; Strauss 1998; Strauss & Corbin 1996). Ihre Begründer sind die beiden amerikanischen Soziologen Anselm Strauss und Barney Glaser. Die Ausarbeitung der Grounded Theory wurde beeinflusst durch die jeweiligen Ausbildungen sowie Arbeits- und Denkrichtungen der beiden Wissenschaftler. Als Wurzeln der Grounded Theory können der amerikanische Pragmatismus mit seinen Vertretern John Dewey, George H. Mead und Charles S. Peirce sowie die qualitativ-empirische Tradition der ,Chicagoer Schule' der Soziologie angeführt werden (vgl. Strauss 1998: 30; Strauss & Corbin 1996: 9-10; Strübing 2007: 15-21, 43-49).[21]

---

21 Anselm Strauss studierte zunächst Naturwissenschaften in Virginia und kam bereits dort durch seinen Lehrer Floyd House mit der Soziologie gemäß der Tradition der Chicagoer Schule und der Sozialphilosophie des Pragmatismus in Kontakt. Sein Studium der Soziologie und Sozialpsychologie absolvierte er an der University of Chicago zwischen 1939 bis 1944 (vgl. Strübing 2007: 14-15). Die Tradition der Chicagoer Schule der qualitativen Forschung Feldbeobachtun-

Forschungsstil: Generierung von Theorie durch komparative Analyse nach
Glaser/ Strauss

Glaser und Strauss haben 1967 mit ihrem Buch "The Discovery of Grounded
Theory: Strategies for Qualitativ Research" einen Forschungsstil bzw. For-
schungsmethodologie (vgl. Nittel 2012) entwickelt, der es ermöglicht, durch
permanente komparative Analyse eine auf empirischer Datenlage fußende Theorie zu generieren. Dieser Forschungsstil ist nicht gebunden an bestimmte Daten-
typen, Forschungsrichtungen oder theoretische Interessen (vgl. Strauss 1998: 29-
30). Somit ist eine breite Anwendung möglich. Zu den Grundelementen des
Forschungsstils gehören (a) das Entdecken von Phänomenen im Datenmaterial,
die (b) durch die Entwicklung von Konzepten kodiert werden. Die so gewonnen
Konzepte werden (c) in Form von Kategorien klassifiziert. Durch (d) die komparative Analyse können die gewonnen Konzepte und Kategorien spezifiziert werden (vgl. Glaser & Strauss 2008: 35-36). Die komparative Analyse erfolgt auf
der Grundlage einer Vielzahl von ausgewählten Fällen, die im Rahmen (e) des
theoretischen Samplings festgelegt werden. Hierunter ist der Prozess des parallel
stattfindenden Erhebens und Auswertens des empirischen Materials zu verstehen. Im permanenten Abgleich mit der sich entwickelnden Theorie wird entschieden, welche Daten als nächstes erhoben werden müssen (vgl. a.a.O.: 40-53).
Das theoretische Sampling endet, wenn die theoretische Sättigung der Kategorien erreicht wird, d. h. wenn keine weiteren Daten mehr gefunden werden können, um zusätzliche Eigenschaften einer Kategorie zu entwickeln. Durch die
Sättigung mit Daten erfolgt letztendlich auch die Theorieverifizierung (vgl.
a.a.O.: 36-37). Die sich entwickelnde gegenstandsverankerte Theorie besteht
somit aus Kategorien und deren Eigenschaften. Während eine Kategorie ein
konzeptuelles Theorieelement darstellt, verkörpert eine Eigenschaft einen kon-
zeptuellen Aspekt einer Kategorie. Ein weiterer Bestandteil der Theorie sind
Hypothesen, die allgemeine Beziehungen zwischen den Kategorien aufdecken,

---

gen und Interviews als Instrumente der Datenerhebung zu berücksichtigen, lässt Strauss in die
Entwicklung der Grounded Theory einfließen. Ferner prägt der amerikanische Pragmatismus
Strauss' Überlegungen zur Grounded Theory, welcher „das Gewicht auf Handlung und prob-
lematische Situation und auf die Notwendigkeit legt, Methode im Rahmen von Problemlö-
sungsprozessen zu begreifen" (Strauss 1998: 30). Barney Glaser absolvierte sein Studium an
der Columbia University bei dem österreichisch-amerikanischen Soziologen Paul Lazarsfeld,
der als Gründer der modernen quantitativ-empirischen Sozialforschung gilt und die multivaria-
te Analyse vertrat, welche ebenfalls die Entstehung der Grounded Theory beeinflusste (siehe
hierzu das Kapitel VIII „Die theoretische Auswertung quantitativer Daten" in Glaser & Strauss
2008: 191-223). Bei der Beschäftigung mit der Analyse qualitativer Daten erkannte Glaser „die
Notwendigkeit einer Reihe gut durchdachter, ausführlich formulierter und systematischer Verfahren, um Hypothesen, die während des Forschungsprozesses aufgestellt werden, sowohl zu
kodieren als auch zu testen" (Strauss & Corbin 1996: 10).

die ihre Verankerung aber im Datenmaterial aufweisen müssen (vgl. a.a.O.: 45-49).

‚Induktivistisches Selbstmissverständnis' der ersten Konzeption der Grounded Theory in den 1960er Jahren

Nach Glaser und Strauss sollen Forschende die induktiv aus dem empirischen Datenmaterial hervorgehende Theorie möglichst nicht durch eigenes theoretisches Vorwissen beeinflussen und dadurch die sich entwickelnde Theorie verfälschen. Kelle (2007) spricht von einem ‚induktivistischen Selbstmissverständnis' der Grounded Theory der 1960er Jahre. Er konstatiert, dass es sich bei der frühen Konzeption der Grounded Theory um ein ‚radikal induktivistisches Modell' handelt, das in der modernen Erkenntnistheorie als veraltet gilt, da jede Beobachtung von dem theoretischen Wissen der Forschenden beeinflusst wird (vgl. Kelle 2007: 34). Glaser und Straus sind sich diesem Problem durchaus in ihrer Arbeit "The Discovery of Grounded Theory" bewusst und begegnen diesem mit dem Begriff der theoretischen Sensibilität.[22] Hierbei handelt es sich um die Fähigkeit, über das empirische Material theoretisch zu reflektieren. Das heißt, dass die Festlegung von Konzepten, die Generierung von Kategorien sowie das Identifizieren von inhaltlichen Verbindungen zwischen den Kategorien unter Anleitung der theoretischen Sensibilität erfolgt, die es den Forschenden ermöglicht, zu erkennen, was in den Daten wichtig ist und wichtig werden kann. Als Quellen theoretischer Sensibilität können wissenschaftliche Literatur, Berufserfahrungen, persönliche Erfahrungen sowie der analytische Prozess selbst benannt werden. Diese Quellen leisten einen Beitrag, die Forschenden für den zu untersuchenden Gegenstand im Datenmaterial sensibel zu machen (vgl. Strauss & Corbin 1996: 25-27).[23]

---

22   Kelle (2007) begründet das induktivistische Selbstverständnis in der forschungspolitischen Motivation der beiden Begründer: „Glaser und Strauss setzen dabei der Vorherrschaft des hypothetiko-deduktiven Modells in der quantitativen Surveymethodologie eine induktivistische Rhetorik des ‚zurück zu den empirischen Daten' entgegen. Methodologisch war diese Rhetorik jedoch problematisch, weil ein induktivistisches Modell des Forschungshandelns forschungspraktisch gar nicht umsetzbar ist" (Kelle 2007: 39).

23   Kelle (2007) konstatiert, dass die Fähigkeit zur theoretischen Sensibilität in dem ersten Konzept der Grounded Theory von 1967 von Glaser und Strauss nicht methodologisch reflektiert und in Handlungsregeln übersetzt worden sei. Unter Bezugnahme auf die von Glaser und Strauss durchgeführte Studie „Die Interaktion mit Sterbenden" von 1974 leitet Kelle die folgende Konklusion für die Explikation des Begriffs der theoretischen Sensibilität ab: *„Theoretische Sensibilität bedeutet die Verfügbarkeit brauchbarer heuristischer Konzepte, die die Identifizierung theoretisch relevanter Phänomene im Datenmaterial ermöglichen.* Eine wesentliche Grundlage für diese heuristischen Konzepte bilden leitende Annahmen und zentrale Konzepte

Zwei Entwicklungslinien der Grounded Theory

Während die theoretische Sensibilität in der frühen Konzeption der Grounded Theory von 1967 von Glaser und Strauss noch nicht methodologisch reflektiert wurde, haben beide Wissenschaftler, unter besonderer Berücksichtigung der Rolle des theoretischen Vorwissens im Prozess der gegenstandsverankerten Theoriebildung, in den darauffolgenden Jahrzehnten die Grounded Theory weiterentwickelt. Dabei haben Glaser und Strauss unterschiedliche Wege eingeschlagen: Glaser stellte 1978 in seiner Arbeit "Theoretical Sensitivity" das Konzept des theoretischen Kodierens und Strauss 1984 in seinem Buch "Qualitative Analysis for Social Scientist" (später zusammen mit Juliet Corbin) das Kodierparadigma vor (vgl. Kelle 2007: 39).

Für Glaser (1978) stellt die durch die theoretische Sensibilität angeleitete Entdeckung von Verbindungen zwischen den generierten Kategorien das theoretische Kodieren dar, welches er von der gegenstandsbezogenen Kodierung abgrenzt. Während bei dem gegenstandsbezogenen Kodieren auf der Grundlage von empirischen Phänomenen gegenstandsbezogene Kategorien gebildet werden, werden beim theoretischen Kodieren die gegenstandsbezogenen Kategorien durch das Entdecken von Verbindungen zu theoretischen Modellen zusammengeführt. Die theoretischen Kodes bestehen aus einer Vielzahl von formalen Begriffen der Erkenntnistheorie und Soziologie, die Glaser in Form von theoretischen Kodierfamilien ordnet. Diese sollen bei der Erstellung des theoretischen Modells als Orientierungsrahmen dienen und stehen den Forschenden von Anbeginn der Untersuchung zur Verfügung (vgl. Kelle 2007: 39-41).

Die theoretische Sensibilität kommt auch bei Strauss bei der Identifizierung von Verbindungen zwischen den aus dem Datenmaterial gewonnenen Kategorien zum Tragen. Strauss entdeckt diese Beziehungen jedoch nicht mittels vorgegebener Kodierfamilien, sondern durch die Anwendung des von ihm entwickelten Kodierparadigmas (im Rahmen des axiales Kodierens), welches als „ein handlungstheoretisches Modell in der Tradition der pragmatistischen Philosophie und des Interaktionismus" (Kelle 2007: 42) bezeichnet werden kann. Durch die Anwendung des Kodierparadigmas ist es den Forschenden möglich, die gewonnenen Kategorien miteinander in Beziehung zu setzen und zwar hinsichtlich Bedingungen, Interaktion zwischen den Akteuren, Strategien und Taktiken sowie

---

großer Theorien. Dabei zeigt sich, dass eine *begriffliche Analyse* solcher Annahmen und Konzepte für die empirisch begründete Theoriebildung von ebenso großer Bedeutung ist wie eine empirische Untersuchung der damit bezeichneten Phänomene. Glaser und Strauss gehen im Discovery-Buch auf diese Aspekte jedoch nicht ein, sondern erwecken eher den Eindruck, als könnten *Merkmale* der Kategorie (…) allein durch empirische Analysen gewonnen werden" (Kelle 2007: 38-39, Hervorhebungen im Original).

Konsequenzen (vgl. Strauss 1998: 56-57). Die theoretische Sensibilität ist ferner bei der Dimensionalisierung der Kategorien von Bedeutung.[24] Die Forschenden legen theoretische Merkmale und deren Ausprägungen zu den jeweiligen Kategorien fest, die mittels der komparativen Analyse empirisch überprüft werden. Somit können im ständigen Abgleich mit dem Datenmaterial im Kontext des theoretischen Samplings Merkmalskombinationen der jeweiligen Kategorien ausgearbeitet werden.

Mit seiner Publikation "Emergence vs Forcing. Basics of Grounded Theory Analysis" aus dem Jahr 1992 wird ein sich aus den beiden unterschiedlichen Entwicklungslinien der Grounded Theory gewachsener Methodenstreit zwischen den beiden Wissenschaftlern publik: Glaser wirft Strauss darin vor, mit dem Konzept der Dimensionalisierung und des Kodierparadigmas die Grounded Theory, wie sie in den 1960er Jahren von den beiden Wissenschaftlern entwickelt wurde, zu verfälschen. Durch diese Elemente würden den Daten laut Glaser Konzepte aufgezwungen. Die in der "Discovery of Grounded Theory" vertretene induktive Vorgehensweise bei der Generierung von Kategorien würde somit unterwandert. Glaser schreibt über Strauss Buch "Basics of Qualitativ Research": "Basics of Qualitativ Research cannot produce a grounded theory. It produces a forced, preconceived, full conceptual description, which is fine, but it is not grounded theory" (Glaser 1992: 3). Strauss nimmt die von Glaser in seiner Streitschrift formulierte Kritik und konkreten Veränderungsvorschläge zu der von ihm eingeschlagenen Richtung der Grounded Theory nicht auf. Strübing (2007) schreibt hierzu:

> „Strauss stellt in seinen späteren Schriften immer deutlicher das vor allem von John Dewey (1938) geprägte pragmatistische Prozessmodell iterativ-zyklischen Problemlösens als Grundmuster der Grounded Theory heraus, während Glaser stärker mit einer induktivistischen Epistemologie und der Vorstellung der Emergenz von Theorie aus Daten operiert. Darüber kommt es in den frühen 1990er-Jahren (...) zum Bruch mit Glaser. Das Verfahren der Grounded Theory wird unterdessen zu einem der meistverbreiteten Verfahren der Analyse qualitativer Daten, wobei lange Jahre die divergenten methodologischen Positionen der Erfinder des Verfahrens kaum zur Kenntnis genommen werden." (Strübing 2007: 49)

---

24 Die Dimensionalisierung setzt bereits bei der Identifizierung erster Kategorien während des offenen Kodierens ein, wird aber durchgängig durch alle drei Kodierschritte (offenes, axiales und selektives Kodieren) durchgeführt.

Methodisches Vorgehen bei der Generierung einer Grounded Theory:
Die drei Kodierschritte, das Kodierparadigma und die Bedingungsmatrix nach
Strauss/Corbin

In der vorliegenden Studie orientiert sich das konkrete methodische Vorgehen
bei der Entwicklung einer gegenstandsverankerten Theorie an der Arbeit von
Strauss und Corbin (vgl. Strauss 1998; Strauss & Corbin 1996). Der zentrale
Prozess, um eine gegenstandsverankerte Theorie zu entwickeln, stellt bei Strauss
und Corbin das Kodieren dar. Das Kodieren ist eine konkrete Vorgehensweise,
um das Datenmaterial aufzubrechen, zu konzeptualisieren und sukzessive neu
zusammenzusetzen (vgl. Strauss & Corbin 1996: 39-42). Es werden drei Kodierschritte unterschieden: das offene, das axiale und das selektive Kodieren.

Das *offene Kodieren* stellt den ersten Schritt des Kodiervorgangs dar. Seine
Funktion besteht darin, die Daten aufzubrechen, d. h. im Datenmaterial Phänomene zu entdecken und diese in Konzepten/Kodes zusammenzufassen, diese
wiederum in Kategorien zu klassifizieren und zu dimensionalisieren. Beim offenen Kodieren wird sehr genau analysiert. Bezogen auf ein Interviewtranskript
bedeutet dies, dass die Forschenden bei der Entdeckung von Phänomenen Zeile
für Zeile vorgehen. Zu diesem Zeitpunkt werden alle Phänomene als für die
Beantwortung der forschungsleitenden Fragestellung relevant eingestuft, nehmen
aber einen vorläufigen Status ein (vgl. Strauss 1998: 57-62; Strauss & Corbin
1996: 43-55).

Wurden beim offenen Kodieren Kategorien gebildet, so können diese durch
das *axiale Kodieren* näher bestimmt werden. Hierbei wird eine Kategorie durch
die Anwendung des Kodierparadigmas mit anderen Kategorien in Beziehung
gesetzt. Während Strauss in seiner Arbeit "Qualitative Analysis for Social Scientist" (1984) Bedingungen, Interaktion zwischen den Akteuren, Strategien und
Taktiken sowie Konsequenzen als Elemente des Kodierparadigmas festlegt (vgl.
Strauss 1998: 57), nimmt er mit Juliet Corbin eine Spezifizierung des Kodierparadigmas vor: Es wird zunächst geschaut, welche (a) ursächlichen Bedingungen
zu der Kategorie führen, die (b) ein bestimmtes empirisches Phänomen repräsentiert. Dann wird (c) der Kontext der Kategorie untersucht. Hierunter ist einerseits
die Identifizierung von Eigenschaften und deren Dimensionalisierung zu verstehen, womit bereits beim offenen Kodieren begonnen wurde. Andererseits stellt
der Kontext die Bedingungen für (d) die handlungs- und interaktionalen Strategien dar, die den Umgang mit dem Phänomen beschreiben. Diese Strategien sind
wiederum (e) intervenierenden Bedingungen unterworfen, die die Handlun-
gen/Interaktionen fördern oder hemmen. Aus den Handlungen/Interaktionen
entwickeln sich wiederum (f) Konsequenzen (vgl. Strauss & Corbin 1996: 78-
85). Das In-Beziehung-Setzen einer Kategorie mit anderen Kategorien, die dann

den Charakter einer Subkategorie einnehmen, erfolgt zunächst hypothetisch. Die Hypothesen gilt es dann mithilfe des Datenmaterials zu verifizieren. Beim axialen Kodieren findet somit ein ständiger Wechsel von induktivem und deduktivem Vorgehen statt. Zwar stellen das offene und das axiale Kodieren getrennte analytische Prozedere dar, im Forschungsprozess wechseln die Forschenden jedoch zwischen diesen beiden Analyseschritten hin und her (vgl. Strauss & Corbin 1996: 77).

Im Mittelpunkt des *selektiven Kodierens* stehen das Auswählen der Kernkategorie, das systematische In-Beziehung-Setzen der Kernkategorie mit anderen Kategorien sowie das ‚Auffüllen' der Kernkategorie und (Sub-)Kategorien durch das Hinzuziehen von weiterem Datenmaterial. Bei der Kernkategorie handelt es sich um das zentrale Phänomen, das „Herzstück des Integrations-Prozesses" (a.a.O.: 101). Strauss (1998) nennt die folgenden Merkmale der Kernkategorie: Sie muss einen zentralen Bezug zu anderen Kategorien aufweisen; sie muss häufig im Datenmaterial in Erscheinung treten; sie muss sich problemlos mit anderen Kategorien in Beziehung setzen lassen (vgl. Strauss 1998: 67). Die Integration der Kategorien zu einer Grounded Theory „unterscheidet sich nicht sehr vom axialen Kodieren. Sie wird nur auf einer höheren, abstrakteren Ebene der Analyse durchgeführt" (Strauss & Corbin 1996: 95). Beim selektiven Kodieren wird die gesamte interpretative Arbeit (wie Memoinhalte, Diagramme etc.), die während des Forschungsprozesses ausgeführt wurde, in die sich entwickelnde Theorie integriert. Am Ende des selektiven Kodierens, wenn die Kernkategorie identifiziert und alle anderen Kategorien unter Anwendung des Kodierparadigmas mit der Kernkategorie in Beziehung gesetzt worden sind[25], werden durch den Einsatz der Bedingungsmatrix (vgl. a.a.O.: 132-147) Bedingungspfade ermittelt. Diese stellen Muster dar, die der Theorie Spezifität verleihen. „Dann ist man in der Lage zu sagen: Unter diesen Bedingungen (Auflistung) passiert das und das; während unter anderen Bedingungen das und das eintritt" (a.a.O.: 107). Strauss und Corbin betrachten die Grounded Theory auch als

> „(...) ein *transaktionales System*, eine Analysemethode, die es erlaubt, die interaktive Natur von Ereignissen zu untersuchen. Von all den paradigmatischen Merkmalen sind Handlung und/oder Interaktion das Herzstück der Grounded Theory. Jedes Phänomen wird durch zweckgerichtete und untereinander verbundene Handlungs/Interaktions-Abfolgen analytisch ausgedrückt. (...) Alle Phänomene und die damit verbundene Handlung/Interaktion sind in Sätze von Bedingungen eingebettet. Handlung/Interaktion führen auch zu spezifizierbaren Konsequenzen." (Strauss & Corbin: 133; Hervorhebung im Original).

---

25   Alle Kategorien können den paradigmatischen Merkmalen zugeordnet werden: ursächliche, kontextuelle sowie intervenierende Bedingungen, Handlungen/Interaktionen sowie Konsequenzen.

Die Bedingungsmatrix stellt vor diesem Hintergrund ein analytisches Hilfsmittel dar, um Bedingungen, die zu einer Handlung führen, auf verschiedenen Ebenen zu berücksichtigen: internationale Ebene, nationale Ebene, Ebene der Gemeinde, organisatorische und institutionelle Ebene, Ebene von Untereinheiten in Organisationen/Institutionen; Ebene des Kollektivs, der Gruppe, des Individuums sowie die Ebene der Interaktion (vgl. a.a.O.: 136). Die beim axialen und selektiven Kodieren herausgearbeiteten Handlungen stehen jeweils im Mittelpunkt der Bedingungsmatrix. Es wird nun überprüft, welche durch die Anwendung des Kodierparadigmas bereits ermittelten ursächlichen, kontextuellen sowie intervenierenden Bedingungen zu welcher Handlung führen. Die Bedingungen werden dann gemäß der Bedingungsmatrix neu ge- und der jeweiligen Handlung zugeordnet. Aus der jeweiligen Handlung können dann Verbindungen zu den bereits herausgearbeiteten Konsequenzen abgeleitet werden. Durch diese Vorgehensweise können die bereits weiter oben erwähnten Muster beschrieben werden, die der Theorie ihre Spezifität verleihen.

3.3 Erhebungsmethode: Experteninterview nach Meuser/Nagel

Methodologische Verortung in der empirischen Sozialforschung

Im Mittelpunkt des Forschungsinteresses steht die Rekonstruktion komplexer Wissensbestände im Sinne von Erfahrungsregeln von Expertinnen und Experten aus ausgewählten Segmenten des Erziehungs- und Bildungssystems sowie aus der Bildungspolitik. Um einen Zugang zu diesem Erfahrungswissen zu erlangen, fiel die Wahl der Erhebungsmethode auf die von Meuser und Nagel (vgl. Meuser & Nagel 1991; 1994; 2010) vertretene, im qualitativen bzw. interpretativen Paradigma verortete Form des Experteninterviews. Meuser und Nagel charakterisieren das Experteninterview als eine offene, leitfadengestützte Form der qualitativen Interviews, in dessen Zentrum das Expertenwissen steht und das als Instrument der Theoriebildung eingesetzt wird (vgl. Meuser & Nagel 1994: 181).[26]

Als häufige Einsatzfelder des Experteninterviews können die industriesoziologische Forschung, die soziologische Verwendungsforschung, die Organisa-

---

26 Meuser und Nagel unterscheiden zwischen einer „zentralen und einer Randstellung" (Meuser & Nagel 1991: 445) von Experteninterviews. Experteninterviews mit einer Randstellung haben nach Aussage der Autoren einen explorativ-erschließenden Charakter. Sie dienen der Gewinnung zusätzlicher Informationen (vgl. a.a.O.: 445). Bei Experteninterviews, die eine zentrale Stellung im Forschungsprozess einnehmen, steht das jeweils spezifische Expertenwissen im Mittelpunkt des Forschungsinteresses. Meuser und Nagel beziehen ihre Ausführungen auf diese zuletzt angeführte Form der Experteninterviews.

tionsforschung, die Bildungsforschung sowie die Evaluationsforschung genannt werden (vgl. Meuser & Nagel 2010: 457).

Meuser und Nagel konstatieren, dass es sich beim Experteninterview methodologisch betrachtet eher um ein „randständiges Verfahren" (Meuser & Nagel 2010: 457) handelt, obgleich seine Verwendung in der Forschungspraxis weit verbreitet ist. Während in den 1990er Jahren nur wenig Methodenliteratur zum Experteninterview existiert, ist in den 2000er Jahren eine Zunahme der methodischen Reflexion zu verzeichnen (vgl. Meuser & Nagel 2010: 485). Ein möglicher Grund für die geringe Beachtung in entsprechenden methodologischen Lehr- bzw. Handbüchern wird darin gesehen, dass dem Experteninterview im Rahmen von Forschungsvorhaben häufig eine explorative Funktion zugeschrieben wird. Der Einsatz erfolgt im Rahmen von Methodenkombinationen sowohl in quantitativ als auch in qualitativ ausgerichteten Forschungsvorhaben, um zusätzliche Informationen zum Forschungsthema zu gewinnen. Entsprechend des jeweiligen Forschungsinteresses wird hierbei eine unterschiedlich stark ausgeprägte Vorstrukturierung, eine unterschiedlich stark bzw. schwach ausgeprägte Offenheit bei der Handhabung des Leitfadens sowie der Einsatz unterschiedlicher Auswertungsverfahren vorgenommen (vgl. Bogner & Menz 2002: 34). Nach Bogner und Menz ist die Ursache für die kontroverse Diskussion um eine Methodologie des Experteninterviews weniger in einem methodologischen Grundsatzstreit, als vielmehr in einer mangelnden „Systematisierung der unterschiedlichen Erkenntnisinteressen und Forschungsdesigns" (Bogner & Menz 2002: 35) und damit verbunden in der Existenz unterschiedlicher Formen des Experteninterviews in der Forschungspraxis zu suchen. Sie differenzieren, in Abhängigkeit der jeweils erkenntnisleitenden Funktion, drei Formen: das explorative, das systematisierende und das theoriegenerierende Experteninterview (a.a.O.: 37-39).

Das *explorative Experteninterview* wird sowohl in quantitativ als auch in qualitativ ausgerichteten Forschungsdesigns angewendet. Es kann „zur Herstellung einer ersten Orientierung in einem thematisch neuen oder unübersichtlichen Feld dienen, (…) oder auch als Vorlauf zur Erstellung eines abschließenden Leitfadens. Explorative Interviews helfen in diesem Sinne das Untersuchungsgebiet thematisch zu strukturieren und Hypothesen zu generieren" (Bogner & Menz 2002: 37). Es wird häufig eingesetzt, um zusätzliche Informationen in Form von Kontextwissen zu erheben.

Im Fokus des *systematisierenden Experteninterviews*, das oft im Rahmen von Forschungsvorhaben mit Methodenkombinationen angewendet wird, steht „das aus der Praxis gewonnene, reflexiv verfügbare und spontan kommunizierbare Handlungs- und Erfahrungswissen. Diese Form des Experteninterviews zielt auf systematische und lückenlose Informationsgewinnung" (a.a.O.: 37). Aufgrund dessen erfolgt die Durchführung mittels eines ausdifferenzierten Leitfadens, wodurch eine thematische Vergleichbarkeit der erhobenen Daten bewirkt werden soll (vgl. a.a.O.: 38).[27]

Das *theoriegenerierende Experteninterview* umfasst „jene Form des Experteninterviews, wie sie methodisch-methodologisch von Meuser und Nagel begründet und entwickelt worden ist" (a.a.O.: 38). Es dient nicht wie das explorative Experteninterview zur Vorbereitung des eigentlichen Forschungsprozesses oder wie das systematisierende Experteninterview der Informationsgewinnung, sondern

„zielt im Wesentlichen auf die kommunikative Erschließung und analytische Rekonstruktion der ‚subjektiven Dimension' des Expertenwissens.[28] Subjektive Handlungsorientierungen und implizite Entscheidungsmaximen der Experten aus einem fachlichen Funktionsbereich bezeichnen hier den Ausgangspunkt der Theoriebildung. Ausgehend von der Vergleichbarkeit der Expertenäußerungen, die methodisch im Leitfaden und empirisch durch die gemeinsame organisatorisch-institutionelle Anbindung des Experten gesichert ist, wird eine theoretisch gehaltvolle Konzeptualisierung von (impliziten) Wissensbeständen, Weltbildern und Routinen angestrebt, welche die Experten in ihrer Tätigkeit entwickeln und die konstitutiv sind für das Funktionieren von sozialen Systemen." (a.a.O.: 38)

Diese Form des Experteninterviews strebt eine Theoriebildung an, wie sie bei der von Glaser und Strauss entwickelten Grounded Theory vertreten wird (vgl. Kapitel 3.2).[29]

---

27 Bogner und Menz (2002) vermuten, „dass die forschungspraktische Dominanz dieser Form einer reinen Wissensabfrage zu jenem eingeschränkten Verständnis des Expertengesprächs beigetragen hat, das dazu verleitet, den systematisierenden Typ als pars pro toto anzusehen. Womöglich ist es also paradoxerweise gerade auf die Popularität des systematisierenden Experteninterviews zurückzuführen, dass empirische Praxis und methodische Reflexion im Fall des Experteninterviews so wenig miteinander verbunden sind" (a.a.O.: 38).

28 Bogner und Menz (2002) sprechen hierbei auch von subjektivem Deutungswissen (Bogner & Menz 2002: 43).

29 Bogner und Menz (2002) weisen darauf hin, dass der Fokus des theoriegenerierenden Experteninterviews auf der Erhebung von Deutungswissen liegt, „also jenen subjektiven Relevanzen, Regeln, Sichtweisen und Interpretationen des Experten, die das Bild vom Expertenwissen als eines heterogenen Konglomerats nahe legen (...) Das Expertenwissen als Deutungswissen wird erst vermittels der Datenerhebung und der Auswertungsprinzipien als solches ‚hergestellt', es existiert nicht als eine interpretationsunabhängige Entität. In diesem Sinne ist das Expertenwissen immer eine Abstraktions- und Systematisierungsleistung des Forschers, eine ‚analytische Konstruktion'" (a.a.O.: 43-44).

Konzeptionelle Aspekte

Meuser und Nagel (1991) plädieren für die Anwendung eines offenen Interviewleitfadens, da die Forschenden hierdurch sowohl „dem thematisch begrenzten Interesse des Forschers an dem Experten wie auch dem Expertenstatus des Gegenübers" (Meuser & Nagel 1991: 448) gerecht werden. Indem sich die Forschenden im Kontext der Erarbeitung des Leitfadens, der die Gestalt von Themenkomplexen oder von konkreten Fragestellungen einnehmen kann, mit den zu thematisierenden Inhalten vertraut machen müssen, wird der Gefahr, inkompetent zu erscheinen, entgegengewirkt. Eine flexible Handhabung des Leitfadens während der konkreten Interviewsituation gewährleistet eine Offenheit für die Relevanzsetzungen der Expertin/des Experten (vgl. Meuser & Nagel 1991: 448-449).

Expertenbegriff und Expertenwissen

Nach Meuser und Nagel (1991) handelt es sich bei der Zuschreibung ‚Expertin' bzw. ‚Experte' um einen „relationalen Status" (Meuser & Nagel 1991: 443). Die Zuschreibung ist vom jeweiligen Erkenntnisinteresse abhängig und wird von den Forschenden vorgenommen. Um einer Willkürlichkeit bei der Vergabe des Expertenstatus entgegenzuwirken, benennen Meuser und Nagel zwei Bedingungen für dessen Zuschreibung:

> „Als Experte wird angesprochen, wer in irgendeiner Weise Verantwortung trägt für den Entwurf, die Implementierung oder die Kontrolle einer Problemlösung oder wer über einen privilegierten Zugang zu Informationen über Personengruppen oder Entscheidungsprozesse verfügt." (a.a.O.: 443)

Es wird also nicht, wie beispielsweise beim autobiografisch-narrativen Interview, die gesamte Biografie der interviewten Person fokussiert. Die Expertin bzw. der Experte in ihrer/seiner Funktion „innerhalb eines organisatorischen oder institutionellen Kontextes" (Meuser & Nagel 1991: 442-444), die damit verbundenen Zuständigkeiten und Aufgaben sowie die daraus resultierenden spezifischen Wissensbestände „im Sinne von Erfahrungsregeln, die das Funktionieren von sozialen Systemen bestimmen" (a.a.O.: 446) stehen im Fokus dieser Interviewform. Die Expertin bzw. der Experte „besitzt die Möglichkeit zur (zumindest partiellen) Durchsetzung seiner Orientierungen. Indem das Wissen des Experten praxiswirksam wird, strukturiert es die Handlungsbedingungen anderer Akteure in seinem Aktionsfeld in relevanter Weise" (Bogner & Menz 2002: 46).

Die Überlegungen zum Expertenbegriff und damit verbunden zum Expertenwissen haben ihre Wurzeln in den wissenssoziologischen Arbeiten von Alfred Schütz (1972)[30] und Walter M. Sprondel (1979). Bei Schütz ist das Expertenwissen ein thematisch klar abgegrenztes, verfügbares Wissen. Es fußt auf einem System von auferlegten Relevanzen, die sich aus den fachspezifischen Problemen ergeben und die der Experte für sein Handeln und Denken als wesentlich anerkannt hat (vgl. Schütz 1972: 96). Sprondel definiert das Expertenwissen im Vergleich zum Laien als ein problembezogenes Sonderwissen, das an eine Berufsrolle gekoppelt ist (vgl. Sprondel 1979: 141). Sowohl bei Schütz als auch bei Sprondel ist das Sonderwissen den Expertinnen und Experten bewusst und als solches auch jederzeit abrufbereit. Meuser und Nagel (2010) erweitern dieses Verständnis von Expertenwissen, indem sie das implizite Expertenwissen als bedeutungsvoll charakterisieren. Dieses steht den Expertinnen und Experten nicht unbedingt reflexiv zur Verfügung, ist aber als subjektiv handlungsleitend zu betrachten und kann – wie bei Schützes und Sprondels Ausführungen zum reflexiv verfügbaren Sonderwissen – als auferlegte Relevanzen verstanden werden (vgl. Meuser & Nagel 2010: 463). Die beiden Autoren merken hierzu an:

„Wissenssoziologisch gesehen haben wir es hier mit implizitem Wissen zu tun, mit ungeschriebenen Gesetzen, mit einem Wissen im Sinne von funktionsbereichsspezifischen Regeln, die das beobachtbare Handeln erzeugen, ohne dass sie von den Akteurinnen explizit gemacht werden können." (a.a.O.: 463)

In der vorliegenden Studie kommt im Sinne der methodologischen Überlegungen von Meuser und Nagel sowie Bogner und Menz das theoriegenerierende Experteninterview zum Einsatz.

3.4 Element der Feinanalyse: Argumentationsanalyse auf der Grundlage des Argumentationsschemas von Schüze

Anhand des Datenmaterials wird deutlich, dass das kommunikative Handeln der Befragten primär in Form des Argumentierens stattfindet. Aufgrund der zum Teil diffizilen Argumentationen wurde zu Beginn des Analyseprozesses schnell evident, dass durch das offene Kodieren die Struktur der Argumentation zum Erreichen eines besseren Verständnisses des jeweiligen Aussageereignisses nicht

---

30 In seinem Aufsatz „Der gut informierte Bürger" (Schütz 1972) unterscheidet Schütz drei Idealtypen von Wissen: den Experten, den Mann auf der Straße und den gut informierten Bürger (vgl. Schütz 1972: 87). Es handelt sich hierbei um theoretische Konstruktionen, die keiner empirischen Überprüfung unterzogen wurden.

durchdrungen werden konnte. Für die Beantwortung der Fragen ‚Was will der Interviewpartner hier aussagen?', ‚Auf was bezieht er sich an dieser Stelle?' oder ‚Warum führt er diesen Aspekt hier an?' ist ein anderes Analyseinstrument erforderlich, welches dem offenen Kodieren vorzuschalten ist. Dementsprechend galt es, ein Verfahren zu finden bzw. zu entwickeln, das den Fokus auf das Aufbrechen der formalen Argumentationsstruktur legt und damit den nachfolgenden Kodierprozess erleichtert. Diese Funktion übernimmt in der vorliegenden Arbeit die Argumentationsanalyse in Anlehnung an das Argumentationsschema von Fritz Schütze (1978).

Historische Grundlagen der Argumentationsanalyse und ihre Bedeutung in der Erziehungswissenschaft

Die Argumentationsanalyse stellt einen Teilbereich der Argumentationstheorie dar, deren Anfang bis in die griechische Antike zurückverfolgt werden kann. Diesbezüglich konstatiert Retter (2002), dass es „heute nur wenige Sachverhalte im argumentativen Dialog [gibt, C.D.], die nicht schon in der Philosophie und Rhetorik der Antike aufgetreten sind" (Retter 2002: 89). Platon (427-347 v. Chr.) begründete die Dialektik (im Sinne von Rede und Gegenrede führen) als Methode der Erkenntnisgewinnung, welche als Wegbereiter der heutigen Argumentationstheorien gesehen wird (vgl. Retter 2002: 90). Während Rhetorik im Sinne von Manipulation eine negative und Dialektik im Sinne von Erkenntnisgewinnung eine positive Konnotation seitens Platon beigemessen wird und beide Bereiche von ihm in einem divergenten Verhältnis stehend beschrieben werden, nimmt sein Schüler Aristoteles (384-322 v. Chr.) diese Zuschreibung von gut (Dialektik) und schlecht (Rhetorik) nicht auf, sondern betrachtet die beiden Bereiche als zusammengehörig, die sich aber voneinander abgrenzen lassen. Dialektik und Syllogismus (logisches Schlussverfahren) stellen die Grundlagen seiner Rhetorik dar (vgl. Retter 2002: 98). Bereits in seinem Werk „Rhetorik" setzt sich Aristoteles mit Aktivitäten des Argumentierens wie dem Behaupten, Begründen, Beweisen und Bestreiten auseinander (vgl. Aristoteles 2007: 191-195).

   Für eine zunehmende wissenschaftliche Anerkennung der Argumentationstheorie haben die Arbeiten von Toulmin (1975) sowie von Perelman und Olbrechts-Tycteca (2004) den ausschlaggebenden Beitrag geleistet. Betrachtet man den erziehungswissenschaftlichen Diskurs, so stellt die Beschäftigung mit Argumentationstheorie und Argumentationsanalyse seit Mitte der 1980er Jahre ein kontinuierliches Aufgabengebiet dar (vgl. exemplarisch Apfel & Koch 1997; Dörpinghaus 2002; Gruschka 1994; Helmer 1992; Helmer 1999; Kopperschmidt

2000; Krummheuer 2003; Oelkers 1991a; Osterwalder 1992; Paschen 1986; Paschen 1988; Paschen 1991; Paschen & Wigger 1992a; Paschen & Wigger 1992b; Prange 1992; Wigger 1988; Wigger 1991; Wigger 1994; Wigger 2001), das – wie Wigger (2010) anschaulich skizziert – sehr vielfältig gestaltet ist. Vor diesem Hintergrund kann man nicht von *der* Argumentationsanalyse als empirische Forschungsmethode sprechen, vielmehr zeichnen sich verschiedene Richtungen ab, die Wigger in drei Gruppen klassifiziert: „die inhaltliche oder topische Analyse, die formale oder strukturelle Analyse; die Analyse der Voraussetzungen des Argumentierens" (Wigger 2010: 354). Darüber hinaus gibt es nach Wigger in der Erziehungswissenschaft eine Vielzahl von argumentationsanalytischen Studien, die über keine fundierte Methodologie verfügen. Mit Blick auf die vorliegende Arbeit kann die hier angewendete Argumentationsanalyse der zweiten von Wigger vorgenommenen Klassifizierung zugeordnet werden.

Argumentationsschema nach Fritz Schütze und dessen Weiterentwicklung im Rahmen der vorliegenden Arbeit

Das Argumentationsschema von Fritz Schütze (1978) bildet den Kern der in der vorliegenden Studie entwickelten Argumentationsanalyse. Zum besseren Verständnis der methodologischen Verortung des Argumentationsschemas sind die konversationsanalytischen Arbeiten von Werner Kallmeyer und Fritz Schütze (1976; 1977) zu benennen. Gemeinsam erarbeiten die beiden Wissenschaftler Mitte der 1970er Jahre zunächst drei Ordnungsebenen der Interaktion: die Ebene der Gesprächsorganisation, die Ebene der Handlungskonstitution und die Ebene der Kommunikationsschemata der Sachverhaltsdarstellung (auch Sachverhaltsschemata genannt).[31] Die Ebene der Gesprächsorganisation fokussiert strukturelle Aufgaben zur Ermöglichung und Aufrechterhaltung eines Gesprächs (vgl. Kallmeyer & Schütze 1976: 6). Hierunter sind Aktivitäten zu verstehen, die zur Herstellung von Kooperativität (Kommunikationsbereitschaft) und Verständlichkeit der konstituierten Redegegenstände zwischen den Beteiligten dienen (vgl. a.a.O.: 9-11). Die Ebene der Handlungskonstitution bezeichnet das Konstituieren von alltagsweltlichen Handlungsschemata (z. B. einen Vorschlag für eine ge-

---

31   Die Ordnungsebenen der Gesprächsorganisation, der Handlungskonstitution sowie der Sachverhaltsdarstellung werden von Kallmeyer (1977) durch die Ebene der Interaktionsmodalitäten und die Ebene der Sozialbeziehungen ergänzt: „Auf der Ebene der Interaktionsmodalitäten werden Modalitätsschemata wie Ernst, Scherz, Spiel, alltagsweltliches Handeln, institutionelle Verfahrensinteraktion (z. B. Gerichtsverhandlung) usw. konstituiert (...) Auf der Ebene der Sozialbeziehungen werden Beziehungsschemata konstituiert. Damit wird festgelegt, nach welchen sozialen Mustern die Interaktion gestaltet werden soll (z. B. Arzt – Patient, Bekanntschaft, Kollegialität usw.)" (Kallmeyer 1977: 56-57).

meinsame Aktion diskutieren) sowie von institutionell-organisatorischen Handlungsschemata, wie z. B. eine Vernehmung durchführen (vgl. a.a.O.: 16-17). Die Ebene der Kommunikationsschemata der Sachverhaltsdarstellung nimmt eine Zwischenstellung zwischen den zuvor genannten Ebenen ein. Zu den Sachverhaltsschemata zählen Kallmeyer und Schütze (1977) das Erzählen, das Beschreiben und das Argumentieren (vgl. Kallmeyer & Schütze 1977: 160). Die Sachverhaltsschemata stellen eine Erweiterung der Gesprächsorganisation dar und sind in ein übergeordnetes Handlungsschema eingebettet:

> „Sie [die Sachverhaltsschemata, C.D.] werden wie Handlungsschemata vorbereitet und ausgeleitet (das Letzte stets mit einer Ergebnisfeststellung), aber sie haben ‚Verfahrenscharakter' und können als Expansion der Gesprächsorganisation angesehen werden. Die Expansion betrifft die Aktivitäten im Zusammenhang mit der grundlegenden Aufgabe, Verständlichkeit der eigenen Äußerung für den Partner zu erreichen, indem z. B. auf Sachverhalte referiert wird. Sachverhaltsschemata haben eine komplexe, zusammenhängende Sachverhaltsdarstellung zum Inhalt (…)." (a.a.O.: 161-162)

Die Kommunikationsschemata der Sachverhaltsdarstellung sind Praktiken der Konstruktion von Wirklichkeit und werden von Gesellschaftsmitgliedern im Rahmen des kommunikativen Handelns vollzogen. Sie „setzen interaktive Zugzwänge der Erfahrungsrekonstruktion in Kraft" (Schütze 1978: 23), welche auf Sachverhalte verweisen, die losgelöst vom aktuellen Interaktionsgeschehen existieren bzw. stattgefunden haben. Die Anwendung der Sachverhaltsschemata erfolgt immer dann, wenn Sachverhalte ursprünglicher Handlungsschemata unklar sind (vgl. ebd.).

Während die Sachverhaltsschemata des Erzählens und Beschreibens in dem gemeinsam von Kallmeyer und Schütze verfassten Artikel „Zur Konstitution von Kommunikationsschemata der Sachverhaltsdarstellung" (1977) erörtert werden, wird das Sachverhaltsschema des Argumentierens (auch Argumentationsschema genannt) in Schützes Arbeit „Strategische Interaktion im Verwaltungsgericht – eine soziolinguistische Analyse zum Kommunikationsverlauf im Verfahren zur Anerkennung als Wehrdienstverweigerer" (1978) ausgearbeitet. Schütze formuliert hier fünf Grundaktivitäten, die im Rahmen des Argumentationsschemas ausgeübt werden können: Behaupten, Begründen, Belegen, Bezweifeln und Bestreiten (vgl. Schütze 1978: 73-77). In der besagten Untersuchung von Schütze wird die Argumentation in der Interaktion zwischen Kläger (Proponent) und Richter (Opponent) erforscht. Sowohl Proponent als auch Opponent führen reziprok Grundaktivitäten des Argumentierens aus. In den im Rahmen der vorliegenden Untersuchung durchgeführten Experteninterviews existiert diese explizite reziproke Rollenverteilung und die damit einhergehenden Rollenerwartungen

‚Proponent – Opponent' nicht. Die Interviewerin hält sich im Hintergrund, stellt ihre Fragen bzw. Nachfragen, führt aber kein Streitgespräch und zweifelt die Antworten der Interviewten nicht generell an. Würde dies geschehen, wären Interaktionskrisen sowie Interaktionsabbrüche die Folge, da es sich bei Interviews – anders als dem besagten Gerichtsverfahren – nicht um eine Zwangskommunikation handelt, sondern freiwillige Teilnahme und Kooperativität seitens der Interviewten Grundvoraussetzungen für einen möglichst krisenfreien Interviewverlauf darstellen. Trotz der unterschiedlichen Verfahrensweisen (Gerichtsverhandlung – Experteninterview) hat das gesamte Spektrum an Grundaktivitäten des Argumentierens im Antwortverhalten der Interviewten Geltung. Die bereits genannten sowie darüber hinausgehende Grundaktivitäten (siehe Ausführungen weiter unten) finden sich in den Argumentationen der Befragten wieder. Selbst die Grundaktivitäten des Bezweifelns und Bestreitens, die im Gerichtsverfahren der Richter (Opponent) anführt, werden im Interview von den Interviewten selbst durchgeführt (siehe hierzu die Ausführungen zu den Grundaktivitäten des Bezweifelns und des Bestreitens weiter unten).

Das Argumentationsschema von Fritz Schütze, bestehend aus fünf Grundaktivitäten, wurde in der vorliegenden Studie um zwei weitere Grundaktivitäten weiterentwickelt, wie die folgende Abbildung aufzeigt:

Abbildung 2: Weiterentwicklung des Argumentationsschemas von Fritz Schütze

Grundaktivitäten des Argumentierens	Ursprung
(1) Behaupten	Schütze 1978
(2) Spezifizieren der Behauptung	Dellori 2013
(3) Begründen	Schütze 1978
(4) Belegen	Schütze 1978
(5) Bezweifeln	Schütze 1978
(6) Bestreiten	Schütze 1978
(7) Formulieren einer Konklusion	Dellori 2013

(1) In der Grundaktivität des *Behauptens* wird eine sprachliche Äußerung getätigt, die etwas – z. B. einen allgemeinen Sachverhalt, eine eigene Entscheidung, eine eigene Intention oder eine eigene Handlungsmaxime (vgl. Schütze 1978: 73) – als Tatsache deklariert, die möglicherweise keine ist und somit die Notwendigkeit der Begründung und des Belegens bestehen kann.

(2) Die Grundaktivität des *Spezifizierens der Behauptung* stellt eine Erweiterung des Argumentationsschemas von Schütze dar. Bei der Rekonstruktion der Argumentationsschemata im Rahmen der Experteninterviews taucht immer wie-

der das Phänomen auf, dass eine eher allgemein gehaltene und meist kurze Behauptung, durch zusätzliche Erläuterungen eine Spezifizierung erlangt.
(3) Nach der Grundaktivität des Behauptens und ggf. nach dem Spezifizieren der Behauptung setzen die Befragten ihre Argumentation teilweise in der Grundaktivität des *Begründens* fort.[32] Im Mittelpunkt des Begründens steht die Klärung der ‚imaginären' Frage ‚Aus welchem Grund tritt die in der Behauptung getätigte Aussage in Geltung?'. D. h. die Expertin bzw. der Experte führt aus, warum sie bzw. er z. B. einen allgemeinen Sachverhalt, eine eigene Entscheidung, eine eigene Intention oder eine eigene Handlungsmaxime im Rahmen der Behauptung als Tatsache darstellt. Es wird hier von der ‚imaginären Frage' nach dem Warum gesprochen, da die Interviewerin die Frage nach dem Warum nicht stellt. In der strategischen Kommunikation im Rahmen des Gerichtsverfahrens zur Anerkennung als Wehrdienstverweigerer verhält sich dies anders: Hier fragt der Opponent (Richter) den Kläger (Proponent) explizit nach Gründen für seine Behauptung (vgl. Schütze 1978: 73-74). Die Interviewpartner/-innen hingegen vollziehen diese Aktivität aufgrund eines Begründungsdrucks (konditionelle Relevanz)[33], ihre Äußerung erklären zu müssen. Die konditionelle Relevanz manifestiert sich in Form von Zugzwängen des Begründens. Schütze unterscheidet diesbezüglich sieben Zugzwänge (vgl. Schütze 1978: 77-80). Die nachfolgenden Erläuterungen der Verfasserin der vorliegenden Arbeit lehnen sich an den Ausführungen von Schütze (ebd.) an, stellen aber bereits eine Anpassung an die Argumentationen in den geführten Experteninterviews dar:

a. Zugzwang des Abstrahierens und Subsumierens
Die Behauptung wird unter ein angemessenes generelles Begründungsprinzip subsumiert.

b. Zugzwang des Differenzierens und Respezifizierens

---

32 Der idealtypische Aufbau einer Argumentation mit den Elementen Behauptung – Begründung – Beleg(e) kann in strategischer Kommunikation, wie z. B. im Rahmen von Gerichtsverhandlungen, in Reden oder in schriftlichen Dokumenten rekonstruiert werden. Im faktischen kommunikativen Handeln (außerhalb strategischer Kommunikation) ist dieser idealtypische Aufbau keine Selbstverständlichkeit. Das empirische Datenmaterial zeigt auf, dass der Argumentationsaufbau im kommunikativen Handeln der Interviewpartner/-innen nicht immer idealtypisch erfolgt. D. h. der Argumentationsaufbau ist unvollständig: nicht jede Behauptung wird begründet und belegt. Im Rahmen der vorliegenden Forschungsarbeit konnten Argumentationsschemata rekonstruiert werden, in denen Begründungen umgangen wurden und stattdessen ein Rückgriff auf andere Aktivitäten erfolgte (siehe hierzu die entsprechenden Unterkapitel „Zentrale Argumentationsschemata der Expertin/des Experten …" in den einzelnen Fallporträts).

33 In der Konversationsanalyse wird unter konditioneller Relevanz der „Zusammenhang zwischen einer ersten Aktivität und der durch ihren Vollzug erwartbar gewordenen korrespondierenden Aktivität" (Kallmeyer 1977: 55) verstanden.

Es wird geklärt, in welchen Situationen die Behauptung gültig ist und in welchen Situationen nicht. Relevante Situationen werden näher spezifiziert.

c. Zugzwang des Berücksichtigens und Abwägens
Gründe, die gegen die Behauptung sprechen, werden berücksichtigend angeführt und gegen Gründe, die für die Behauptung sprechen, abgewogen (im Sinne einer einfachen Pro-Contra-Argumentation).

d. Zugzwang des Explizierens
Es wird meistens ein Grund, der die Behauptung bestärken soll, erläuternd dargestellt.

e. Zugzwang des Konsistenz-Zeigens
Dieser Zugzwang wird aus Gründen der Vollständigkeit hier angeführt. Schütze (1978) erläutert diesen Zugzwang nicht. Es ist denkbar, dass in der Interaktion von Opponent und Proponent, der Proponent an seinen Begründungen festhält – also Konsistenz zeigt – trotz entgegengebrachten Bezweiflungen seitens des Opponenten. In den Experteninterviews konnte dieser Zugzwang nicht nachgewiesen werden.

f. Zugzwang des Konsequenzziehens
Der angeführte Grund stellt eine Folge aus einer vorherigen Äußerung dar. In den Experteninterviews tritt dieser Zugzwang auf, wenn im Rahmen der Begründungsaktivität bereits andere Zugzwänge zum Tragen gekommen sind. Beispielsweise wirkt zunächst der Zugzwang des Explizierens, dann der Zugzwang des Berücksichtigens und Abwägens und schließlich der Zugzwang des Konsequenzziehens, der die Begründungsaktivität beendet.

Wie die Ausführungen zu Punkt (f) bereits andeuten, muss in den Begründungsaktivitäten nicht nur ein Zugzwang wirken, vielmehr kommen vor allem bei längeren Begründungen mehrere Zugzwänge zum Tragen.

(4) Ziel der Grundaktivität des *Belegens* ist es, einen Nachweis für die zuvor getätigte Begründung zu erbringen und somit die Glaubhaftigkeit der Begründung zu verstärken. Während im Gerichtsverfahren die Belegaktivität auf die Begründung gerichtet ist, erfolgt die Grundaktivität des Belegens in den Experteninterviews auch im Anschluss an Behauptungen und Konklusionen. Generell kann zwischen externen Belegen (z. B. Dokumente) und internen Belegen (persönliches Empfinden, subjektive Erfahrungen) unterschieden werden (vgl. Schütze 1978: 74). Im Rahmen der Belegaktivität wirken ebenfalls Zugzwänge:

a. Zugzwang des Dokumentierens
    Da die Belege meistens im Rahmen einer Beschreibung oder Erzählung er-
    folgen, kommen dieselben Zugzwänge wie im Sachverhaltsschema des Er-
    zählens und Beschreibens zum Tragen: Detaillieren (Darlegung der tatsäch-
    lichen Abfolge von Ereignissen), Gestaltschließen (Abschließen der Dar-
    stellung begonnener kognitiver Strukturen) und Relevanzfestlegen/Kon-
    densieren (Darlegung relevanter Ereignisse) (vgl. Kallmeyer & Schütze
    1977: 188).

b. Zugzwang des Verknüpfens des Belegstückes mit dem Zu-Belegenden
    Dieser Zugzwang wird aus Gründen der Vollständigkeit angeführt. Schütze
    verweist darauf, dass hierbei „die Relation ‚Dokument von' nachvollziehbar
    ausgeführt werden [muss, C.D.]" (Schütze 1978: 79). Es ist zu vermuten,
    dass es sich hierbei um einen für die Beweisführung vor Gericht typischen
    Zugzwang handelt. Im Rahmen der Experteninterviews konnte dieser nicht
    identifiziert werden.

(5) Die Grundaktivität des *Bezweifelns* wird im Gerichtsverfahren zur Anerkennung als Wehrdienstverweigerer von dem Opponenten (Richter) vorgenommen.
In den Experteninterviews nehmen die Befragten Bezweiflungsaktivitäten selbst
vor. Dies ist beispielweise der Fall, wenn der Aussagegehalt einer Fragestellung
bezweifelt wird und im Anschluss daran eine Reinterpretation der Frage vorgenommen wird. Auf eine Bezweiflung folgt meist die Grundaktivität des Begründens oder eine Gegenbehauptung.

(6) Auch die Grundaktivität des *Bestreitens* ist in den Experteninterviews zu
finden, beispielsweise wenn im Zuge der Konstruktion eines „negativen Gegen-
horizontes" (Bohnsack 1989: 27-28; 346-347) die Meinung eines signifikant
Anderen angeführt wird, um sich dann im Rahmen einer Bestreitung davon abzugrenzen und sich mit einer Gegenbehauptung dem negativen Gegenhorizont
entgegengesetzt zu positionieren. Anders als bei der Bezweiflungsaktivität folgt
bei einer Bestreitung immer eine Gegenbehauptung.

(7) Eine weitere Modifizierung des Argumentationsschemas von Schütze
stellt die Grundaktivität des *Formulierens einer Konklusion* dar. Das Datenmaterial zeigt auf, dass häufig ein Argumentationsschema mit einer eigenständigen
Aktivität beendet wird, welche den bisher aufgeführten Grundaktivitäten nicht
zugeordnet werden und mit der Aktivität ‚Formulieren einer Konklusion' adä-
quat bezeichnet werden kann. Im Datenmaterial konnten verschiedene handlungspraktische Funktionen einer Konklusion identifiziert werden:[34]

---

34 Van Dijk (1989) weist auf folgende Inhalte von Konklusionen hin: „For argumentation this
    category [conclusion, C.D.] is obvious and hence also for all discourse types that have argu-
    mentative nature, such as arguments, debates, meetings, scholarly books and papers, lectures,

a. Logischer Schluss
    Die Konklusion stellt eine logische Schlussfolgerung aus der bisherigen Ar-
    gumentation dar (z. B. Behauptung – Begründung – Beleg – Konklusion).
    Hier wirkt der Zugzwang des Konsequenzziehens im Rahmen der Konklu-
    sion. Dieser ist zu unterscheiden von dem Zugzwang des Konsequenzzie-
    hens im Rahmen der Begründungsaktivität, der die Frage nach dem Warum
    klärt.
b. Bestärken/Wiederholung der Behauptung
    In der Konklusion wird die bisherige Argumentation auf die Ausgangsbe-
    hauptung zurückgeführt, indem diese meist mit anderen Worten wiederholt
    wird und dadurch eine Bestärkung erfährt.
c. Bewertung
    Die Grundaktivität wird dazu genutzt eine persönliche Bewertung positiver
    oder negativer Art, der zuvor dargelegten Inhalte (im Rahmen der Begrün-
    dungs- und/oder Belegaktivität) vorzunehmen.
d. Formulieren einer in die Zukunft gerichteten Forderung
    Nachdem in der bisherigen Argumentation eine eher negative Situation dar-
    gelegt wurde, wird in der Konklusion eine Forderung formuliert, um eine
    positive Veränderung bewirken zu können.
e. Aufbau und Abgrenzung von negativen Gegenhorizonten
    In sehr komplexen Argumentationsschemata, die geprägt sind von rhetori-
    schen Intentionen der bzw. des Interviewten kann in Form von mehreren
    Konklusionen ein negativer Gegenhorizont sukzessive aufgebaut werden,
    von dem sich dann abschließend wieder abgegrenzt wird.

In übersichtlichen, einfachen Argumentationsschemata werden Konklusionen zur
Beendigung der Argumentation formuliert. In komplexen und verschachtelten
Argumentationsschemata können die Konklusionen mit unterschiedlichen hand-
lungspraktischen Funktionen an verschiedenen Stellen im Ablauf des jeweiligen
Argumentationsschemas auftreten.

Abschließend ist zu konstatieren, dass die hier angeführten Grundaktivitäten
im Rahmen eines Argumentationsschemas weder obligatorisch noch chronolo-
gisch aufeinanderfolgend auftreten müssen. Darunter ist zu verstehen, dass der
Beginn eines Argumentationsschemas zwar meist durch eine Behauptung (selten
durch eine Bezweiflung oder Bestreitung) markiert wird, welche Grundaktivität
im Anschluss daran erfolgt, ist jedoch offen und muss ermittelt werden. Zur

---

propaganda, and advertisements. Yet, we also find Conclusion-type categories in everyday
conversation and stories. Conclusion categories contain the following kinds of information: (1)
conclusions in the strict sense; (2) closing; (3) summaries; and (4) decisions for future discourse or action" (van Dijk 1980: 111).

spezifischen Bestimmung von Argumentationsphänomenen vor allem im Rahmen der Begründungs- und Belegaktivität werden Analysekategorien aus der formal-logischen Argumentationsanalyse von Bayer (2007), wie z. B. das „Argument aus der Autorität" (Bayer 2007: 225), das „konditionale Argument" (a.a.O.: 231) oder das „kausale Argument" (ebd.), hinzugezogen.

Ziel der Argumentationsanalyse ist es, die faktische argumentative Ordnung in sprachlichen Dokumenten zu eruieren, um die Aussagen besser zu verstehen, aufeinander beziehen und thematisch einordnen zu können.

Verknüpfung der Argumentationsanalyse mit dem Kodierverfahren der Grounded Theory

Ist im Datenmaterial ein Argumentationsschema identifiziert und sind seine einzelnen Grundaktivitäten rekonstruiert, findet die Verknüpfung mit dem Kodierverfahren der Grounded Theory statt: Die Orientierung an den einzelnen Grundaktivitäten bietet im Prozess des offenen Kodierens eine formale Ordnung und wirkt strukturierend auf den Kodierprozess. Es können nun Phänomene auf der inhaltlichen, argumentativen sowie interaktionsbezogenen Ebene kodiert, d. h. konzeptualisiert und kategorisiert werden (zur konkreten Vorgehensweise bei den einzelnen Kodierschritten siehe Kapitel 3.2).

4 Forschungsprozess

4.1 Datenerhebung

Forschungsleitende Annahmen im Kontext der Zusammenstellung des Datenkorpus

Um aus einer diskursanalytischen Perspektive zu untersuchen, wie das Wissen über die bildungsbereichsübergreifende Umsetzung lebenslangen Lernens von Bildungsexpertinnen und -experten ausgehandelt, kodifiziert und tradiert wird, welche Schwerpunkte dabei gesetzt werden, an welchen es Konsens und wo es unterschiedliche Haltungen und Positionen gibt, setzt sich das Datenkorpus aus zwanzig Experteninterviews mit Vertreterinnen und Vertretern aus dem Elementarbereich, dem Sekundarbereich I, der Erwachsenenbildung/Weiterbildung sowie aus der Bildungspolitik zusammen. Somit ist das Datenkorpus in vier Expertengruppen untergliedert.

Abbildung 3:   Übersicht Datenkorpus der Untersuchung

Die Entscheidung vier verschiedene Expertengruppen im Forschungsdesign zu berücksichtigen, wurde von der Annahme geleitet, dass jede Expertin/jeder Experte lediglich Aussagen zum lebenslangen Lernen und dessen bildungsbereichsübergreifender Umsetzung bezogen auf das eigene Handlungsfeld treffen kann. Um eine bildungsbereichsübergreifende Perspektive zu gewährleisten, müssen – so der Rückschluss – mehrere Bildungsbereiche in die Untersuchung miteinbezogen werden. Für die Zusammenstellung der genannten Bereiche im Rahmen des Datenkorpus sind die folgenden Gründe anzuführen:

- Der Elementarbereich mit dem Fokus auf die frühkindliche Förderung stellt die erste Instanz im institutionellen Ablauf- und Erwartungsmuster des Erziehungs- und Bildungssystems dar. In diesem Bereich lassen sich vor allem in den letzten Jahren verstärkte Professionalisierungstendenzen vermerken (vgl. Dellori & Nittel 2011). Vor diesem Hintergrund kann auch die Neugestaltung der Bildungs- und Erziehungspläne in den einzelnen Bundesländern betrachtet werden, welche die Bedeutung der frühkindlichen Förderung bei der bildungsbereichsübergreifenden Umsetzung lebenslangen Lernens untermauert.[35]

- Nach dem Elementarbereich folgt im deutschen Bildungssystem der große Bereich des Schulsystems mit der Untergliederung in Primarbereich, Sekundarbereich I und Sekundarbereich II. Der Sekundarbereich I des deutschen Schulsystems umfasst die Jahrgangsstufen fünf bis zehn (Ausnahme stellen die Bundesländer Berlin und Brandenburg dar; hier existiert eine sechsjährige Grundschule.) und die Schularten Hauptschule, Realschule, Gymnasium und Gesamtschule (vgl. Kultusminister Konferenz 2012). Für die Forscherin ist der Sekundarbereich I von Interesse, da dieser durch seine institutionelle Verortung zwischen Primar- und Sekundarbereich II eine – so die Annahme der Forscherin – eher autarke Position bzgl. einer bildungsbereichsübergreifenden Umsetzung des lebenslangen Lernens einnimmt. D. h. er ist nicht Bestandteil einer bildungsbereichsübergreifenden Übergangsphase im institutionellen Ablauf- und Erwartungsmuster des Erziehungs- und Bildungssystems. Während beispielsweise bildungsbereichsübergreifende Kooperationen zur Gestaltung des Übergangs der Klientel zwischen Kindergärten und Grundschulen existieren (vgl. Schütz & Reupold 2010), ist für den Sekundarbereich I eher der Übergang innerhalb des Schulsystems

---

35 Vgl. hierzu z. B. Bildungs- und Erziehungsplan für Kinder von 0 bis 10 Jahren in Hessen (vgl. Hessisches Sozialministerium & Hessisches Kultusministerium 2007) oder der Bayerische Bildungs- und Erziehungsplan für Kinder in Tageseinrichtungen bis zur Einschulung (vgl. Bayerisches Staatsministerium für Arbeit und Sozialordnung, Familie und Frauen & Staatsinstitut für Frühpädagogik München 2005).

von Bedeutung, beispielweise von der Grundschule zur weiterführenden Schule. Für die eigenen Arbeitsabläufe und die Erfüllung des pädagogischen Mandats erscheint eine bildungsbereichsübergreifende Zusammenarbeit außerhalb des Schulsystems nicht unbedingt notwendig. Vor dem Hintergrund dieser Überlegungen ist es interessant zu erfahren, wie sich hier der Diskurs über die bildungsbereichsübergreifende Umsetzung des lebenslangen Lernens gestaltet.

- Die Erwachsenenbildung/Weiterbildung ist für die Untersuchung relevant, da sie jenen komplexen Bereich darstellt, der die pädagogisch intendierten Lernprozesse Erwachsener (vgl. Seltrecht 2012) „ (…) im Anschluß an die schulische und die universitäre Sozialisation" (Kade, Nittel & Seitter 1999: 29) umfasst. Die Erwachsenenbildung/Weiterbildung, die u. a. infolge der internationalen bildungspolitischen Diskussion über das lebenslange Lernen Ende der 1960er und Anfang der 1970er Jahre einen Institutionalisierungsschub in Deutschland zu verzeichnen hatte (vgl. a.a.O.: 52, 57; Hof 2009: 19-20), sieht in der Förderung des lebenslangen Lernens bei ihrer Klientel eine ihrer pädagogischen Hauptaufgaben (vgl. Dellori & Wahl 2012: 222-225). Diese Selbstbeschreibung spiegelt sich auch in einigen Weiterbildungsgesetzen der Bundesländer wider, welche die Erwachsenenbildung/ Weiterbildung als wesentlichen Baustein bei der Institutionalisierung lebenslangen Lernens betrachten (vgl. z. B. Hessisches Weiterbildungsgesetz, Weiterbildungsgesetz Schleswig-Holstein). Aufgrund der historischen Entwicklungsgeschichte der Erwachsenenbildung/Weiterbildung sowie dem dargestellten Selbstbild ist von Interesse zu schauen, welche Einstellungen und Erfahrungen zur bildungsbereichsübergreifenden Umsetzung lebenslangen Lernens bei den Akteurinnen und Akteuren der Erwachsenenbildung/Weiterbildung existieren.

- Der öffentliche Diskurs über das lebenslange Lernen und dessen bildungsbereichsübergreifender Umsetzung ist stark durch internationale, europäische sowie nationale bildungspolitische Entscheidungen geprägt (vgl. Europäische Kommission 2000; Bundesministerium für Bildung und Forschung 2001; Bund-Länder-Kommission 2004; Europäische Kommission 2010; Faure et al. 1973) und nimmt mit entsprechenden Förderprogrammen (z. B. Lernende Regionen – Förderung von Netzwerken[36], HESSENCAMPUS

---

36 Nähere Informationen zu dem BMBF-Förderprogramm „Lernende Regionen – Förderung von Netzwerken" (Laufzeit 2001 bis 2007) sind unter http://www.bildungsserver.de/innovationsportal/zeigen.html?seite=5542 [Stand 18.12.2012] zu finden.

Lebensbegleitendes Lernen[37], Lernen vor Ort[38]) Einfluss auf die unmittelbare pädagogische Praxis. Vor diesem Hintergrund ist es für die Forscherin interessant zu erfassen, wie der Diskurs über die bildungsbereichsübergreifende Umsetzung lebenslangen Lernens außerhalb von schriftlich tradierten Leitlinien und Empfehlungen auf der bildungspolitischen Ebene durch entsprechende Entscheidungsträger/-innen geführt wird und inwiefern sich dieser mit dem der zuvor genannten Expertengruppen deckt bzw. unterscheidet.

Entwicklung des Interviewleitfadens

Nach ausführlichem Literaturstudium, welches sowohl den erziehungswissenschaftlichen als auch den bildungspolitischen Diskurs zu den Themen ‚lebenslanges Lernen' sowie ‚bildungsbereichsübergreifende Umsetzung des lebenslangen Lernens' umfasste, wurde der Interviewleitfaden entwickelt. Neben Fragen zum jeweiligen Verständnis bezogen auf die genannten Themen umfasst der Leitfaden aber auch die Einschätzung der Interviewten zur Realisierung bildungspolitischer Forderungen im Kontext der Institutionalisierung lebenslangen Lernens, wie z. B. Förderung des selbstorganisierten Lernens oder Einbezug des informellen Lernens in die pädagogische Praxis (vgl. hierzu Bund-Länder-Kommission 2004). Der Leitfaden wurde einem Pretest unterzogen, indem dieser während eines ersten Interviews auf seine Handhabung und seinen inhaltlichen Ertrag hin überprüft wurde. Mithilfe des geführten Interviews wurde der Leitfaden in einer Forschungswerkstatt[39] kritisch reflektiert und nochmals überarbeitet. Das Interview wurde nicht in das Datenkorpus aufgenommen. Folgende Fragen dienten während der Interviewführung zur Orientierung und wurden je nach Gesprächsverlauf flexibel gestellt:

---

37   Nähere Informationen zu der Entwicklungspartnerschaft der Hessischen Landesregierung „HESSENCAMPUS Lebensbegleitendes Lernen" mit 21 hessischen Regionen sind unter http://www.hessencampus.de/ueber-uns/wofuer-steht-hc/ [Stand 18.12.2012] zu finden.

38   Nähere Informationen zu dem BMBF-Förderprogramm „Lernen vor Ort" (Laufzeit Förderphase II 2009 bis 2014) sind unter http://www.lernen-vor-ort.info/de/98.php [Stand 18.12.2012] zu finden.

39   Die Verfasserin war während des gesamten Forschungsprozesses Mitglied einer Forschungswerkstatt für qualitative Bildungsforschung unter der Leitung von Prof. Dr. Dieter Nittel. Hierdurch erhielt sie an wichtigen Eckpfeilern des Forschungsprozesses (z. B. Themendimensionierung, Leitfadenkonstruktion, Feinanalyse) konstruktives Feedback der teilnehmenden Promovierenden sowie des Betreuers.

Abbildung 4:   Interviewleitfaden Experteninterview

1. Was verstehen Sie unter lebenslangem Lernen?
2. In welchem Kontext haben Sie beruflich mit lebenslangem Lernen zu tun?
3. Was verstehen Sie unter einer bildungsbereichsübergreifenden Umsetzung des lebenslangen Lernens?
4. Welche Schwerpunkte sollte die bildungsbereichsübergreifende Umsetzung lebenslangen Lernens beinhalten?
5. Wie können die genannten Schwerpunkte in den Kindergärten/Schulen/ Bildungseinrichtungen konkret umgesetzt werden?
6. Wie kann die Fähigkeit zum selbstorganisierten Lernen in den Kindergärten/Schulen/ Bildungseinrichtungen vermittelt und gefördert werden?
7. Wie sollte Ihrer Meinung nach die Einbeziehung informellen Lernens in die Arbeit der Schulen aussehen?
8. Welche neuen Aufgaben kommen bei der bildungsbereichsübergreifenden Förderung des lebenslangen Lernens auf die Kindergärten/Schulen/Bildungseinrichtungen zu?
9. Was schätzen Sie, wie anschlussfähig das Professionswissen der pädagogisch Tätigen in den Kindergärten/Schulen/ Bildungseinrichtungen an die Anforderungen der Institutionalisierung des lebenslangen Lernens ist?
10. Wie sollte die Neuausrichtung des Selbstverständnisses und der Rolle der pädagogisch Tätigen in Kindergärten/Schulen/Bildungseinrichtungen aus Ihrer Sicht aussehen?
11. Welche Aktivitäten sind notwendig, um das Lerninteresse der Individuen in den verschiedenen Lebensphasen zu wecken und ein Bewusstsein einer Notwendigkeit zu schaffen?
12. In welchem Zeitraum sehen Sie die Institutionalisierung des lebenslangen Lernens als abgeschlossen?
13. Wie ist Ihrer Meinung nach Lernen in den einzelnen Lebensphasen finanzierbar?

Feldzugang

Die Rekrutierung erfolgte auf unterschiedlichem Wege. Einerseits handelte es sich um Expertinnen und Experten, die der Forscherin aus der Fachöffentlichkeit bekannt waren (z. B. durch den Besuch von Fachveranstaltungen, aus Publikationen etc.). Ferner wurden Empfehlungen aus dem beruflichen Umfeld der Forscherin nachgegangen sowie Vorschläge aus der Forschungswerkstatt aufgegriffen. Unabhängig davon, welcher dieser Rekrutierungswege verfolgt wurde, waren immer für jeden einzelnen Erstkontakt intensive Recherchen (Internetauftritte von pädagogischen Einrichtungen, Sichtung relevanter Publikationen, Sichtung von relevanten Fachveranstaltungen etc.) notwendig.

Der Feldzugang erfolgte ebenfalls auf unterschiedlichem Wege. Ein Großteil der Expertinnen und Experten wurde zunächst postalisch angefragt. Grundlage hierfür war ein Anschreiben, welches kurz über das Forschungsvorhaben informierte. Ferner enthielt es Angaben zur Form und Dauer des Interviews sowie den Hinweis, dass das Interview aufgenommen und das Datenmaterial für die spätere Auswertung anonymisiert werden würde. Das Anschreiben endete mit dem Hinweis, dass sich die Forscherin in den nächsten Tagen telefonisch melden würde. Das Telefonat diente dazu, ein erstes telefonisches Kennenlernen zu ermöglichen, Fragen seitens der Expertinnen/Experten zu klären, den Ablauf des Interviews zu erläutern und einen Interviewtermin zu vereinbaren. Bei einigen Informantinnen und Informanten erfolgte der Erstkontakt direkt telefonisch. Ein geringer Teil wurde auf Fachveranstaltung von der Forscherin angefragt, die Terminvereinbarung erfolgte dann zu einem späteren Zeitpunkt telefonisch.

Alle Interviews wurden von der Verfasserin selbst erhoben. Für die Datenerhebung war sie im gesamten Bundesgebiet unterwegs. Ein Interview fand in einem angrenzenden europäischen Nachbarland statt.

Die Transkription der erhobenen Daten wurde zum Teil von der Verfasserin selbst als auch von einem Transkriptionsservice vorgenommen.

Auswahl der Interviewpartner/-innen nach dem theoretischen Sampling

Voraussetzung für die Ansprache relevanter Expertinnen und Experten war, dass diese den in Kapitel 3.3 dargelegten Ansprüchen bei der Vergabe des Expertenstatus entsprechen. D. h. die Informantinnen und Informanten verfügen über die Möglichkeit zur Durchsetzung ihrer Orientierungen (auch zum lebenslangen Lernen und zu dessen bildungsbereichsübergreifender Umsetzung). Ihre Entscheidungen und ihr Handeln sind praxiswirksam und beeinflussen das Handeln anderer Akteurinnen und Akteure in ihrem beruflichen Tätigkeitsfeld. Für das Forschungsvorhaben bedeutet dies, dass relevante Interviewpartner/-innen meist eine Führungsposition in den genannten Bereichen (Elementarbereich, Sekundarbereich I, Erwachsenenbildung/Weiterbildung, Bildungspolitik) innehaben, sei es nun in der Organisationsleitung, Bereichsleitung oder Projektleitung bzw. dass sie Mitglied in beratenden Gremien der Bildungspolitik sind.

Die Auswahl der Interviewpartner/-innen erfolgte nach dem Verfahren des theoretischen Samplings (vgl. Strauss 1998: 70-71; Strauss & Corbin 1996: 148-165) auf der Grundlage von Konzepten, „die eine bestätigte theoretische Relevanz für die sich entwickelnde Theorie besitzen" (Strauss & Corbin 1996: 149). Das theoretische Sampling ist Teil der komparativen Analyse und ermöglicht das Identifizieren von Indikatoren für die Konzepte im Datenmaterial. Die Datenerhebung fand in drei Wellen statt. Mit der ersten Erhebungswelle wurden von Januar bis September 2005 zwölf Interviews zu allen vier Expertengruppen geführt.[40] Die zweite Erhebungswelle erfolgte nach fortgeschrittener Feinanalyse (erstes Fallporträt beendet, Bearbeitung des zweiten Fallporträts) im Jahr 2008. Das Datensample wies zu diesem Zeitpunkt vor allem in den Expertengruppen ‚Elementarbereich' und ‚Sekundarbereich I' eine Übergewichtung der wissenschaftlichen Perspektive auf, sodass in der zweiten Welle die Ebene der Praxis (Schulleitungen, Kindergartenleitungen) eine größere Berücksichtigung fand. In den Monaten April und Mai 2008 wurden weitere vier Interviews geführt. Kurz vor Abschluss der Forschungsarbeit im Kontext der Fertigstellung der gegenstandsverankerten Theorie wurden im Januar und Februar 2013 zur Überprüfung und letztendlichen Sättigung der Theorie weitere vier Interviews im Rahmen der Expertengruppen ‚Elementarbereich', ‚Erwachsenenbildung/Weiterbildung' sowie ‚Bildungspolitik' geführt.

Die Diskursformationen für die Spezialdiskurse über das lebenslange Lernen und die bildungsbereichsübergreifende Umsetzung lebenslangen Lernens gestalten sich auf der Grundlage des Theoretischen Samplings folgender Weise:

Abbildung 5: Diskursformationen: Untersuchte Spezialdiskurse über lebenslanges Lernen und dessen bildungsbereichsübergreifender Umsetzung

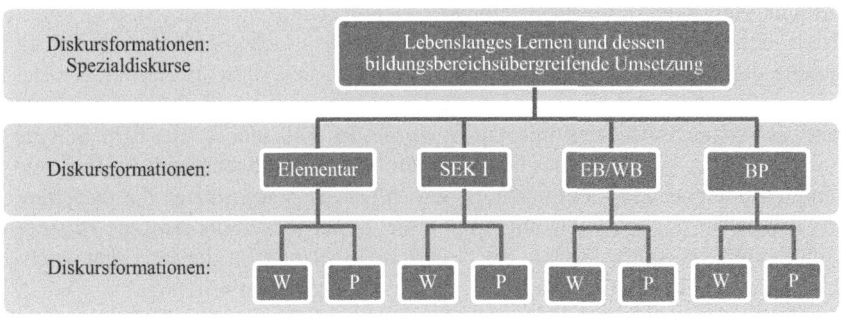

Legende: Elementar = Elementarbereich; SEK I = Sekundarbereich I; EB/WB = Erwachsenenbildung/Weiterbildung; BP = Bildungspolitik; W = Perspektive Wissenschaft; P = Perspektive Praxis

---

40 Wie bereits ausgeführt, wurde der Interviewleitfaden nach dem Pretest modifiziert. Das erste Interview mit dem überarbeiteten Leitfaden fand im Dezember 2004 statt. Eine erneute Überprüfung über den Erkenntnisgehalt des Interviewmaterials ergab, dass sich der Leitfaden erkenntnisgenerierend einsetzen lässt. Somit konnte das Interview mit in das Datenkorpus aufgenommen werden und wird der ersten Erhebungswelle zugeordnet.

Wie die Abbildung aufzeigt, fokussiert die Untersuchung die Spezialdiskurse über das lebenslange Lernen und dessen bildungsbereichsübergreifender Umsetzung in den bereits genannten Expertengruppen. Im Kontext des theoretischen Samplings wurde offenkundig, dass für die sich aus dem Datenmaterial entwickelnde Theorie von Bedeutung ist, dass in jeder Expertengruppe sowohl Wissenschaftler/-innen (Professorinnen und Professoren) als auch Praktiker/-innen (Führungskräfte in Bildungseinrichtungen) vertreten sind.

Die Abbildung 6 (Seite 67) gibt einen Überblick über das Datensample.

Schwierigkeiten im Prozess der Datenerhebung

Insgesamt wurden zweiundzwanzig Interviews durchgeführt, wobei zwei Interviews nicht in das Datensample aufgenommen wurden. Bei dem einen Interview handelt es sich um den Pretest, welcher zur Erprobung und Überprüfung des Interviewleitfadens diente. Da der Interviewleitfaden im Anschluss modifiziert wurde, konnte dieses Interview nicht in das Datenkorpus integriert werden. Bei dem zweiten Fall, handelt es sich um ein Interview mit einer Expertin aus dem Schulbereich. Der Interviewverlauf ist gekennzeichnet durch eine Interaktionskrise, die sich darin manifestierte, dass die Interviewpartnerin eine mangelnde Bereitschaft an den Tag legte, Nachfragen der Interviewerin bzgl. bestimmter Spezifika ihres Handlungsfeldes zu beantworten. Die Interviewerin unterbrach das Interview und stellte noch einmal das Forschungsinteresse dar und unterstrich, dass sie nicht aus dem Schulbereich käme. Nach dieser Unterbrechung änderte die Expertin zwar ihre Haltung zum Interview, antwortete ausführlicher und zeigte sich kooperativer. Aufgrund der Dominanz der Interaktionskrise während der ersten Hälfte des Interviews wurde der Fall jedoch aus dem Sample ausgeschlossen. Ein möglicher Grund für die Verweigerungshaltung der Expertin kann darin liegen, dass die Forscherin eigentlich den Vorgesetzten der betreffenden Person für das Interview angefragt hatte, dieser jedoch die Anfrage an seine Mitarbeiterin delegierte, sodass die Grundvoraussetzung für die Interviewdurchführung, nämliche die freiwillige Teilnahme, nicht gegeben war.

Der Erstkontakt gestaltete sich ebenfalls häufig schwierig. War unter Berücksichtigung der bereits weiter oben angeführten Bedingungen zur Rekrutierung von Interviewpartnern eine geeignete Person identifiziert, so gestaltete sich die Erreichbarkeit der betreffenden Person als Herausforderung. Vor allem jene Expertinnen und Experten die aufgrund ihrer fachlichen Reputation viele terminliche Verpflichtungen hatten, konnte die Verfasserin telefonisch kaum oder überhaupt nicht erreichen, sodass die Kommunikation über das Sekretariat stattfand. Nicht selten erstreckte sich die Terminvereinbarung über Wochen, vor allem wenn bereits vereinbarte Termine wieder verschoben werden mussten.

Abbildung 6:   Überblick Datensample

Interview Nr.	Name / Anonymisierung	Geschlecht w	Geschlecht m	Altersstruktur	Interviewgruppe	Berufliche Funktion zum Zeitpunkt des Interviews	Art der Einrichtung	Perspektive Praxis	Perspektive Wissenschaft	Datum der Aufnahme	Länge der Aufnahme
1	Müller (1. Eckfall)		x	50-60	Erwachsenenbildung	*wissenschaftlicher Mitarbeiter, Arbeitsschwerpunkt u.a. LLL**	*wissenschaftliche Serviceeinrichtung*	x	x	Dezember 2004	*01:21:28*
2	Schäfer	x		45-55	Berufliche Bildung	Leiterin Abteilung Berufsbildung	Interessensverband	x		Februar 2005	00:24:02
3	Fischer	x		45-55	Erwachsenenbildung	Leiterin der Einrichtung	kommunale Bildungseinrichtung	x		März 2005	02:18:20
4	Weber		x	70-80	Erwachsenenbildung	Professor	Universität		x	März 2005	01:27:46
5	Braun		x	55-65	Berufliche Bildung	wissenschaftlicher Mitarbeiter, Arbeitsschwerpunkt u.a.: LLL	wissenschaftliche Serviceeinrichtung	x	x	Februar 2013	01:14:45
6	Becker		x	55-65	Bildungspolitik	Abteilungsleiter	Ministerium (Land)	x		Februar 2005	00:39:34
7	Köhler (3. Eckfall)		x	55-65	*Bildungspolitik*	*Vertreter des Referatsleiters*	*Ministerium (Bund)*	x		*März 2005*	00:58:36
8	Richter		x	50-60	Bildungspolitik	Referatsleiter	Ministerium (Land)	x		April 2008	01:20:07
9	Hahn		x	60-70	Bildungspolitik	Professor	Mitarbeit in Beratungsgremien der Bildungspolitik		x	Juni 2005	00:48:39
10	Meyer		X	55-65	Bildungspolitik	Mitarbeiter im kommunalen Bildungsmanagement, Arbeitsschwerpunkt u.a. LLL	Kommunalverwaltung	x		Januar 2013	01:04:55
11	Koch		x	45-55	Elementarbereich	Professor	Universität		x	Juli 2005	00:57:53
12	Bauer (2. Eckfall)		x	65-75	*Elementarbereich*	*Professor*	*Universität, wissenschaftliche Serviceeinrichtung*		x	*September 2005*	00:38:25
13	Zimmermann	x		40-50	Elementarbereich	Leiterin der Einrichtung	Kindertagesstätte	x		April 2008	00:39:16
14	Voigt	x		45-55	Elementarbereich	Leiterin Koordinationsstelle	Ministerium	x		Februar 2005	00:51:39
15	Pfeiffer	x		45-55	Elementarbereich	Fachberaterin für Kindertagesstätten	Kommunalverwaltung	x		Februar 2013	01:01:13
16	Wolf		x	55-66	Sekundarbereich I + II	Professor	Universität		x	Juni 2005	01:58:13
17	König		x	60-70	Sekundarbereich I + II	Professor	Universität		x	Juli 2005	01:19:46
18	Peters		x	55-65	Sekundarbereich I + II	Professor	Universität		x	August 2005	01:15:59
19	Wagner (4. Eckfall)	x		50-60	*Sekundarbereich I*	*Leiterin der Einrichtung*	*Integrierte Gesamtschule*	x		*April 2008*	00:22:56
20	Jung	x		50-60	Sekundarbereich I	Leiterin der Einrichtung	Integrierte Gesamtschule	x		Mai 2008	00:25:15

* LLL = lebenslanges Lernen

Auch wenn die forschungsleitende Fragestellung keine Genderorientierung aufweist, so sei an dieser Stelle doch darauf hingewiesen, dass die Forscherin bemüht war, eine ausgewogene Verteilung zwischen den Geschlechtern bei der Datenerhebung zu berücksichtigen. Jedoch zeigte sich bei der Recherche und der anschließenden Ansprache, dass die entsprechenden Positionen in den jeweiligen Organisationen häufig von Männern besetzt waren (vor allem im Bereich der Wissenschaft und der Bildungspolitik). Interviewpartnerinnen hingegen konnten in ihrer Funktion als Führungskraft in einer Bildungsorganisation des Elementarbereichs, Sekundarbereichs I und der Erwachsenenbildung/Weiterbildung gewonnen werden.

4.2 Datenauswertung

Im Rahmen der Datenauswertung von Experteninterviews kombiniert die Verfasserin Analyseschritte unterschiedlicher Auswertungsmethoden (Konversationsanalyse, Biografieanalyse, Grounded Theory). Die einzelnen Analyseschritte werden nachfolgend in ihrer chronologischen Abfolge kurz skizziert.

Auswahl des ersten Interviews im Rahmen der Einzelfallanalysen

Die Datenauswertung beginnt mit den Einzelfallanalysen. Im Rahmen der ersten Fallanalyse wird aus dem Datenkorpus ein Interview gewählt, das in Bezug auf die Beantwortung der forschungsleitenden Fragestellung besonders ertragreich erscheint. Dieses Interview erhält den Status eines Eckfalls (im Folgenden auch Fallporträt genannt). Die Bedeutung der einzelfallanalytischen Vorgehensweise formuliert Detka (2005) wie folgt:

„Wird ein Interview zur einzelfallanalytischen Bearbeitung ausgewählt, beziehen sich die Schritte der Datenanalyse zunächst ausschließlich auf den Bedeutungshorizont des konkret vorliegenden Falles. Die Arbeitsschritte der Segmentierung und der strukturellen Beschreibung sind auf dieser analytischen Ebene anzusiedeln. Dies ist deshalb von herausragender Bedeutung, weil die gründliche Einzelfallanalyse die Voraussetzung für die späteren Arbeitsschritte der Ablösung vom Einzelfall und der Generierung von verallgemeinerbaren theoretischen Aussagen ist – Aussagen, die eben dann nicht mehr nur für die konkret betrachteten Fälle sondern für eine Vielzahl von Fällen Aussagekraft besitzen." (Detka 2005: 352)

In der vorliegenden Arbeit wurden insgesamt vier Einzelfallanalysen angefertigt. Die Auswahl des zweiten, dritten und vierten Fallporträts erfolgte nach dem

Prinzip des maximalen Vergleichs sowie unter Berücksichtigung des theoretischen Samplings (siehe hierzu auch der Abschnitt „Kontrastive Vergleiche der Eckfälle auf Basis der generierten Kodes" in diesem Kapitel).

Segmentierung des Interviewtranskripts

Nachdem ein Interview für die Einzelfallanalyse ausgewählt wurde, erfolgt die Segmentierung des Interviewtranskripts mit dem Ziel, die von der Informantin/dem Informanten produzierte sequenzielle Ordnung des sprachlichen Handelns herauszuarbeiten (vgl. Dekta 2005: 353-357). Sie ist bereits Bestandteil der formalen Textanalyse, die die Art und Weise des sprachlichen Handelns untersucht. Da in den geführten Experteninterviews das Argumentieren das dominante Sachverhaltsschema darstellt, dient als Orientierung für die Segmentierung das im (Sub-)Segment auftretende Argumentationsschema mit seiner jeweiligen thematischen Ausrichtung.[41] Ein (Sub-)Segment beginnt in dem der Untersuchung zugrunde liegenden Datenmaterial in der Regel mit einer Behauptung (selten mit einer Bezweiflung oder Bestreitung).[42] Die Rekonstruktion der sequenziellen Ordnung ist die Grundlage für die nachfolgende strukturelle Beschreibung der einzelnen (Sub-)Segmente.

Fokussierte strukturelle Beschreibung

Bei der strukturellen Beschreibung handelt es sich um einen Analyseschritt im Rahmen der Biografieanalyse von Fritz Schütze (1983), der für die zugrundeliegende Untersuchung herangezogen wurde. Während beim biografieanalytischen

---

41 Während Erzählsegmente kommunikative Aktivitäten wie „Erzählgerüstsatz, Detaillierungen und Detaillierungsexpansionen, eingelagerte Konstruktionen, Hintergrundskonstruktionen, Ergebnissicherungen und eigentheoretische Kommentare" (Detka 2005: 354) beinhalten, sind Argumentationssegmente gekennzeichnet durch die Grundaktivitäten des Argumentierens wie Behaupten, Spezifizieren der Behauptung, Begründen, Belegen, Bezweifeln, Bestreiten sowie Formulieren einer Konklusion. In Experteninterviews werden Segmente meist durch die Fragen der Interviewer/-innen eingeleitet. Lange Segmente beinhalten meist mehrere Argumentationsschemata mit thematischen Feinfokussierungen (im Rahmen der Behauptungsaktivität). Jedes Argumentationsschema wird als Subsegment markiert, das inhaltlich aber in Bezug zum Gesamtthema des Segments steht.

42 Obgleich die meisten (Sub-)Segmente formal durch das Argumentationsschema gekennzeichnet sind, treten in den Experteninterviews auch hin und wieder (Sub-)Segmente auf, die auf dem Sachverhaltsschema des Erzählens oder Beschreibens beruhen. Diese werden meist durch entsprechende erzählgenerierende oder auf Beschreibung der beruflichen Praxis abzielende Fragestellungen der Interviewerin hervorgerufen.

Ansatz die narrativen Passagen im Zentrum der strukturellen Beschreibung stehen, liegt der Fokus der strukturellen Beschreibung bei der Auswertung von Experteninterviews auf den argumentativen Passagen.

Im Rahmen der strukturellen Beschreibung werden die formale und inhaltliche Textanalyse ständig unter Berücksichtigung der sequenziellen Abfolge (Segmentierung) der sprachlichen Darstellung zueinander in Verbindung gesetzt (vgl. Schütze 1983: 286; Detka 2005: 359-362). Für die vorliegende Untersuchung bedeutet dies, dass bei der Analyse (Sub-)Segment für (Sub-)Segment vorgegangen und die jeweilige formale Struktur herausgearbeitet wird. Es wird detailliert dargestellt, welche Grundaktivität des Argumentierens sich an welcher Stelle des (Sub-)Segments befindet. Dabei ist die zeitliche Abfolge des Auftretens der Grundaktivitäten sowie der Zugzwänge des Begründens und des Belegens zu berücksichtigen. Pro Grundaktivität wird der Sinnhorizont analytisch beschrieben und es wird – wie bei der strukturellen Beschreibung des Erzählschemas im Rahmen der Biografieanalyse – eine Zusammenführung der Erkenntnisse auf der Bedeutungsebene vorgenommen.

In der vorliegenden Untersuchung wird die strukturelle Beschreibung fokussiert angewendet, d.h. nur (Sub-)Segmente, die einen hohen Erkenntnisgehalt für die forschungsleitende Fragestellung besitzen, werden einer strukturellen Beschreibung unterzogen.

Offenes Kodieren

Auf Basis der strukturellen Beschreibung erfolgt das offene Kodieren nach Strauss (1998) bzw. Strauss und Corbin (1996).[43] Die aus der strukturellen Beschreibung gewonnenen analytischen Erkenntnisse erleichtern die anschließende Generierung von Kodes. Es werden Kodes auf der inhaltlichen, argumentativen und interaktionsbezogenen Ebene gebildet, die in Kodememos festgehalten werden.[44]

Wie bereits erwähnt, wird die strukturelle Beschreibung im Rahmen der Einzelfallanalysen fokussiert angewendet. Um dem Prinzip des offenen Kodierens gerecht zu werden, nämlich möglichst umfassend zu kodieren und zunächst alle identifizierten Phänomene als für die Theoriegenerierung relevant zu betrachten, werden auch jene (Sub-)Segmente berücksichtigt, die nicht strukturell

---

43 Ausführliche Erläuterungen zum Kodierverfahren siehe in Kapitel 3.2 der Studie.
44 Die Kodememos beinhalten einen Großteil der analytischen Tätigkeit im Verlauf des Forschungsprozesses. In der vorliegenden Arbeit werden diese Memos visuell nicht abgebildet, sondern ihr analytischer Gehalt fließt in jene Kapitel der Arbeit ein, welche die gegenstandsverankerte Theorie abbilden.

beschrieben werden. Hier erfolgt das offene Kodieren auf der Grundlage des jeweiligen Transkriptauszugs.

Auswahl weiterer Interviews für die Einzelfallanalyse

Mithilfe des theoretischen Samplings (Strauss 1998: 70-71; Strauss & Corbin 1996: 148-165) sowie der Strategie des maximalen kontrastiven Vergleichs (vgl. Schütze 1983: 287-288) werden nacheinander drei weitere Eckfälle für die Einzelfallanalyse ausgewählt. Die Vorgehensweise bei der Einzelfallanalyse des zweiten Eckfalls ist identisch mit derjenigen des ersten Eckfalls (Segmentierung, strukturelle Beschreibung, offenes Kodieren). Bei dem dritten und vierten Eckfall wird eine aus forschungsökonomischen Gründen verkürzende Darstellung der Einzelfallanalyse (Kurzporträt) vorgenommen.[45] Darunter ist zu verstehen, dass nach der Segmentierung des jeweiligen Interviewtranskripts keine Verschriftlichung der strukturellen Beschreibung stattfindet. Sie wird im Hintergrund durchgeführt. Die Rekonstruktion der Argumentationsschemata als analytische Tätigkeit der strukturellen Beschreibung, wird hier in Form von schematischen Darstellungen festgehalten. Nach der Rekonstruktion der Argumentation wird am jeweiligen Transkript komplett das offene Kodieren angewendet.

Kontrastive Vergleiche der Eckfälle auf der Basis der generierten Kodes

Nachdem die Einzelfallanalyse der ersten beiden Eckfälle abgeschlossen ist, werden alle generierten Kodes mithilfe der Strategie des maximalen Vergleichs kontrastiert. Dabei werden Kodes, die ähnliche Phänomene beschreiben zu Kodeclustern gefasst, aus denen sich schließlich Kategorien ableiten lassen. Nach Beendigung der Einzelfallanalysen des dritten und vierten Eckfalls erfolgt eine Überprüfung und Modifizierung bzw. Verdichtung der bisher entwickelten Kodecluster und Kategorien mithilfe der generierten Kodes der letzten beiden Eckfälle. Bis dato bestehende Kodecluster werden aufgelöst, indem sie zu Kategorien zusammengefasst werden bzw. – im Falle, dass sich im Vergleich der vier Eckfälle keine Relevanz für die sich abbildende Theorie herauskristallisiert –

---

45 Da die Verschriftlichung der strukturellen Beschreibung sehr zeitaufwendig und Auswirkungen auf den seitenmäßigen Umfang der Studie hat, können durch die verkürzende Darstellung Zeit und Seiten eingespart werden. De facto ist es aber so, dass die analytische Tätigkeit, die im Rahmen der strukturellen Beschreibung vollzogen und in den ersten beiden Eckfällen durch deren Veröffentlichung sichtbar gemacht wird, bei den Kurzporträts ebenfalls stattfindet, jedoch im Hintergrund in Form von Notizen und Memos festgehalten wird. Zum Aufbau der Fallporträts sowie die darin enthaltene Darstellung der analytischen Tätigkeit siehe unter dem Abschnitt „Aufbau der empirischen Einzelfallanalysen" in diesem Kapitel.

werden diese bei der weiteren Analyse nicht mehr berücksichtigt. Am Ende dieses Arbeitsschrittes steht der Forscherin eine Fülle von Kategorien zur Verfügung, welche die Basis für die weitere Analyse bildet.

Axiales Kodieren

Bei diesem Analyseschritt werden die bisher gewonnenen Kategorien unter Anwendung des Kodierparadigmas miteinander in Beziehung gesetzt (vgl. Strauss 1998: 56-63; Strauss & Corbin 1996: 75-93; Kapitel 3.2 der Arbeit).

Selektives Kodieren und Anwenden der Bedingungsmatrix zur Generierung einer gegenstandsverankerten Theorie

Das In-Beziehung-Setzen der Kategorien wird weiter fortgesetzt durch das Hinzuziehen des gesamten Datenmaterials. Dadurch werden die bestehenden Kategorien weiter verdichtet. Neue Kategorien sowie neue Verbindungen zwischen den Kategorien können identifiziert werden. Das wichtigste analytische Ereignis ist hierbei die Identifizierung der Kernkategorie und damit verbunden das In-Beziehung-Setzen aller anderen Kategorien mit der Kernkategorie (vgl. Strauss 1998: 63-68; Strauss & Corbin 1996: 94-117; Kapitel 3.2 der Untersuchung).

Unter Zuhilfenahme der Bedingungsmatrix (vgl. Strauss & Corbin 1996: 132-147; Kapitel 3.2 der Studie) können Bedingungspfade benannt und verfolgt werden, die letztendlich eine Antwort auf die Frage geben: Welche spezifischen Bedingungen führen zu welchen Auswirkungen auf eine Handlung/Interaktion und welche Folgen resultieren daraus? Durch die Beantwortung dieser Frage ergeben sich Muster, die der gegenstandsverankerten Theorie ihre Spezifität verleihen.

Schwierigkeiten im Prozess der Datenauswertung

Im Rahmen ihres Exposés, welches die Verfasserin beim Promotionsausausschuss an der Goethe-Universität einreichte, musste sie bereits ihr Auswertungskonzept darlegen. Zum damaligen Zeitpunkt beruhte es schwerpunktmäßig auf der Umsetzung der Methodologie der Grounded Theory von Strauss und Corbin (1996). Da Forschung ein erkenntnisleitender Prozess nicht nur auf der inhaltlichen, sondern auch auf der methodischen Ebene darstellt, hat sich das Auswertungsdesign im Verlauf der Untersuchung aufgrund der Anforderungen des Datenkorpus verändert.

Zu Beginn der ersten Einzelfallanalyse wurde – wie bereits dargestellt – schnell offenkundig, dass im sprachlichen Handeln des Akteurs das Argumentieren dominiert. Mit dem offenen Kodieren konnte die Struktur der Argumentation zum Erreichen eines besseren Verständnisses des jeweiligen Aussageereignisses nicht durchdrungen werden, sodass die strukturelle Beschreibung in ihrer Eigenschaft, formale und inhaltliche Analyse permanent in ihrer sequenziellen Abfolge zueinander in Verbindung zu setzen, zum Einsatz kam. Auch hier wurde schnell deutlich, dass die strukturelle Beschreibung, wie sie in biografieanalytischen Studien angewendet wird, nämlich mit dem Fokus auf Erzählungen, nicht eins zu eins übernommen werden konnte, da die narrativen Passagen im Datenkorpus in minimaler Ausprägung auftraten. Der Fokus der strukturellen Beschreibung musste auf die Argumentationen gerichtet werden. Hier stellte sich nun die Frage, auf welcher methodologischen Grundlage die argumentative Ausrichtung der strukturellen Beschreibung erfolgen sollte. Ein zeitintensiver Suchprozess begann, indem sich die Verfasserin mit dem Argumentationsschema von Stephen Toulmin (1975) sowie der logischen Argumentationsanalyse von Klaus Bayer (1999) auseinandersetzte und die jeweilige Anwendung im Rahmen der strukturellen Beschreibung überprüfte.[46] Durch einen Hinweis ihres Betreuers setzte sich die Verfasserin mit dem Text „Strategische Interaktion im Verwaltungsgericht – eine soziolinguistische Analyse zum Kommunikationsverlauf im Verfahren zur Anerkennung als Wehrdienstverweigerer" (1978) von Fritz Schütze auseinander. Nach Recherchen der Forscherin zufolge, handelt es sich um den einzigen Beitrag von Schütze, in welchem er sich nur dem Argumentationsschema widmet und die einzelnen Grundaktivitäten des Argumentierens und deren Zugzwänge darlegt.[47] Im Vergleich der drei Vorgehensweisen zur Analyse von Argumentationen, entschied sich die Verfasserin für die Anwendung des Argumentationsschemas nach Schütze, da es ihr nicht darum geht die jeweiligen Argumentationen der interviewten Akteurinnen und Akteure als wahr oder falsch zu identifizieren, wozu die Ansätze von Toulmin und Bayer hätten verwendet werden können. Der Verfasserin geht es vielmehr um die Erkenntnis, wie sich die Spezialdiskurse gestalten, wie Form und Inhalt (unabhängig von der Bewertung von wahr oder falsch) zueinander in Verbindung stehen. Die rekonstruktive Perspektive steht somit im Vordergrund.

Nachdem diese Entscheidung getroffen war, bestand die nächste Herausforderung darin, das Argumentationsschema, welches Schütze im Rahmen eines

---

46   Die Anwendung der beiden Richtungen ließ die Verfasserin im Rahmen einer Forschungswerkstattsitzung reflektieren.

47   Zwar wird das Argumentationsschema als solches in einigen Beiträgen (vgl. Kallmeyer & Schütze 1976; Kallmeyer & Schütze 1977) erwähnt, jedoch wird dort nicht weiter darauf eingegangen, aus welchen kommunikativen Tätigkeiten sich das Schema zusammenstellt.

speziellen Gerichtsverfahrens entwickelt hatte, auf einen anderen Anwendungs-kontext, nämlich dem des Experteninterviews, zu übertragen und dabei entsprechend den Anforderungen des Datenmaterials weiterzuentwickeln (siehe hierzu ausführlich die Erläuterungen in Kapitel 3.4). Durch die kontinuierliche Anwendung der Argumentationsanalyse während des gesamten Auswertungsprozesses, wurde die Verfasserin nicht nur immer sicherer in deren Anwendung, sie konnte durch die permanente Auseinandersetzung mit dem Datenmaterial immer wieder neue Erkenntnisse bzgl. der einzelnen Argumentationsaktivitäten, deren Zugzwänge und vor allem bzgl. der von ihr neu entwickelten Grundaktivitäten des Argumentierens gewinnen. Dies führte dazu, dass die Verfasserin nach Abschluss der letzten Porträtierung, in die Überarbeitung aller Einzelfallanalysen übergegangen ist, um in jedes Fallporträt die neuesten Erkenntnisse bzgl. der Methodenanwendung einfließen lassen zu können und zu überprüfen, ob sich dadurch Veränderungen auf der Bedeutungsebene ergeben haben.

Aufbau der empirischen Einzelfallanalysen

Für die Einzelfallanalysen wurden vier Interviews (pro Expertengruppe ein Interview) ausgewählt. Die Präsentation der Einzelfallanalysen erfolgt in Form von Fallporträtierungen. Hierbei wird zwischen ausführlichen Fallporträts und Kurzporträts unterschieden. Für die ausführliche Fallporträtierung wurden das Interview ‚Müller' (Experte aus der Erwachsenenbildung/Weiterbildung) sowie das Interview ‚Bauer' (Experte aus dem Elementarbereich) ausgewählt. Für die Kurzporträtierung wurde das Interview ‚Wagner' (Expertin aus dem Sekundarbereich I) und das Interview ‚Köhler' (Experte aus der Bildungspolitik) herangezogen.

Den Porträtierungen liegt der folgende Aufbau zugrunde:

Abbildung 7: Aufbau Fallporträts in der Langfassung der Dissertation

Fallporträt (Müller, Bauer)	Kurzporträt (Wagner, Köhler)
1. Informationen zur Person und zur institutionellen Zugehörigkeit	1. Informationen zur Person und zur institutionellen Zugehörigkeit
2. Auswahlkriterien für die Fallporträtierung	2. Auswahlkriterien für die Kurzporträtierung
3. Formale Textsortenanalyse	3. Formale Textsortenanalyse
3.1 Kontaktaufnahme	3.1 Kontaktaufnahme
3.2 Interviewsituation	3.2 Interviewsituation
3.3 Interviewkritik	3.3 Interviewkritik
3.4 Interviewstruktur	3.4 Interviewstruktur

Fallporträt (Müller, Bauer)	Kurzporträt (Wagner, Köhler)
3.5 Formale Auffälligkeiten 4. Fokussierte strukturelle Beschreibung 5. Zentrale Argumentationsschemata und Befunde des offenen Kodierens 6. Zusammenfassender Überblick über die formale und inhaltliche Struktur des Interviews	3.5 Formale Auffälligkeiten 4. Zusammenfassende Paraphrasierung 5. Zentrale Argumentationsschemata und ausgewählte Befunde des offenen Kodierens 6. Zusammenfassender Überblick über die formale und inhaltliche Struktur des Interviews

Anstelle der fokussierten strukturellen Beschreibung erfolgt in den Kurzporträts eine zusammenfassende Paraphrasierung der inhaltlichen Aussagen, damit die Leser/-innen der nachfolgenden Darstellung der zentralen Argumentationsschemata folgen können. Während bei der Fallporträtierung alle generierten Kodes angeführt werden, erfolgt bei der Kurzporträtierung eine Auswahl von Kodes. Es werden nur jene Kodes benannt, die sich auf das jeweils dargestellte Argumentationsschema beziehen.

In der vorliegenden Publikation musste aus Platzgründen eine Kürzung der Fallanalysen vorgenommen werden. Um dennoch einen Einblick in die Einzelfallanalysen geben zu können, entschied sich die Verfasserin für die exemplarische Darstellung eines Fallporträts sowie eines Kurzporträts mit dem folgenden Aufbau:

Abbildung 8: Aufbau Fallporträts in der vorliegenden Publikation

Fallporträt Müller	Kurzporträt Wagner
1. Hintergrundinformationen zum Interview • *Informationen zur Person und zur institutionellen Zugehörigkeit* • *Auswahlkriterien für die Fallporträtierung* • *Kontaktaufnahme* • *Interviewsituation* • *Interviewkritik* • *Interviewstruktur* • *Formale Auffälligkeiten* 2. Fokussierte strukturelle Beschreibung 3. Zentrale Argumentationsschemata und Befunde des offenen Kodierens	1. Hintergrundinformationen zum Interview • *Informationen zur Person und zur institutionellen Zugehörigkeit* • *Auswahlkriterien für die Fallporträtierung* 2. Zusammenfassende Paraphrasierung 3. Zentrale Argumentationsschemata und ausgewählte Befunde des offenen Kodierens

5 Fallporträt Müller (Experte aus dem Bereich Erwachsenenbildung)

5.1 Hintergrundinformationen zum Interview

Informationen zur Person und zur institutionellen Zugehörigkeit[48]

Herr Müller ist ein Vertreter aus der Expertengruppe ‚Erwachsenenbildung'. Er ist Diplom-Naturwissenschaftler und beruflich seit mehreren Jahrzehnten in Handlungsfeldern der Erwachsenenbildung tätig.

Der Informant arbeitet seit über 15 Jahren als Mitarbeiter in einer wissenschaftlichen Serviceeinrichtung in Deutschland. Die Einrichtung bietet in ihrer intermediären Funktion zwischen Forschung und Praxis verschiedene wissenschaftliche Dienstleistungen für den Weiterbildungsbereich an.

Auswahlkriterien für die Fallporträtierung

Müller wurde für die Fallporträtierung ausgewählt, da seine berufliche Aufgabe der intermediären Funktion der Einrichtung, in der er tätig ist, entspricht. Er agiert also nicht im Rahmen eines praxisorientierten Durchführungsprojektes zur bildungsbereichsübergreifenden Umsetzung lebenslangen Lernens, sondern nimmt eine begleitende Funktion auf der administrativ programmbezogenen Ebene wahr. Er muss wissenschaftliche, bildungspolitische, bildungsökonomische und die praktische Umsetzung (auf Projektebene) betreffende Perspektiven berücksichtigen und zusammenführen. Der Interviewpartner hat somit Einblick in unterschiedliche Handlungskontexte, die ihn aus diskursanalytischen Gesichtspunkten für eine Fallporträtierung besonders interessant erscheinen lassen.

---

48 Aus Platzgründen können an dieser Stelle nicht die beiden im Rahmen der Dissertation durchgeführten Fallporträtierungen veröffentlicht werden. Daher wird hier nur das Fallporträt ‚Müller' aufgeführt. Diese exemplarische Darstellung sollte jedoch genügen, um der Leserin/dem Leser einen Einblick in die analytische Vorgehensweise zu geben.

Kontaktaufnahme

Der erste Versuch einer Kontaktaufnahme erfolgte im Juli 2004. Die Interviewerin rief den Experten in der Einrichtung, in der dieser zu diesem Zeitpunkt tätig
war, an und erfuhr über eine Mitarbeiterin, dass sich Herr Müller im Urlaub
befände. Somit musste die Kontaktaufnahme auf einen späteren Zeitpunkt ver-
legt werden. Der zweite Versuch erfolgte Anfang November 2004. Der Informant erklärte sich zur Durchführung eines Interviews bereit. Es wurde verein-
bart, das Interview am Freitag, den 10. Dezember 2004, 10:00 Uhr in Müllers
Wohnung durchzuführen. Zur Bestätigung des Termins sendete die Interviewerin
Herrn Müller eine E-Mail mit allen wichtigen Daten zum Treffen und einer
Kurzinformation zum Forschungsvorhaben.

Interviewsituation

Die Situation vor dem Interview war gekennzeichnet durch eine freundliche,
lockere Atmosphäre. In Müllers Arbeitszimmer setzten sich der Informant und
die Interviewerin an einem Tisch gegenüber. Es erfolgte ein kurzer Smalltalk
über eine Veranstaltung, an der sowohl der Informant als auch die Interviewerin
vier Tage vor dem gemeinsamen Interview teilgenommen hatten und ein erstes
kurzes Kennenlernen der beiden Personen stattgefunden hatte. Während des
Smalltalks erfolgte der Aufbau der Aufnahmetechnik. Nach dem Bereitstellen
von Getränken durch Herrn Müller wurde mit dem Interview begonnen.

Während des Interviews wurde der schnelle Redestil des Interviewpartners
offenkundig. Der Informant wechselte häufig die Themen, sodass der Interviewleitfaden flexibel angewendet wurde. Unter Berücksichtigung der Prinzipien
‚Offenheit‘ und ‚Kommunikation‘ der qualitativen Sozialforschung (vgl. Hoffmann-Riem 1994: 29 ff.) standen die Relevanzstrukturen, Wirklichkeitskonzeptionen und das kommunikative Regelsystem des Experten im Mittelpunkt der
Interviewführung. Nachfragen erfolgten, wenn der Interviewpartner in seinen
Ausführungen pausierte und somit die Argumentation nicht unterbrochen werden
musste. Das Interview endete nach ca. 80 Minuten.

Nach dem Interview nahm Müller noch einmal Bezug auf die Hinführung
zum Thema zu Beginn des Interviews und stimmte der Interviewerin zu, dass
eine systematische Erforschung des lebenslangen Lernens noch nicht erfolgt sei.
Während des Abbaus der Aufnahmetechnik erfolgten erneut ein kurzer Smalltalk
und anschließend die Verabschiedung.

Interviewkritik

Der Experte wählt in seinen Antworten Formulierungen, die in ihrer Aussagekraft eher vage sind. Hier hätte die Interviewerin durch gezieltes Nachfragen eventuell eine Präzisierung der Aussagen erreichen können. Durch den schnellen Redestil des Interviewpartners und die Gewährleistung, dass der Experte ohne häufiges Unterbrechen seinen Relevanzstrukturen und Wirklichkeitskonzeptionen im Rahmen seiner Argumentation folgen konnte, war es der Interviewerin nicht immer möglich, die in den Aussagen enthaltene Vagheit durch Nachfragen zu kompensieren. Die begriffliche Vagheit (z. B. bei dem Terminus ‚Vernetzung‘), die als stilbildend für den Diskurs über das lebenslange Lernen charakterisiert werden kann, wird an einigen Stellen des Interviews in der Interaktion zwischen Interviewerin und Interviewten reproduziert. Diese wird im Interview nicht bearbeitet, sondern läuft latent mit, indem Begriffe als bekannt vorausgesetzt und nicht hinterfragt werden. Interessant ist, dass dieses Phänomen in der Interviewsituation weder zu Missverständnissen noch zu einer Interaktionskrise führt.

Interviewstruktur

Das Experteninterview arbeitet mit Fragen, die das spezifische Expertenwissen, das tacit knowledge, fokussieren. Diese Fragen beeinflussen die Segmentierung der transkribierten Daten, da durch sie neue Themen und neue Argumentationen hervorgerufen und damit jeweils neue Segmente eingeleitet werden. Das heißt, die Fragen legen zum überwiegenden Teil die Segmente fest. Das vorliegende Interview lässt sich vor dem dargestellten Hintergrund in fünfzehn Segmente gliedern, wobei die technischen Präliminarien sowie die thematische Hinführung der Interviewerin als nulltes Segment gezählt werden. Das siebte Segment wird nicht durch eine Frage der Interviewerin evoziert, sondern der Interviewpartner wechselt während der Beantwortung einer Fragestellung das Thema und folgt dabei seinen eigenen Relevanzstrukturen und Wirklichkeitskonzeptionen. Auch das vierzehnte Segment wird nicht durch eine Frage eingeleitet, sondern stellt den Interviewabschluss mit der Danksagung der Interviewerin dar.[49]

Mit Blick auf die Kommunikationsschemata der Sachverhaltsdarstellung dominiert das Argumentieren die Interviewstruktur. Das Sachverhaltsschema des Beschreibens ist zum größten Teil in Belegaktivitäten eingebettet oder wird einer Argumentation zur besseren Verständlichkeit bzw. zu deren Vorbereitung vorge-

---

49   Die Feinsegmentierung in Form von Subsegmenten ist Bestandteil der Feinanalyse, die im
      zweiten Kapitel des Fallporträts erfolgt.

schaltet. Das Sachverhaltsschema des Erzählens tritt lediglich im Subsegment 1.1 zu Tage.[50]

Formale Auffälligkeiten

Das Interview zeichnet sich durch eine hohe Authentizität, Kooperationsbereitschaft und Offenheit seitens des Interviewpartners aus. An einigen Stellen reinterpretiert der Informant die Fragen der Interviewerin, um seine eigenen Relevanzstrukturen und Wirklichkeitskonzeptionen zu verfolgen und diese darzustellen. Durch die häufige Verwendung von Passivformen wirkt sein Sprachstil distanziert. Auffällig ist zudem seine metaphorische Ausdrucksweise, die ebenfalls auf die im Diskurs immanente begriffliche Vagheit verweist. Der Interviewte argumentiert häufig pauschalisierend und normativ. Dabei entstehen in seiner Argumentation Plausibilitätslücken. Müller tendiert in seinen Antworten zu Andeutungen, die er jedoch argumentativ nicht weiter fortführt.

5.2 Fokussierte strukturelle Beschreibung

In diesem Kapitel werden jene Segmente bzw. Subsegmente strukturell beschrieben, die für die Beantwortung der forschungsleitenden Fragestellung relevant sind. (Sub-)Segmente, die nach vorheriger Prüfung als weniger relevant eingestuft wurden, werden lediglich paraphrasiert, um einen Einblick in den inhaltlichen Verlauf des Interviews und damit die Bereitstellung von notwendigem Kontextwissen zum besseren Verständnis der strukturellen Beschreibung sowie der Argumentationsschemata im dritten Kapitel des Fallporträts zu gewährleisten.[51]

Segment 0: Technische Präliminarien, Hinführung zum Thema (Z. 1-33)

Das Segment beginnt mit dem Einschalten des Aufnahmegerätes und der Positionierung des Mikrofons durch die Interviewerin. Bevor die erste Frage an den

---

50 Dies ist nicht verwunderlich, da die gestellten Fragen auf Argumentationen sowie Praxisbeschreibungen und nicht auf Narrationen abzielen.

51 Den strukturellen Beschreibungen ausgewählter (Sub-)Segmente werden jeweils die dazugehörigen Transkriptausschnitte vorangestellt. Bei den paraphrasierten (Sub-)Segmenten entfällt die Voranstellung der entsprechenden Transkriptauszüge.

Experten gerichtet wird, schildert die Interviewerin zunächst ihren beruflichen Bezug zum Forschungsthema sowie ihre Motivation zur Forschungsarbeit.

Segment 1: Beruflicher Bezug zum lebenslangen Lernen (Z. 33-140)

Subsegment 1.1: Rekrutierung von Expertinnen und Experten im Bereich lebenslanges Lernen durch institutionelle Fremdbestimmung (Z. 33-71)

Die Frage der Interviewerin, was er unter lebenslangem Lernen verstehe, beantwortet Müller zunächst nicht, sondern er schildert, wie er beruflich mit diesem Thema in Kontakt gekommen ist. Die Einrichtung, in der er beruflich tätig sei, habe das Thema lebenslanges Lernen an ihn herangetragen, da sie unerwartet einen Auftrag in diesem Bereich erhalten habe. Aufgrund knapper zeitlicher Ressourcen hätte für den Auftrag keine neue Mitarbeiterin bzw. kein neuer Mitarbeiter eingestellt werden können und somit habe die Einrichtung ihn für die Bearbeitung des Auftrages ausgewählt. Anschließend führt Müller seine beruflichen Qualifikationen an. Er sei in der Lage interdisziplinär zu arbeiten, habe ein naturwissenschaftliches Studium absolviert, verfüge über langjährige Erfahrungen in einem speziellen Teilbereich der außerschulischen Bildung und gelte auf diesem Gebiet als anerkannter Experte. Aus dieser gefestigten Position habe ihn der Auftrag in ein „Neuland katapultiert" (Z. 52). Er habe sich selbst zu Beginn als Novize in diesem Feld gesehen und sich mit dieser neuen Aufgabe unwohl und überfordert gefühlt. In dieser Situation habe ihm seine Fähigkeit, interdisziplinär zu arbeiten, geholfen. Er begründet diese Behauptung, indem er darauf verweist, dass er sich in kurzer Zeit Wissen über die verschiedenen Bildungsbereiche aneignen musste, da lebenslanges Lernen nicht „verlängerte Weiterbildung" (Z. 60) sei, sondern die Einrichtungen des gesamten Bildungssystems einbeziehe. Der Interviewte nimmt Bezug auf die Erläuterungen der Interviewerin zu Beginn des Interviews und stimmt dieser zu, dass auch er die bildungsbereichsübergreifende Umsetzung lebenslangen Lernens als eine bedeutende Aufgabe sehe. Er habe diesen Aspekt in einer PowerPoint-Präsentation versucht darzustellen. Bei der von ihm grafisch dargestellten bildungsbereichsübergreifenden Zusammenarbeit handle es sich jedoch um eine Vision, von welcher die Realität seines Erachtens noch weit entfernt sei.

Subsegment 1.2: Lebenslanges Lernen: eine absolute Metapher (Z. 71-101)

71	E:	.. und ahm(,) ich bin dann
72		mal gefragt worden(') da war ich dann so ungefähr en(,) halbes Jahr im *neuen*
73		*Aufgabenfeld*&ah war n Holländer und hat mich&gefragt ahm(-) <u>was</u> halten Sie
74		denn vom lebenslangen Lernen(?) was ist denn das(?) (lacht) und da bin ich
75		schon ins Stottern gekommen(.) .. ahm .. um . um mir selber noch mal klar zu
76		werden(') ich bin plötzlich in dieser Funktion und habe von der Begrifflichkeit
77		ah selber auch noch nicht die&die totale Vorstellung und ahm mir ich habe mir
78		dann versucht ah hineinzufinden und gehe davon aus dass ah dieses Konstrukt ..
79		ahm .. nicht eindeutig determinierbar ist(') die&die Definitionen(') die man
80		findet(') ah die variieren(.) ich halte sie auch <u>zu lernbezogen</u> die meisten
81		Definitionen(') und ich finde auch ah&wichtig und spannend(') dass wenn man
82		die Genese des lebenslangen Lernens(') die recurrent education(') die
83		ersten&ersten Dokumente sieht(') dass sie auch ideologische ahm&oder eben
84	I:	(gz) mhm(')
85	E:	weltanschauliche <u>Veränderungen</u> er&erfährt diese&diese dieses Konstrukt(.) es
86		kann(') es war mal sozial oder human gedacht(') um denjenigen(') die zu kurz
87	I:	(gz) mhm(')
88	E:	gekommen sind immer wieder im Leben eine Chance zu geben(.) das war
89		(allerdings?) so die ersten Konnotationen(.) dann gab es schon auch ah über
90		wirtschaftliche Krisen die Vorstellung(') wir müssen jetzt den Standort sichern
91		und ahm dass es wesentlich dazu da(') die Produktivkraft ah auf allen Ebenen zu
92		stärken(') alle Bildungs&ah&ressourcen freizuschalten und wenn man in die
93		heutigen Papiere schaut(') dann findet man den Zungenschlag eigentlich von
94		jeder der Ideologien(') ahm und in der Realität (räuspert sich) ist sehr viel stark
95		ah Selbstverantwortung(') Liberalisierung(') Marktgeschichten(') das hat so n
96		durchschlagendes Moment(')
97	I:	mhm(')
98	E:	und ahm wenn ich mich da<u>nn</u> positioniere(') dann versuche ich natürlich eher
99		auch die emanzipativen persönlichkeitsfördernden und ah bildungsstärkenden
100		Momente im lebenslangen Lernen(,) herauszustellen(.)
101	I:	aha(')

Das Subsegment beginnt mit der Beschreibung eines situativen Kontextes (Z. 71-78). Obwohl die Interviewerin den Experten nicht auf derartige Erfahrungen angesprochen hat, thematisiert dieser eine für ihn wichtige berufsbiografische Schlüsselsituation, die in seinem beruflichen Handeln ein krisenhaftes Ereignis gewesen sein könnte. Die Schlüsselsituation wird durch die Fragen einer Person, die der Informant als „Holländer" (Z. 73) bezeichnet, ausgelöst und führt zu einer Irritation in seinem Antwortverhalten. Auffällig ist, dass Müller diese Person nicht namentlich benennt, sondern auf deren nationale Identität reduziert. Es handelt sich um eine von außen kommende Person, die nicht dem gleichen Kulturkreis des Interviewpartners angehört. Die Fragen der Person beziehen sich auf eine Bewertung und Definition des Begriffs ‚lebenslanges Lernen', für deren Beantwortung eine fundierte inhaltliche Auseinandersetzung notwendig erscheint. Der Informant hätte in dieser Situation seinen Expertenstatus im Bereich lebenslanges Lernen verdeutlichen können. Dies scheint ihm allerdings nicht gelungen zu sein, was durch die Aussage „und da bin ich ins Stottern gekommen(.)" (Z. 74-75) markiert wird. Der Grund für das Stottern als Ausdruck der Irritation kann in der in dieser Situation erlangten Erkenntnis liegen, dass er aufgrund der von seinem Arbeitgeber vorgenommenen Zuschreibung eines Expertenstatus im Bereich des lebenslangen Lernens zwar als solcher fungiert und auch angefragt wird, er jedoch nicht über eine konkrete Definition des Begriffs verfügt. Er kann somit grundlegende Erwartungen, die an ihn als Experte gestellt werden, nicht erfüllen. Dieses Phänomen ist möglicherweise Ausdruck einer routinisierten Form der Verständigung im Diskurs über das lebenslange Lernen. Darunter ist zu verstehen, dass Begriffe verwendet werden, deren Bedeutung als bekannt vorausgesetzt wird. Ein Hinterfragen der Begriffe kann unter Umständen zu Irritationen im Antwortverhalten der Akteurinnen und Akteure führen, wie es in dieser Sequenz der Fall ist.

Die Beschreibung der berufsbiografisch relevanten Schlüsselsituation sowie die in Subsegment 1.1 vorgenommene Darlegung seines beruflichen Bezugs zum lebenslangen Lernen ermöglichen Müller, sich als Novize in diesem Bereich darzustellen. Durch diese Vorgehensweise kann er mangelndes Wissen bekunden und den Anspruch erheben, das Konstrukt ‚lebenslanges Lernen' erst einmal für sich eruieren zu müssen. Dabei scheint er sich mit den grundsätzlichen Fragen aus der Perspektive des Fremden, die durch die Person des Holländers verkörpert wird, identifizieren zu können. Aufgrund dessen wird der im Sachverhaltsschema des Beschreibens dargestellte Dialog mit dem Holländer von Müller internalisiert und hat wahrscheinlich – nach Aussage des Experten – zu einer inhaltliche Auseinandersetzung mit dem Begriff ‚lebenslanges Lernen' geführt („ich bin plötzlich in dieser Funktion und habe von der Begrifflichkeit ah selber auch noch nicht die&die totale Vorstellung und ahm mir ich habe mir dann versucht ah hineinzufinden", Z. 76-78).

Die Beschreibung der berufsbiografisch relevanten Schlüsselsituation bereitet das daran anschließende Sachverhaltsschema des Argumentierens vor (Z. 78-96). Mit dem Rahmenschaltelement „und gehe davon aus" (Z. 78) beginnt der Informant seine Argumentation und vollzieht dabei einen Wechsel in der zeitlichen Darstellung. Während Müller in den Zeilen 77 bis 78 beschreibt, dass er als Folge jenes beruflichen Ereignisses versucht habe, sich inhaltlich mit dem Thema ‚lebenslanges Lernen' auseinanderzusetzen, formuliert er nun das Ergebnis seiner Überlegungen: Es handelt sich dabei um die Behauptung, dass das lebenslange Lernen nicht eindeutig zu bestimmen sei (vgl. Z. 78-79). Diese Erkenntnis verstärkt der Interviewpartner, indem er dem lebenslangen Lernen den Status eines Konstrukts zuschreibt (vgl. Z. 78). Nach der Formulierung der Behauptung erfolgt die Grundaktivität des Begründens (vgl. Z. 79-80). Unter dem Zugzwang des Explizierens erklärt Müller, dass es verschiedene Definitionen zum lebenslangen Lernen gebe. Er benennt dabei allerdings keine expliziten Quellen, wie z. B. Dokumente oder Autoren. Ein möglicher Grund hierfür kann sein, dass sich die intermediäre Funktion des Experten an dieser Stelle widerspiegelt. In diesem Sinne nimmt er eine Metaebene ein und verweist darauf, dass dem lebenslangen Lernen je nach Verwendungskontext eine andere Definition zugrunde liegen kann.

Mit der Äußerung in Zeile 80 bis 81 „ich halte sie auch <u>zu lernbezogen</u> die meisten Definitionen(')" nimmt Müller eine subjektive Bewertung der von ihm gesichteten Definitionen vor und versucht sich mit dieser Einschätzung von der Mehrheit der Definitionen abzugrenzen. Es handelt sich hierbei um eine weitere Behauptung, die auf den ersten Blick irritierend erscheint, da sich die Frage stellt, wie eine auf das lebenslange Lernen bezogene Definition zu lernbezogen sein kann. Die Betonung ‚zu lernbezogen' könnte jedoch den Verweis beinhalten, dass nach Einschätzung des Informanten im Mittelpunkt vieler Definitionen das Lernen an sich stehe, jedoch andere Referenzebenen, wie z. B. die der Organisation oder der pädagogischen Fachkräfte, nicht oder kaum berücksichtigt werden. Da Müller keine Vorschläge zu einer weniger lernbezogenen Definition des lebenslangen Lernens unterbreitet, ist davon auszugehen, dass er eine geeignete Definition gemäß seiner Vorstellungen noch nicht gefunden hat und daher nur intuitiv, eventuell aufgrund seiner interdisziplinären Funktion als Experte, seinen Bedarf an einer weniger lernbezogenen Definition formulieren kann. Hierdurch wird seine erste Behauptung, dass das lebenslange Lernen nicht eindeutig zu bestimmen sei, bekräftigt.

Eingeleitet durch die Relevanzmarkierung „und ich finde auch ah&wichtig und spannend(')" (Z. 81) wechselt der Interviewpartner unter dem Zugzwang des Berücksichtigens und Abwägens wieder in die Grundaktivität des Begründens (vgl. Z. 81-85). Diese kann sich sowohl auf die erste als auch auf die zweite Behauptung beziehen, und zwar in dem Sinne, dass die Genese der Begriffsgeschichte, die durch unterschiedliche Ideologien geprägt sei, das Verständnis von lebenslangem Lernen jeweils beeinflussen würde. Die zu Tage tretende Thematisierung von Ideologien kann darauf zurückgeführt werden, dass der Interviewpartner aufgrund seines Alters der Generationslagerung[52] der 68er-Bewegung zugeordnet werden kann, die mit dem Begriff der Ideologie eine bestimmte

---

52   „Generationen sind schicksalsmäßig verwandte Lagerungen von Individuen, die in eine Richtung gehende Erlebnis-, Denk- und Gefühlsinhalte aufweisen" (Ecarius 2002: 547).

Art des Wissens und des Selbstverständnisses verbindet.[53] Der Experte führt im Rahmen der Begründungsaktivität die „Recurrent Education" der OECD aus dem Jahr 1973[54] als exemplarischen Bestandteil der Begriffsgeschichte an und ordnet diese den ersten bildungspolitischen Dokumenten zum lebenslangen Lernen zu.[55] Anhand der begriffsgeschichtlichen Genese des lebenslangen Lernens und den dazugehörigen Dokumenten könne man die „ideologischen oder weltanschaulichen Veränderungen" (vgl. Z. 83-85) des Begriffs ‚lebenslanges Lernen' erkennen. Indem der Experte das Werturteil ‚ideologisch' durch die Konjunktion ‚oder' mit dem Adjektiv ‚weltanschaulich' verbindet, erhält die Verwendung des Ideologiebegriffes eine eher neutrale Konnotation im Sinne eines weltanschaulich begründeten Systems von Wissen und Normen.

Im Rahmen der Grundaktivität des Belegens in den Zeilen 85 bis 96 beschreibt der Informant in chronologischer Reihenfolge ‚ideologische oder weltanschauliche' Veränderungen. Während die ersten Ideologien ‚soziale oder humane' Intentionen beinhaltet hätten, seien im weiteren Verlauf durch wirtschaftliche Krisen arbeitsmarktpolitische und bildungsökonomische Aspekte in den Vordergrund gerückt. Auffällig ist, dass der Informant in der Zeile 93 nicht von Dokumenten im Sinne von offiziellen bildungspolitischen Schriftstücken mit

---

53 Es handelt sich dabei um die ‚kritische Theorie', die „(...) sich als Erkennungsmerkmal für die von Max Horkheimer und Th. W. Adorno begründete philosophische Theorie der sog. ‚Frankfurter Schule' durchgesetzt [hat, C.D]" (Regenbogen 2002: 750). Bestandteil der kritischen Theorie ist die aus der marxistischen Tradition übernommene Ideologiekritik, die von Horkheimer und Adorno zu einer Kritik der gesamten spätkapitalistischen Kulturformen und Lebensweisen weiterentwickelt wurde. Die Auswirkungen der kritischen Theorie zeigten sich in der Schulung in ideologiekritischem und damit in systemkritischem Denken bei vielen Studierenden in den 1960er Jahren (vgl. ebd.: 750-752). Im Mittelpunkt der Ideologiekritik steht die verschleierte Wahrnehmung der gesellschaftlichen Realität, da Bilder, die das Individuum sich von der Wirklichkeit macht, von subjektiven Faktoren beeinflusst werden. Die Ideologiekritik hat zum Ziel, diese Verschleierung aufzudecken und dadurch den Zugang zu den wirklichen Verhältnissen zu ermöglichen.

54 Sekretariat der Ständigen Konferenz der Kultusminister der Länder in der Bundesrepublik Deutschland (Hrsg.): Ausbildung und Praxis im periodischen Wechsel (Recurrent Education): Ein Beitrag des Zentrums für Bildungsforschung und -innovation (CERI) der OECD. Bonn 1974. Herausgabe und Übersetzung mit Genehmigung der OECD. Originaltitel: OECD/Center for Educational Research and Innovation (CERI): Recurrent Education. A Strategy for Lifelong Learning. OECD: Paris 1973.

55 Da die begriffsgeschichtliche Herleitung lebenslangen Lernens früher rekonstruiert werden kann (vgl. z. B. Comenius 1660, Condorcet 1792), ist davon auszugehen, dass der Informant den Beginn der Genese lebenslangen Lernens mit dem Zeitpunkt verbindet, der das lebenslange Lernen in den Mittelpunkt internationaler und nationaler bildungspolitischer Diskussionen der 1970er Jahre stellt. Dieser Zeitpunkt lässt sich maßgeblich durch Berichte und Studien internationaler Gremien datieren, wie z. B. die „Recurrent Education" der OECD aus dem Jahr 1973. Auch in der Fachliteratur wird der Beginn der Genese lebenslangen Lernens häufig mit den internationalen bildungspolitischen Diskussionen und den daraus resultierenden Dokumenten seit den 1970er Jahren gleichgesetzt.

handlungsleitender Relevanz spricht, sondern in einem eher lässigen Sprachstil die Formulierung „heutige Papiere" (Z. 93) verwendet. Während das Adjektiv ‚heutig' aufzeigt, dass es sich um Schriftstücke der Gegenwart handelt, verweist die Beschreibung ‚Papiere' auf einen eher vorläufigen Charakter. Möglicherweise deutet sich hier eine distanzierte Haltung des Experten gegenüber bildungspolitischen Dokumenten des lebenslangen Lernens der Gegenwart an, die zwar eine handlungsleitende Funktion innehaben, jedoch aufgrund ihres vorläufigen Charakters eine gewisse Ungewissheit bezüglich ihrer zukünftigen Geltungsdauer beinhalten. Die Formulierung ‚heutige Papiere' kann somit als Kritik an der Ernsthaftigkeit der inhaltlichen Aussagen dieser Schriftstücke gedeutet werden. Die Verwendung der Metapher „Zungenschlag" (Z. 93) verweist darauf, dass Müller der Auffassung ist, dass in den gegenwärtigen Dokumenten zum lebenslangen Lernen eine Vermischung unterschiedlicher Ideologien stattgefunden habe. Hier deutet sich eine politische, wirtschaftliche und gesellschaftliche Instrumentalisierung des Begriffs ‚lebenslanges Lernen' an, die von Müller jedoch nicht problematisiert wird. In den Zeilen 94 bis 96 grenzt der Experte die Realität von den verschiedenen Ideologien ab, welche seiner Meinung nach in den heutigen Schriftstücken zum lebenslangen Lernen zu finden seien. Diese Stelle kann ein Indiz dafür sein, dass der Informant aus einer eher ideologiekritischen Perspektive argumentiert. Hinter dem Schleier der Ideologien, also in der Realität, verbindet er lebenslanges Lernen mit den Begriffen „Selbstverantwortung(')", „Liberalisierung(')" und „Marktgeschichten(')" (Z. 95). Es wird allerdings nicht ersichtlich, in welchem Maße sich die vom Interviewpartner so bezeichnete Realität von den Ideologien unterscheidet. Hier wird daher nur ansatzweise eine ideologiekritische Perspektive sichtbar, indem Müller auf eine Differenz zwischen Ideologie und Realität des lebenslangen Lernens hinweist. Da aber die Beschreibung der wirklichen Verhältnisse nur schlagwortartig vorgenommen wird, fehlt die inhaltliche Präzisierung dieser Differenz. Ferner sind die Beschreibungen ‚Selbstverantwortung' als auch ‚Liberalisierung' sowohl in den bildungspolitischen Dokumenten der 1970er als auch in den Dokumenten, die seit Mitte der 1990er Jahre publiziert werden, zu finden, welche für Müller unterschiedliche Ideologien beinhalten.

In den Zeilen 98 bis 100 wechselt der Interviewpartner die Ordnungsebene der Interaktion: Bewegte er sich bisher auf der Ebene der Kommunikationsschemata der Sachverhaltsdarstellung (hier: Argumentation), so verlässt er diese nun und mündet in die Ebene der Handlungskonstitution, indem er eine Positionierung vornimmt. Der Informant nimmt nicht, wie es vor dem Hintergrund seiner institutionellen Funktion und seiner Behauptung zu erwarten wäre, eine Metaebene zu den zuvor von ihm aufgezählten Aspekten des lebenslangen Lernens ein, sondern formuliert eine bildungspolitische Grundhaltung und positioniert sich damit im bildungspolitischen Diskurs („und ahm wenn ich mich dann positioniere(') dann versuche ich natürlich eher auch die emanzipativen persönlichkeitsfördernden und ah bildungsstärkenden Momente im lebenslangen Lernen(,) herauszustellen(.)", Z. 98-100). Indem Müller in seiner Positionierung von „emanzipativen persönlichkeitsfördernden und ah bildungsstärkenden Momente[n, C.D.]" (Z. 99-100) spricht, bezieht er sich auf mögliche Dimensionen des lebenslangen Lernens. Die Verwendung des Adverbs „natürlich" (Z. 98) als Markierer von Selbstevidenz ist bei genauerer Betrachtung erklärungsbedürftig. Der Experte erläutert jedoch nicht, warum er die von ihm genannten Dimensionen des lebenslangen Lernens für selbstverständlich erachtet. Da Müller wie bereits dargestellt der Generation der 68er-Bewegung zugeordnet werden kann, liegt es nahe, dass er hier auf für ihn bekannte Begriffe der emanzipatorischen Pädagogik[56] zurückgreift, die auch in den bildungspolitischen Dokumenten der 1970er Jahre von Bedeutung sind. Die von Müller geäußerte Behauptung, das Konstrukt ‚lebenslanges Lernen' sei nicht eindeutig zu bestimmen, impliziert, dass er sich eigentlich nicht positionieren dürfte. Dass der Experte die Positionierung dennoch vornimmt, kann als Hinweis auf ein rollenförmiges Handeln gedeutet werden. Die Rollenanforderung bzw. Rollenerwartung an ihn als Experte ist, eine Definition zum lebenslangen Lernen zu formulieren. Die Positionierung ist eine Bearbeitungsstrategie, um einerseits mit seiner Behauptung umzugehen: Müller muss auf die von ihm geäußerte Unmöglichkeit einer eindeutigen Definition zum lebenslangen Lernen reagieren und darlegen, wie er zu dieser Erkenntnis als Experte steht. Er verstrickt sich mit seiner Behauptung, dass das lebenslange Lernen nicht zu definieren sei in ein argumentatives Dilemma, das er mittels der Positionierung zu bearbeiten versucht. Andererseits besteht ein unmittelbarer Bezug zur berufsbiografisch relevanten Schlüsselsituation, in der eine Person aus einem anderen Kulturkreis eine Definition und Positionierung zum lebenslangen Lernen erfragt. Die Positionierung kann auch in Bezug auf die Schlüsselsituation als eine Bearbeitungsstrategie betrachtet werden, da Müller durch deren Anwendung die damals erlebte Krise in der Interviewsituation nachträglich aufzulösen vermag.

---

56 Die emanzipatorische Pädagogik oder kritische Erziehungswissenschaft „(...) ist in den späten sechziger Jahren formuliert worden. Sie beschreibt kein homogenes theoretisches Konzept und praktisches Forschungsfeld, sondern eignet sich als ‚Klammerformel' (Horst Scarbath) für eine Wissenschaft, die der Ausbildung einer vernünftigen Gesellschaft mit mündigen Bürgern verpflichtet ist. Den besonderen Charakter verdient die kritische Erziehungswissenschaft ihren Entstehungsbedingungen: Dazu gehören die Rezeption der Kritischen Theorie der Frankfurter Schule; das ihr eigene ambivalente Verhältnis zur vorherrschenden geisteswissenschaftlichen Tradition; die langsam einsetzenden Bildungsreformen als Reaktion auf die von Georg Picht diagnostizierte Bildungskatastrophe; schließlich der Einfluss der Studentenbewegung" (Forster 1996: 408-409).

Die Analyse des Subsegments zeigt auf, dass sich der Informant als Novize im Bereich des lebenslangen Lernens präsentiert und damit signalisiert, dass er den Begriff für sich noch erkunden muss. Die von dem Interviewpartner skizzierte Vorstellung, dass das lebenslange Lernen nicht eindeutig definierbar sei und eine Vielfalt an unterschiedlichen Ideologien beinhalte, deutet auf eine dem Begriff ‚lebenslanges Lernen' immanente Vagheit und Diffusität hin. Dies bestätigt de Haans (1991) Aussage, dass es sich bei dem Konstrukt ‚lebenslanges Lernen' um eine absolute Metapher (Blumenberg) handelt.

Die Argumentation des Experten in diesem Subsegment kann in zweierlei Hinsicht gedeutet werden: Zum einen könnte die Verstrickung in ein argumentatives Dilemma Ausdruck eines Suchprozesses sein, um den Begriff ‚lebenslanges Lernen' näher zu bestimmen. Es handelt sich dabei um einen offenen Prozess, da der Interviewpartner bisher scheinbar noch zu keinem Ergebnis gelangt ist. Die Suche nach einer tragfähigen Definition ist noch nicht beendet. Um als Experte handlungsfähig zu bleiben und der Frage der Interviewerin nach einer Definition zum lebenslangen Lernen begegnen zu können, zieht er sich im Rahmen seiner Positionierung auf die Ideologie der emanzipatorischen Pädagogik der späten 1960er Jahre zurück und reagiert damit selbst ideologisch. Zum anderen besteht die Möglichkeit, dass Müller die Verstrickung in ein argumentatives Dilemma nicht erkennt. Sollte dies der Fall sein, könnte es sich bei der Positionierung um eine routinisierte Form der Verständigung handeln, sodass dem Informant ebenfalls nicht bewusst ist, dass er mit seiner bildungspolitischen Positionierung selbst ideologisch reagiert.

Subsegment 1.3: Konstatierung eines nicht vorhandenen einheitlichen Verständnisses vom lebenslangen Lernen bei pädagogischen Fachkräften (Z. 102-140)

Nachdem Müller seine inhaltliche Auseinandersetzung mit dem Begriff ‚lebenslanges Lernen' abgeschlossen hat, nimmt er eine Einordnung seiner beruflichen Tätigkeit im Handlungsfeld lebenslanges Lernen vor. Seine Aufgaben hätten eher einen administrativen Charakter, er sei aber auch für die fachliche Unterstützung der Projektnehmer/-innen im Bereich des lebenslangen Lernens verantwortlich. Er kritisiert, dass bei der Gesamtplanung des von ihm administrativ zu betreuenden Gesamtvorhabens die fachliche Unterstützung der Projektmitarbeiter/-innen nicht ausreichend berücksichtigt worden sei, sodass er diese Aufgabe im Nachhinein übernehmen musste. Die Umsetzung dieser Aufgabe sei ihm aber nicht vollständig gelungen. Er hätte mit der fachlichen Unterstützung früher beginnen müssen, da der Aushandlungsprozess einer Definition des lebenslangen Lernens und der dazugehörigen Dimensionen unter den Projektnehmerinnen und -nehmern sehr zeitintensiv gewesen sei. Der Informant nimmt zum Schluss des Subsegments nochmals Bezug auf die Einführung der Interviewerin und weist darauf hin, dass die bildungsbereichsübergreifende Förderung lebenslangen Lernens weniger Berücksichtigung in den Projektkonzepten gefunden hätte. Er beendet seine Ausführungen mit dem Hinweis, dass die Definition lebenslangen Lernens vom jeweiligen Anwendungskontext abhängig sei.

Segment 2: Fortbildungsbedarf pädagogischer Fachkräfte bei der Durchführung von Projekten im Bereich des lebenslangen Lernens (Z. 140-335)

Subsegment 2.1: Mangelndes Wissen in den Bereichen Projektmanagement und Ergebnistransfer (Z. 140-195)

Auf die Nachfrage der Interviewerin, was Müller gemacht habe, um das Professionswissen der Projektmitarbeiter/-innen aufzubauen, skizziert dieser zwei Problembereiche. Einerseits seien ihm zum Teil mangelnde Kenntnisse im Projektmanagement aufgefallen. Er konkretisiert diese Beobachtung anhand eines Praxisbeispiels. Die Akteurinnen und Akteure hätten weder Teilziele noch Strategien zu deren Erreichung formuliert, die zu gewissen Zeitpunkten hätten überprüft werden können, wodurch ein erfolgreiches Fortschreiten des Projektes darstellbar gewesen wäre. Andererseits beständen geringe Kenntnisse im Bereich des Ergebnistransfers, welcher im Rahmen des Förderprogramms gefordert worden sei. Der Experte gesteht sich ein, dass er diese Mängel nicht völlig habe ausgleichen können. Er würde daher bei einem erneuten Auftrag entsprechende Fortbildungs- und Beratungsangebote für diese Bereiche zur Verfügung stellen.

Subsegment 2.2: Exkurs: Nutzung von Fördermitteln zur Aufrechterhaltung bestehender Bildungsangebote (Z. 195-205)

Der Experte nimmt einen kurzen Exkurs vor und verweist darauf, dass die Projektnehmer/-innen teilweise überlastet gewesen seien. Aus seiner Beobachtungsperspektive habe er den Eindruck, dass diese dennoch motiviert gewesen seien, ihre Bildungsinnovationen umzusetzen. Dieser Eindruck könne aber auch trügen, da es durchaus vorkomme, dass Projektnehmer/-innen die Fördermittel nutzten, um bereits bestehende Bildungsangebote weiterfinanzieren zu können.

Subsegment 2.3: Mangelnde Kompetenzen im Bereich Ergebnisdokumentation
(Z. 205-272)

In diesem Subsegment führt der Interviewpartner ein drittes Problem auf, welches sich seines Erachtens auf mangelnde Kompetenzen der Projektnehmer/-innen im Bereich der Ergebnisdokumentation bezieht. Anhand eines Praxisbeispiels versucht er diesen Problembereich näher zu explizieren. Er nimmt Bezug auf ein Netzwerkprojekt, das nach seiner Auffassung sehr spannend, aber sehr schlecht dokumentiert worden sei. Er habe an einer Netzwerksitzung teilgenommen und die Schwierigkeiten des Zusammenarbeitens unterschiedlicher Einrichtungen selbst miterlebt. Er habe erwartet, dass solche Erfahrungen schriftlich dokumentiert würden, damit auch andere von diesen Problemen lernen könnten. Dies sei aber nicht der Fall.

Subsegment 2.4: Institutionelle Unterstützungsmöglichkeiten und Hindernisse beim Qualifizierungsprozess pädagogischer Fachkräfte im Kontext des lebenslangen Lernens (Z. 272-335)

Der Informant hält es für sinnvoll im Rahmen von Fachveranstaltungen den Projektnehmerinnen und -nehmern Möglichkeiten für einen Erfahrungsaustausch zu bieten. Diese Art von Veranstaltung hätte jedoch beim Auftraggeber, der eher „Highlights" und „brillante Vorträge von Externen" (Z. 293-295) favorisiere, einen geringen Stellenwert. Resümierend fasst Müller zusammen, dass sich die Akteurinnen und Akteure während der Laufzeit des Gesamtvorhabens im Bereich des Projektmanagements verbessert und den Ergebnistransfer als Aufgabe anerkannt hätten. Die Transferproblematik sei im Gesamtvorhaben erst sehr spät entdeckt worden. Wäre diese Problematik früher erkannt worden, hätte Müller bereits zu Beginn auf die Entwicklung eines entsprechenden Transferkonzeptes aufmerksam machen und bei Schwächen Hilfestellungen geben können.

Segment 3: Erfahrungen bei der bildungsbereichsübergreifenden Institutionalisierung lebenslangen Lernens (Z. 336-537)

Subsegment 3.1: Forderung einer kontinuierlichen fachlichen Auseinandersetzung mit dem Begriff ‚lebenslanges Lernen' vor dem jeweiligen professionellen Handlungskontext (Z. 336-359)

Das Subsegment beginnt mit der Frage der Interviewerin, die von dem Experten wissen möchte, wie anschlussfähig das Professionswissen der Lehrtätigen vor

Ort in Bezug auf die Umsetzung des lebenslangen Lernens sei. Müller weist darauf hin, dass es einer kontinuierlichen Auseinandersetzung der im Weiterbildungsbereich pädagogisch Tätigen mit dem Begriff ‚lebenslanges Lernen' bedürfe, um die Folgen für den jeweiligen Handlungskontext zu reflektieren. Die kontinuierliche Auseinandersetzung, die durch die Berichtspflicht aufrechtgehalten werde, habe zu einer Veränderung der Haltung der Bildungseinrichtungen beigetragen. Es werde die Einsicht gefördert, dass sich das lebenslange Lernen auf das gesamte Bildungssystem beziehe und die Bereitschaft der Bildungseinrichtungen zur Kooperation mit Organisationen anderer Bildungsbereiche werde unterstützt.

Subsegment 3.2: Verhinderung bildungsbereichsübergreifender Zusammenarbeit durch Hin- und Herschieben von Verantwortung und geschlossene institutionelle Strukturen (Z. 359-384)

Müller berichtet, dass die institutionelle Umsetzung lebenslangen Lernens für viele Bildungseinrichtungen nicht etwas vollkommen Neues darstelle, sondern auf vorhandenen Aktivitäten aufbaue. Als Beispiele führt er die Nachfrageorientierung von Weiterbildungseinrichtungen und deren Zusammenarbeit mit anderen Organisationen wie Bibliotheken und Schulen an. Fachkräfte aus der Erwachsenenbildung würden jedoch monieren, dass die Strukturen der Schulen kaum Möglichkeiten zur Zusammenarbeit eröffnen würden. Andererseits würden einige Schulvertreter/-innen kritisieren, dass die Weiterbildungseinrichtungen auf entsprechende Anfragen seitens der Schule nicht reagiert hätten. Die Verantwortung für das Nichtzustandekommen einer Zusammenarbeit werde somit zwischen den Beteiligten hin und her geschoben. Er vermutet, dass große Organisationen aufgrund starrer Strukturen Schwierigkeiten beim Aufbau und der Pflege von Kooperationen haben könnten.

Subsegment 3.3: Institutionelle Umsetzung lebenslangen Lernens als Ermöglichung von Lernerfahrungen in Bildungseinrichtungen unterschiedlicher Bildungsbereiche (Z. 384-465)

Zu Beginn des Subsegments weist Müller wiederholt (vgl. Subsegment 1.3) darauf hin, dass er kein „Forscher", sondern ein „Beobachter" (Z. 385-386) struktureller Probleme sei. Als Beispiel führt er ein Projekt an, in welchem eine Schule, ein Betrieb und eine Hochschule gemeinsam kooperieren. Dieses Beispiel erfülle für ihn die generelle Erwartung an das lebenslange Lernen, dass Lernende in Bildungseinrichtungen bzw. Lernorten verschiedener Bildungsbereiche Lernerfahrungen sammeln und sich mit Lernenden anderer Bildungsbereiche austauschen könnten. In dem Projekt seien Schüler/-innen, Auszubildende und Studierende für einen bestimmten Zeitraum mit der Bearbeitung einer gemeinsamen Aufgabe betraut gewesen. Die Schüler/-innen hätten dabei logistische Aufgaben und die Ergebnispräsentation übernommen, die Lehrlinge die technischen Lösungen umgesetzt und die Studierenden ihr theoretisches Wissen weitergegeben. Die Kooperation zwischen den beteiligten Einrichtungen habe dabei sehr gut funktioniert. Die Kooperationsbeziehungen hätten jedoch bereits vor Beantragung des Projektes existiert. Müller beendet seine Ausführungen mit der zusammenfassenden Anmerkungen, dass die Hauptschwierigkeiten bei Kooperationsprojekten darin liege, „in das Durchbrechen der Säulen zu kommen" (Z. 460).

Subsegment 3.4: Zusätzlicher Arbeitsaufwand infolge bildungsbereichsübergreifender Zusammenarbeit (Z. 466-537)

Die Interviewerin greift die von dem Experten angeführte Schwierigkeit auf und fragt, ob diese darin bestehe, den Kontakt zwischen den Einrichtungen herzustellen. Müller stimmt dem zu und führt diesen Aspekt weiter aus. Nach Einschätzung des Experten liege die Schwierigkeit in einer „Metaarbeit" (Z. 468), welche die Leitungsebene einer Einrichtung erbringen müsse. Es müsse Bereitschaft zur Kooperation beim Personal geschaffen werde, obgleich ein organisatorischer Zusatzaufwand gegenüber dem Tagesgeschäft existiere. Bedingung für die Zusammenarbeit sei die Bereitschaft aller Beteiligten. Die Praxis zeige jedoch andere Erfahrungen: Lehrtätige bekämen zu ihren originären Aufgaben neue Tätigkeiten hinzu, was infolge von Überlastung auf Widerstand bei den Betroffenen stoße. Es müsse deutlich werden, dass es sich bei der Institutionalisierung lebenslangen Lernens um einen Prozess handle, der viel Zeit und ein Umdenken aller Beteiligten benötige.

Segment 4:Institutionelle Ermöglichungsstrukturen bildungsbereichsübergreifender Zusammenarbeit (Z. 538-600)

Subsegment 4.1: Abhängigkeit der bildungsbereichsübergreifenden Zusammenarbeit von Bereitschaft und „Freiräumen" innerhalb der Bildungsbereiche (Z. 538-559)

538	I:	mhm(') .. ja(-) ahm was ahm verstehen Sie unter bildungsbereichsübergreifender
539		Förderung des lebenslangen Lernens(?) .. und welche .. Schwerpunkte sollte
540		diese Förderung beinhalten(?) Sie hatten ja vorhin schon ein paar genannt wie
541		ah&ah stärkere Teilnehmerorientierung ahm aber was für&für Aspekte finden

542		Sie dabei noch wichtig(?)
543	E:	… ja(') also wie ich schon so n bisschen gesagt habe(') <u>so</u> <u>in</u> ein
544		bildungsüberbereichs&ah&greifende Arbeit hineinzukommen(') ahm ist eben
545		ein Prozess(') der auf der Ebene der Organisation dieses ganzen Vorganges ahm
546		und dann sogar noch ne Ebene drüber auch im politischen&im
547		bildungspolitischen Umfeld(') zum Beispiel in der Administration&in der
548		Schulad&behörde(') dort müssen&müssen erst mal ahm auch Prozesse
549		einsetzen(') dass die dies&Form von Tätigkeit sinnvoll und wichtig finden und
550		sich dafür&dafür Freiräume eröffnen(.)
551	I:	mhm(')
552	E:	also ahm .. ich glaub so eine Erfahrung (für?) lebenslangen Lernen bei mir ist(')
553		dass man&dass diese ganzen Ebenen(') die Ebene des Lehrers als Handelnder
554		vor Ort(') dann ah der Organisation(') in der er steht als zweite Ebene(') und ah
555		die bildungspolitische Struktur da drüber(') die müssen gut verzahnt sein(.)
556		dies&das ist im Augenblick glaube ich noch ahm liegt im Argen(')
557	I:	ja(')
558	E:	dass hier nich&nich genügend Schützenhilfe da is und das es immer nur so
559		Einzel&Einzeldinge sind(.)

Das Subsegment beginnt mit einer Frage der Interviewerin, die Müllers Verständnis einer bildungsbereichsübergreifenden Förderung lebenslangen Lernens in den Mittelpunkt der Betrachtung stellt. Nach einer kurzen Pause fügt die Interviewerin eine weitere Fragestellung an. Diese bezieht sich auf potenzielle Schwerpunkte der bildungsbereichsübergreifenden Förderung und rekurriert auf eine vorherige Äußerung des Experten. Der Zeitpunkt der Pause legt die Vermutung nahe, dass ausbleibende Rezeptionssignale seitens des Interviewpartners die Interviewerin zur Formulierung einer weiteren Frage veranlasst haben könnten. Die komplexe Fragestellung bezieht sich nun einerseits auf die Darlegung einer Definition und andererseits auf die Benennung normativer Perspektiven. Ferner beinhaltet sie die implizite Behauptung, dass eine bildungsbereichsübergreifende Zusammenarbeit etwas Positives und Förderungswürdiges sei.

Der Interviewpartner beantwortet die Frage der Interviewerin erst nach einer mittleren Planungspause, welche er anscheinend benötigt, um die Fragestellungen für sich zu rekapitulieren und eine Antwort zu überlegen. Hierbei erfolgt eine Reinterpretation der Ausgangsfrage. Der Interviewpartner erläutert nicht sein Verständnis zur bildungsbereichsübergreifenden Förderung lebenslangen Lernens. Er folgt seinen eigenen Relevanzstrukturen, indem er Bezug auf eine zuvor von ihm getätigte Aussage nimmt, die er jedoch nicht noch einmal ausführt („ … ja(') also wie ich schon so n bisschen gesagt habe(')", Z. 543). Es liegt nahe, dass er sich hier auf seine Ausführungen in Subsegment 3.4 (vgl. Z. 458-537) bezieht. Dort schildert er die Schwierigkeiten, die er bei der Kooperation von Einrichtungen unterschiedlicher Bildungsbereiche sieht. Für ihn scheinen diese Schwierigkeiten in einem Zusatzaufwand zu liegen, den eine Kooperation aus seiner Sicht sowohl für das Leitungspersonal als auch für die Mitarbeiter/-innen gegenüber dem Tagesgeschäft mit sich bringe, ohne dass gleichzeitig Entlastung geschaffen werde. Ferner geht Müller davon aus, dass eine Kooperation seitens der Akteurinnen und Akteure eine generelle Bereitschaft voraussetze. Ausgehend von der von ihm zuvor getätigten Aussage formuliert Müller nun seine Behauptung (vgl. Z. 543-550), die eine Prämisse zur Ermöglichung bildungsbereichsübergreifender Arbeit darstellt. Die Ermöglichung bildungsbereichsübergreifender Arbeit sei ein Prozess, der für diese Form der Arbeit auf der Ebene der Organisation und der Bildungspolitik Bereitschaft schaffen und Freiräume eröffnen müsse. Dabei geht der Informant davon aus, dass der Wille zur Realisierung einer bildungsbereichsübergreifenden Arbeit auf zwei Ebenen vorhanden sein muss: Es handle sich dabei zunächst um die „Ebene der Organisation dieses ganzen Vorganges" (Z. 545). Zwar wird diese Ebene von dem Interviewpartner nicht weiter spezifiziert, es liegt jedoch nahe, dass er hier die konkrete Ebene der Umsetzung meint. Darunter ist die Planung, Gestaltung, Koordination und Begleitung einer bildungsbereichsübergreifenden Zusammenarbeit zu verstehen, die von den betreffenden Bildungseinrichtungen respektive deren Personal vorgenommen werden muss. Das Rahmenschaltelement „ahm" (Z. 545) und die darauf folgende Relevanzmarkierung „und dann sogar noch" (Z. 546) verdeutlichen, dass nach Müllers Einschätzung darüber hinaus auch der Wille vonseiten der Bildungspolitik bestehen müsse („ahm und dann sogar noch ne Ebene drüber auch im politischen&im bildungspolitischen Umfeld(')) zum Beispiel in der Administration&in der Schulad&behörde(')", Z. 545-548). Die Hervorhebung der Bildungspolitik durch die Relevanzmarkierung und die beispielhafte Konkretisierung des bildungspolitischen Umfeldes mit dem Verweis auf die „Schulad&behörde" (Z. 548) als untere Schulaufsichtsbehörde[57] kann darauf hindeuten, dass die bildungsbereichsübergreifende Arbeit ein politisches Mandat benötigt, das die entsprechenden Tätigkeiten auf der organisationalen Ebene legitimiert. Möglicherweise handelt es sich hierbei um einen Top-down organisierten Ermöglichungsprozess. Der Appell in den Zeilen 548 bis 550 („dort müssen&müssen erst mal ahm auch Prozesse einsetzen(') dass die dies&Form von Tätigkeit sinnvoll und wichtig finden und sich dafür&dafür Freiräume eröffnen(.)") macht darauf aufmerksam, dass die von Müller als notwendig erachtete Bereitschaft in den genannten Bereichen nicht per se vorhanden zu sein scheint. Zudem ist der Experte der Auffassung, dass für die Realisierung dieser Tätigkeit gewisse „Freiräume" (Z. 550) erforderlich seien. Der Informant führt hier die

---

[57] Die staatlichen Schulämter als untere Schulaufsichtsbehörde sorgen u. a. für die Beachtung der Rechts- und Verwaltungsvorschriften sowie für die Verwirklichung der Bildungs- und Erziehungsbeauftragung der Schulen (vgl. Hessischer Kultusminister 1985).

lexikalisierte Metapher[58] ‚Freiraum' an. In dem verwendeten Kontext kann sie sich auf die Freiheit von Personen beziehen, die diese z. B. für die Entwicklung und Entfaltung ihrer Kreativität benötigen. Für eine bildungsbereichsübergreifende Arbeit müssten in diesem Zusammenhang Rahmenbedingungen geschaffen werden, die Entwicklungs- und Entfaltungsfreiheit ermöglichen und dafür z. B. zeitliche und finanzielle Ressourcen vorsehen. Die Schaffung solcher Rahmenbedingungen könnte beispielsweise eine Konsequenz eines politischen Mandats sein.

In den Zeilen 552 bis 555 formuliert Müller mit einem Verweis auf eigene Erfahrungen eine weitere Behauptung. Er ist der Meinung, dass die Ebenen der pädagogisch Tätigen, der Organisationen und der Bildungspolitik nicht gut „verzahnt" (Z. 555) seien. Im Rahmen dieser zweiten Behauptungsaktivität erweitert er die bisher in der ersten Behauptung (vgl. Z. 543-550) angeführten Referenzebenen explizit um eine dritte Ebene, nämlich die der Lehrenden und bringt diese in eine hierarchische Reihenfolge: Die unterste Ebene werde durch die pädagogischen Fachkräfte repräsentiert, die mittlere Ebene umschließe die Bildungsorganisationen und die über allem stehende Ebene sei die Bildungspolitik. Aufgrund seiner berufsbiografischen Erfahrungen weist der Informant darauf hin, dass diese drei Ebenen „gut verzahnt" (Z. 555) sein müssten, was nach seinem Ermessen jedoch nicht der Fall sei. Allerdings ist nicht ersichtlich, was er mit der metaphorischen Umschreibung ‚gut verzahnt' konkret meint. Die lexikalisierte Metapher kann in dem angewandten Kontext darauf hindeuten, dass eine gemeinsame Arbeit nur erfolgreich verlaufen kann, wenn die drei Ebenen – an dieser Stelle vermutlich zunächst nur bildungsbereichsintern – als Gesamtsystem funktionieren. Vor diesem Hintergrund müsste eine geeignete Form der Zusammenarbeit gefunden werden, sodass Veränderungen auf einer der Ebenen entsprechende Auswirkungen auf die anderen Ebenen hätten. Der Aspekt der ‚Verzahnung' spezifiziert somit die von Müller gewählte Formulierung ‚bildungsbereichsübergreifende Arbeit' in Richtung einer Zusammenarbeit. Wie deren Gestaltung konkret erfolgen soll, bleibt offen. Die zweite Behauptung stellt, wie auch die erste Behauptung in den Zeilen 543 bis 550 eine Prämisse zur Ermöglichung einer bildungsbereichsübergreifenden Zusammenarbeit dar.

Im Anschluss an die zweite Behauptung beendet der Informant in den Zeilen 556 bis 559 mithilfe einer Konklusion seine Argumentation in diesem Subsegment. Hierbei nimmt er zunächst eine Bewertung der zuvor von ihm im Rahmen der zweiten Behauptung formulierten Notwendigkeit einer adäquaten Zu-

---

58 „Lexikalisierte Metaphern sind den Angehörigen einer Sprachgemeinschaft im Sprachgebrauch meist nicht als metaphorisch motivierte Bezeichnungen bewusst. Denn die metaphorische Bedeutung ist längst zu einer konventionellen Bedeutung geworden, die gleichberechtigt zum Lexikoneintrag gehört" (Skirl & Schwarz-Friesel 2007: 28).

sammenarbeit der drei Ebenen vor, indem er auf der Grundlage seiner Beobachtungen darauf verweist, dass solch eine Form der Zusammenarbeit noch nicht bestehe. Seiner Meinung nach fehle zurzeit die notwendige Unterstützung zur Schaffung von Freiräumen für die bildungsbereichsübergreifende Arbeit. Der Experte verwendet dabei die lexikalisierte Metapher ‚Schützenhilfe‘, welche die Deutung bestärkt, dass engagierte Akteurinnen und Akteure bei der bildungsbereichsübergreifenden Zusammenarbeit nicht die notwendige Unterstützung (wie z. B. durch ihre Organisation oder einen politischen Auftrag) erhalten. Die Konsequenz daraus scheint zu sein, dass eine bildungsbereichsübergreifende Zusammenarbeit nur in Einzelfällen realisiert werden könne („dass hier nich&nich genügend Schützenhilfe da is und das es immer nur so Einzel&Einzeldinge sind(.)", Z. 558-559).

Bei genauer Betrachtung der beiden Behauptungen kann konstatiert werden, dass diese sich inhaltlich auf die Zusammenarbeit innerhalb eines Bildungsbereichs (pädagogische Fachkräfte, Bildungseinrichtungen, Bildungspolitik) beziehen. Müller formuliert dabei bildungsbereichsinterne Prämissen, die scheinbar erst erfüllt sein müssen, damit in einem nächsten Schritt eine bildungsbereichsübergreifende Zusammenarbeit ermöglicht werden kann.[59] Die Thematisierung und z. T. Hervorhebung der bildungspolitischen Ebene lässt vermuten, dass für eine Zusammenarbeit im Kontext der Institutionalisierung des lebenslangen Lernens aus Sicht des Experten ein politisches Mandat benötigt wird, das entsprechende Aktivitäten auf der organisationalen und personellen Ebene legitimiert.

Bei der Rekonstruktion der Argumentation ist auffällig, dass der Informant zwei Behauptungen aneinanderreiht, aber keine Begründungs- oder Belegaktivität vornimmt. Diese Vorgehensweise kann damit erklärt werden, dass Müller sich eher als Beobachter versteht und hier nun die Ergebnisse seiner Beobachtung in Form von Behauptungen präsentiert, diese jedoch nicht durch Begründungen zu fundieren vermag. Müller wendet in diesem Subsegment eine kausale Argumentation[60] an. Dabei stellen die beiden Behauptung die beobachteten Ursachen dar, aus denen er die in der Konklusion enthaltene Wirkung ableitet.

---

59 Die Zusammenarbeit von Einrichtungen unterschiedlicher Bildungsbereiche spricht der Experte konkret im nachfolgenden Subsegment 4.2 an.

60 Ein kausales Argument ist ein induktives Argument „(...) bei dem aus beobachteten Wirkungen auf die Ursache oder aus beobachteten Ursachen auf die Wirkungen geschlossen wird" (Bayer 1999: 235). Dabei bedeutet Induktion einen Schluss oder ein Argument, „(...) bei dem eine Konklusion aus Prämissen abgeleitet wird, die den Gehalt der Konklusion nur teilweise enthalten. Die Prämissen beschreiben dabei z. B. ein(ige) Teil(e), etwas Besonderes oder Individuelles, die Konklusion, das Ganze, etwas Allgemeines oder Universelles" (a.a.O.: 234).

Gleichzeitig kann auch von einer konditionalen Argumentation[61] gesprochen werden, da die beiden Behauptungen die Prämissen für eine bildungsbereichsübergreifende Zusammenarbeit darstellen: Würde auf der Ebene der Organisation und der Politik die Bereitschaft für eine Zusammenarbeit geschaffen, Freiräume für diese Zusammenarbeit eröffnet sowie eine Verzahnung der Ebenen der pädagogischen Fachkräfte, Organisation und Bildungspolitik innerhalb eines Bildungsbereichs vollzogen, dann sei eine bildungsbereichsübergreifende Zusammenarbeit möglich.

Subsegment 4.2: Abhängigkeit bildungsbereichsübergreifender Zusammenarbeit von den Interessen und Funktionen der beteiligten Einrichtungen (Z. 559-581)

559	E:	und ahm dann ist es auch wohl wichtig(,)
560		dass es&das hängt damit zusammen(') dass ich aus dem Kontext der
561		eines&einer Bildungssphäre Schule(') Hochschule(') betriebliche Bildung(')
562		dass ich ahm dort ahm die&die Dinge die(') das andere einbringen kann auch
563		wirklich sinnvoll (voll?) nutzen kann(.)
564	I:	mhm(')
565	E:	also in der Lehrlingsausbildung(') die ahm muss dann auch ah wenn das
566		Training on the Job ist(') dann wieso sollen die was mit Schulen oder mit der
567		Uni was machen(?) also dann ah(-) das heißt auch(') dass das
568		Anforderungsprofil ah sich ah an den einzelnen Stellen verändern muss(.) und da
569		haben wir ja ein bisschen ne Schwierigkeit(') dass wahrscheinlich lebenslanges
570		Lernen wird zu so ner rundum&ahm wenn man&wenn man stark an den&wenn
571		es wirklich für den Nutzer ist(') müsste er eigentlich in seinem Ausbildungsweg
572		hohe gute Möglichkeiten kriegen(') die unterschiedlichsten Wissensbestandteile
573		an&zu&zuverarbeiten(') aber die Schule hat eher ein Interesse(') ein Zertifikat
574		auszustellen und da will dabei nicht gestört sein und der Betrieb hat Interesse
575		jemanden für seinen Betrieb nur zu nutzen und die Uni will das
576	I:	(gz) mhm(')
577	E:	Hochschulzertifikat erstellen(.) also da beißt sich n bisschen ahm die&die
578		generelle ah Zielsetzung ein allseitig entwickeltes Individuum ahm(') das
579		jederzeit nach seinen Bedürfnissen sich wo einklinken kann(-) zu erzeugen und
580		den&den standortspezifischen Bildungsinteressen der&der Einrichtungen
681		(unverständlich)(.)

---

61 Ein konditionales Argument ist „(...) eine Argumentform mit einer konditionalen Prämisse und einer weiteren Prämisse, die eine der Teilaussagen des Konditionals enthält" (a.a.O.: 235-236). Dabei versteht man unter einem Konditional eine „(...) aussagelogische Verknüpfung zweier Aussagen p und q, die nur dann falsch ist, wenn p wahr und q falsch ist. Die in umgangssprachlichen Formulierungen meist mit ‚wenn' eingeleitete Teilaussage p des Konditionals bezeichnet man als Antecedens, die umgangssprachlich meist mit ‚dann' eingeleitete Teilaussage q als Konsequens" (a.a.O.: 235).

Nachdem Müller sich im vorherigen Subsegment auf die Zusammenarbeit zwischen den Ebenen der pädagogischen Fachkräfte, der Bildungseinrichtungen und der Bildungspolitik innerhalb eines Bildungsbereiches bezieht und dabei Prämissen für eine bildungsbereichsübergreifende Zusammenarbeit definiert, stellt er nun die Zusammenarbeit zwischen Organisationen verschiedener Bildungsbereiche in den Mittelpunkt seiner Argumentation. In diesem Subsegment geht er auf die Fragestellung der Interviewerin hinsichtlich seines Verständnisses einer bildungsbereichsübergreifenden Förderung lebenslangen Lernens ein, jedoch nicht in Form einer Definitionsdarlegung, sondern in Form einer Problematisierung der in der Fragestellung implizit enthaltenen Behauptung, dass die bildungsbereichsübergreifende Zusammenarbeit förderungswürdig sei.

Mit der Relevanzmarkierung „und ahm dann ist es auch wohl wichtig(,)" (Z. 559) leitet der Experte seine Behauptung ein. Müller ist der Auffassung, dass eine bildungsbereichsübergreifende Zusammenarbeit einen Vorteil für die beteiligten Bildungsorganisationen erbringen muss („dass ich aus dem Kontext der eines&einer Bildungssphäre Schule(') Hochschule(') betriebliche Bildung(') dass ich ahm dort ahm die&die Dinge die(') das andere einbringen kann auch wirklich sinnvoll (voll?) nutzen kann(.)", Z. 560-563)[62]. Mit dieser Behauptung nimmt der Experte eine utilitaristische Position ein, die seine Argumentation erschwert, da der Nutzen einer Zusammenarbeit zu Beginn nicht eindeutig definierbar ist. Zwar können am Anfang Erwartungen an eine Kooperation gestellt werden, jedoch ist es ungewiss, ob diese im Verlauf der Kooperation erfüllt werden. Die Bewertung einer Kooperation hinsichtlich ihres Nutzens kann erst erfolgen, wenn die Zusammenarbeit eine gewisse Zeit stattgefunden hat. Die von Müller vertretene utilitaristische Perspektive birgt die Gefahr, dass eine Kooperation aufgrund der Nichtvorhersagbarkeit des Nutzens erst gar nicht zustande kommt. Ferner weist diese Betrachtungsweise auf eine Übernahme von ökonomieorientierten Begriffen in die Sinnwelt des pädagogischen Diskurses hin. Da der Nutzenaspekt auch in Förderprogrammen proklamiert wird, kann es sich hierbei um eine Kategorie des Arbeitsfeldes von Müller handeln. Die Formulierung „dass ich ahm dort ahm die&die Dinge die(') das andere einbringen kann(.)" (Z. 561-562) deutet auf potenzielle Kooperationsleistungen der jeweiligen Akteurinnen und Akteure hin. Dabei können sich das Adverb „dort" (Z. 562) und die Beschreibung „das andere einbringen" (Z. 562) darauf beziehen, dass Kooperationsleistungen einer Einrichtung in ein gemeinsames Vorhaben einge-

---

62 Dass sich Müller hier auf die Lernorte Schule, Betrieb und Hochschule bezieht, mag darin begründet liegen, dass er im Subsegment 3.3 ein Kooperationsprojekt zwischen einer Schule, einem Betrieb und einer Hochschule vorstellt, welches von ihm als ein Vorzeigeprojekt im Kontext der bildungsbereichsübergreifenden Zusammenarbeit zur Förderung des lebenslangen Lernens bewertet wird.

bracht werden und zwar mit dem Ziel der ‚sinnvollen' Nutzung („wirklich sinn-voll (voll?) nutzen kann(.)" Z. 562-563). Die Verwendung des Adjektivs ‚sinnvoll' stellt eine Dopplung zum Nutzen dar, da dieser an sich bereits als sinnvoll charakterisiert werden kann. Diese Akzentuierung ist eine Steigerung, um die Bedeutung des Nutzens zu betonen. Müller gebraucht zudem die Formu-lierung „wirklich" (Z. 562), die im angewendeten Kontext zwei Bedeutungen einnehmen kann: Sie kann sowohl die Funktion eines Adjektivs im Sinne von ‚etwas tatsächlich sinnvoll nutzen', als auch die Funktion eines Adverbs, die den Nutzen nochmals verstärkt, einnehmen. Erstere würde eine bisherige ‚sinnvolle Nutzung' infrage stellen. Die zweite Funktion würde die bereits angeführte Deu-tung, dass der Nutzen einer Kooperation einen hohen Stellenwert im Relevanz-system des Experten einnimmt, bestärken. Eine Differenzierung der Adressatin-nen und Adressaten, welche die Kooperationsleistungen ‚sinnvoll nutzen', findet nicht statt.

Eingeleitet durch das formale Rahmenschaltelement „also" (Z. 565) spezifi-ziert der Experte in den Zeilen 565 bis 567 seine Behauptung anhand eines Bei-spiels. Er versucht den Vorteil einer bildungsbereichsübergreifenden Zusam-menarbeit exemplarisch für die betriebliche Ausbildung zu verdeutlichen, was schwierig zu sein scheint. Hierauf verweist zum einen der Abbruch in Zeile 565 („also in der Lehrlingsausbildung(') die ahm muss dann auch") und der darauf folgende Einschub zur Konkretisierung der Lehrlingsausbildung („ah wenn das Training on the Job ist(')", Z. 565-566[63]). Daran anschließend stellt der Infor-mant eine Frage zum Ziel der bildungsbereichsübergreifenden Zusammenarbeit („dann wieso sollen die was mit Schulen oder mit der Uni was machen(?)", Z. 566-567). Er beantwortet die von ihm gestellte Frage jedoch nicht. Vor dem Hintergrund der Behauptung suggeriert die Frage jedoch die Antwort, dass ein Betrieb nur mit einer Schule oder Hochschule zusammenarbeiten würde, wenn er selbst einen Vorteil davon hat. Falls der Interviewpartner diese Intention mit seiner Fragestellung verfolgt, würde er somit seine Behauptung, dass eine bil-dungsbereichsübergreifende Zusammenarbeit einen Nutzen für die beteiligten Akteurinnen und Akteure erbringen müsse, bestärken.

Da für den Informanten der Nutzenaspekt bei einer bildungsbereichsüber-greifenden Zusammenarbeit von Bedeutung ist, er aber – wie die Spezifizie-rungsaktivität aufgezeigt hat – selbst nicht in der Lage ist, den Nutzen einrich-tungsspezifisch zu konkretisieren, formuliert er im Rahmen einer neuen Behaup-tung eine Forderung, die es ihm ermöglicht seine Argumentation fortzusetzen. Müller ist der Meinung, dass sich das „Anforderungsprofil" (Z. 568) der beteilig-ten Einrichtungen verändern müsse („also dann ah(-) das heißt auch(') dass das

---

63 Mit diesem Einschub deutet der Experte an, dass er sich im Rahmen der dualen Berufsausbil-dung auf den Lernort Betrieb und nicht auf den Lernort Berufsschule/Berufskolleg bezieht.

Anforderungsprofil ah sich ah an den einzelnen Stellen verändern muss(.)", Z. 567-568). Dabei ist nicht eindeutig feststellbar, was der Interviewpartner konkret unter dem Begriff ‚Anforderungsprofil' sowie unter der Formulierung ‚an den einzelnen Stellen verändern muss' versteht. Denkbar wäre, dass Müller die Position vertritt, dass die Bereitschaft zu einer bildungsbereichsübergreifenden Zusammenarbeit bei Organisationen, die im Rahmen ihres bisherigen Bildungsauftrages nicht zwingend auf eine Kooperation angewiesen waren, nicht per se vorhanden sein muss. Da sich der Nutzen einer solchen Zusammenarbeit offenbar nur schwierig definieren lässt, scheint die Notwendigkeit zur Kooperation auf eine andere Weise hergestellt werden zu müssen, und zwar indem sie als Anspruch an die Bildungseinrichtungen gestellt wird. Die Zusammenarbeit erhält damit einen eher oktroyierenden Charakter. Dabei stellt sich die Frage, wer diese Bedingungen festlegen kann. Eine Möglichkeit ist, dass die politische Ebene durch entsprechende Gesetze und finanzielle Förderung neue Anforderungen an die Einrichtungen der verschiedenen Bildungsbereiche definiert.[64]

In den Zeilen 567 bis 581 begründet Müller unter dem Zugzwang des Berücksichtigens und Abwägens seine Forderung. Zunächst führt er seinen Gedankengang, dass sich die Bildungseinrichtungen im Kontext einer Kooperation einem Veränderungs-/Entwicklungsprozess unterziehen müssten, weiter fort und deutet eine Schwierigkeit in diesem Zusammenhang an, die es seiner Auffassung nach zu beachten gelte („und da haben wir ja ein bisschen ne Schwierigkeit(') dass wahrscheinlich lebenslanges Lernen wird zu so ner rundum&ahm", Z. 568-570). Es handelt sich hierbei um eine Negativprognose, die der Informant vorerst nicht vollendet. Er unterbricht diese durch einen mit einem schnellen Anschluss erfolgenden Einschub, der eine essenzielle Zielsetzung berücksichtigt, die der Experte mit der institutionellen Umsetzung lebenslangen Lernens verbindet (vgl. Z. 570-573). Seines Erachtens solle das Individuum im Mittelpunkt organisationaler Bestrebungen zur Förderung des lebenslangen Lernens stehen. Dabei liege die Zielsetzung in der (gleichzeitigen) Inklusion der Lernenden in Einrichtungen mehrerer Segmente des Bildungssystems. Das heißt, dass das Individuum z. B. im Laufe seiner Ausbildung[65] eine Vielzahl an institutionellen Möglichkeiten aus verschiedenen Segmenten des Bildungssystems zur Verfügung haben müsse, um Wissen zu generieren bzw. zu reflektieren. Indem Müller bei seinen Ausführun-

---

64 Ein Beispiel hierfür stellt die „Novellierung des Gesetzes zur Förderung der Weiterbildung und des lebenslangen Lernens im Land Hessen (Hessisches Weiterbildungsgesetz (HWBG) vom 25. August 2001 (GVBl. I S. 370), geändert durch Gesetz vom 26. Juni 2006 (GVBl. I S. 342)" dar.

65 Müller bezieht sich in seiner Erläuterung lediglich auf die Ausbildungszeit und nicht auf die gesamte Lebensspanne, die lebenslanges Lernen impliziert. Dies könnte darin begründet sein, dass er sich gedanklich auf die zuvor genannten Lernorte Schule, Hochschule und Betrieb bezieht und dementsprechend die berufliche Erstausbildung vorrangig betrachtet.

gen die Perspektive der Lernenden einnimmt, ergänzt er die im vorherigen Subsegment bereits angeführten Ebenen der pädagogischen Fachkräfte, der Bildungseinrichtungen und der Bildungspolitik um die Ebene der Lernenden. Alle angeführten Ebenen scheinen für ihn bei der Förderung des lebenslangen Lernens eine zentrale Rolle zu spielen. Der dargestellte Einschub hat die Funktion, die unterbrochene Negativprognose zu untermauern, die der Informant anschließend in den Zeilen 573 bis 581 zu Ende führt. Für Müller stehe die von ihm formulierte generelle Zielsetzung des lebenslangen Lernens, nämlich die (gleichzeitige) Inklusion der Lernenden in Einrichtungen mehrerer Segmente des Bildungssystems in einem Missverhältnis zu den jeweiligen Funktionen und Interessen der unterschiedlichen Bildungseinrichtungen, wie die Zeilen 573 bis 577 abbilden („aber die Schule hat eher ein Interesse(') ein Zertifikat auszustellen und da will dabei nicht gestört sein und der Betrieb hat Interesse jemanden für seinen Betrieb nur zu nutzen und die Uni will das Hochschulzertifikat erstellen(.)"). Damit wird die bereits angeführte Lesart bestätigt, dass unter dem Begriff ‚lebenslanges Lernen' unterschiedliche Interessen und Zielsetzungen subsumiert werden können.

Zusammenfassend ist zu konstatieren, dass die von Müller formulierte Negativprognose eine Begründung seiner Forderung darstellt. Sie verdeutlicht, dass nach Auffassung des Informanten für eine bildungsbereichsübergreifende Zusammenarbeit die extern geregelten Anforderungsstrukturen der Bildungseinrichtungen verändert werden müssten, da ansonsten die unterschiedlichen Interessen der beteiligten Akteurinnen und Akteure die von ihm formulierte generelle Zielsetzung des lebenslangen Lernens (die gleichzeitige Inklusion der Lernenden in mehrere Segmente des Bildungssystems) und damit verbunden eine bildungsbereichsübergreifende Zusammenarbeit konterkarieren würden.

Subsegment 4.3: (Gleichzeitige) Inklusion der Lernenden in verschiedene Segmente des Bildungssystems und daraus resultierende ungleiche Folgen für Lernende und beteiligte Einrichtungen (Z. 581-600)

581	E:	ahm(-) vielleicht ist es auch ahm bisschen
582		vermessen zu glauben(') man müsse jetzt ahm immer ahm
583		bildungsbereichsübergreifend in allen Sphären tätig sein(')
584	I:	mhm(')
585	E:	sondern wahr&wahrscheinlich definiert sich's eben doch ah was wollen
586		wir&welches Problem wollen wir damit lösen(') und das Problem kann(') wenn
587	I:	(gz) mhm(')
588	E:	ich's vom(,) vom Lerner her sehe kann&ja eigentlich nur sein(') dass er
589		möglichst früh ahm nicht auf einer Einbahnstraße steht(') sondern ahm einen

590		vielseitigen Blick erhält(') ah und Anregungen aus den verschiedensten
591		Sphären(.) das ist für ihn der&der große Komfort in&in mehreren Einrichtungen
592		gleichzeitig behaftet zu sein(.) Schüler(') der&der ein Praktikum an ner
593		Universität oder an einem Betrieb macht und das als Arbeit in der Schule
594		anerkannt kriegt(') der hat für sich n riesen Gewinn(')
595	I:	mhm(')
596	E:	ah während die Schule hat mehr Arbeit(.) (lacht) das muss man einfach sehen(.)
597	I:	(gz) mhm(') ja(')
598	E:	und ahm da muss man sehen(') wie man das hinkriegt(,) dass sich das ahm(-) die
599		Waage hält(.)
600	I:	mhm(')

Das Subsegment beginnt mit der Grundaktivität des Bezweifelns („ahm(-) vielleicht ist es auch ahm bisschen vermessen zu glauben(') man müsse jetzt ahm immer ahm bildungsbereichsübergreifend in allen Sphären tätig sein(')", Z. 581-583). Der Informant bezweifelt hier die in der Ausgangsfrage der Interviewerin implizit enthaltene Behauptung, dass die bildungsbereichsübergreifende Zusammenarbeit förderungswürdig sei. Die Identifizierung einer Bezweiflungsaktivität wird bestärkt durch die Modalpartikel „vielleicht" (Z. 581), die an dieser Stelle die Funktion eines Vagheitsmarkierers einnimmt; ferner durch die Verwendung des Adjektivs „vermessen" (Z. 581), das eine generelle Befürwortung der bildungsbereichsübergreifenden Zusammenarbeit einschränkt sowie durch die Anwendung des Konjunktivs I bei dem Verb „müssen" (Z. 582) als Ausdruck eines Wunsches oder einer Aufforderung. Nach Müllers Meinung müsse eine bildungsbereichsübergreifende Zusammenarbeit nicht permanent und nicht „in allen Sphären" (Z. 583) stattfinden. Die Umschreibung ‚in allen Sphären' könnte dabei als Synonym für die Bildungsbereiche (Elementarbereich-, Primarbereich-, Sekundarbereich I und II, Erwachsenenbildung/Weiterbildung sowie Tertiärbereich) stehen. Die Bezweiflung eröffnet dem Interviewpartner die Möglichkeit, sich argumentativ neu zu positionieren und mit der Formulierung einer Gegenbehauptung die Erarbeitung einer Definition zur bildungsbereichsübergreifenden Zusammenarbeit fortzuführen. Somit erfolgt in den Zeilen 585 bis 586 eingeleitet durch die Konjunktion ‚sondern', die hier die Funktion einer Relevanzmarkierung einnimmt, seine Gegenbehauptung („sondern wahr&wahrscheinlich definiert sich' s eben doch ah was wollen wir&welches Problem wollen wir damit lösen(')", Z. 585-586). Die Formulierung ‚wahrscheinlich definiert sich's eben doch' weist den konkreten Gegenstand der Definition nicht eindeutig aus. Die Modalpartikel ‚wahrscheinlich' in ihrer Funktion als Vagheitsmarkierer weist auf eine Unsicherheit des Experten bezogen auf die Gültigkeit seiner Behauptung hin. Die Modalpartikeln ‚eben' und ‚doch' deuten darauf hin, dass der Informant auf etwas Bezug nehmen will, was er in seiner vorhergehenden Argumentation bereits erwähnt haben könnte. Vor diesem Hintergrund kann die Formulierung in der Hinsicht interpretiert werden, dass Kooperationsanlass, Kooperationsdauer sowie die Einbeziehung relevanter Kooperationspartner hinsichtlich eines gemeinsam zu lösenden Problems bestimmt werden sollten. Demnach definiere das Problem und die dazugehörige Lösungsstrategie die Art und Weise der bildungsbereichsübergreifenden Zusammenarbeit. Mit dieser Behauptung greift Müller auf den im vorherigen Subsegment angeführten Aspekt zurück, dass eine bildungsbereichsübergreifende Zusammenarbeit einen Nutzen für alle Beteiligten erbringen müsse. Hier scheint der Vorteil in einer gemeinsamen Problemlösung zu liegen.

In den Zeilen 586 bis 591 spezifiziert Müller seine Gegenbehauptung. Dabei bezieht er sich auf die von ihm bereits in Subsegment 4.2 angeführte grundsätzliche Zielsetzung des lebenslangen Lernens, nämlich dass die individuellen Lernbedürfnisse des Individuums im Mittelpunkt der institutionellen Förderung lebenslangen Lernens stehen müssten. Das mit einer Kooperation zu lösende Problem bestehe in der Gefahr, dass die Lernenden im Rahmen ihrer Lernprozesse in eine „Einbahnstraße" (Z. 589) gelangten. Der Begriff ‚Einbahnstraße' beschreibt im lexikalischen Sinn einen Verkehrsweg, der nur in eine Fahrtrichtung befahren werden darf. Er wird hier metaphorisch und als nicht erstrebenswert verwendet („dass er möglichst früh ahm nicht auf einer Einbahnstraße steht(')", Z. 588-589). Die Metapher erhält hierdurch eine negative Konnotation. Sie kann in diesem Kontext darauf hindeuten, dass den Lernenden zur Erreichung ihrer Lernziele nur begrenzte Lernwegoptionen zur Verfügung stehen. Die Verwendung der Metapher erscheint zunächst plausibel. Bei genauerer Betrachtung ist aber auch hier die generelle Ambivalenz von Metaphern zu erkennen, nämlich dass sie keine Eindeutigkeit schaffen, auch wenn sie diese auf den ersten Blick suggerieren. Einbahnstraßen müssen nicht per se negativ sein. Sie können ebenso ein Mittel darstellen, um Komplexität zu reduzieren und eine Orientierung z. B. im Sinne von Bildungskarrieremustern beinhalten. Eingeleitet durch die Konjunktion „sondern" (Z. 589), die hier die Funktion eines Relevanzmarkiers einnimmt, beendet der Experte seine Spezifizierungsaktivität. Um das von ihm dargelegte Problem zu lösen, sei es notwendig möglichst viele institutionelle Zugänge zum Lernen zu eröffnen und eine gleichzeitige Inklusion der Lernenden in verschiedene Segmente des Bildungssystems zu ermöglichen („sondern ahm einen vielseitigen Blick erhält(') ah und Anregungen aus den verschiedensten Sphären(.)", Z. 589-591).

In den Zeilen 591 bis 599 formuliert Müller eine Konklusion und nimmt – wie bereits im vorherigen Subsegment – eine utilitaristische Perspektive ein. Anhand eines Beispiels versucht er seine Konklusion zu konkretisieren und den Vorteil für die Lernenden hervorzuheben („Schüler(') der&der ein Praktikum an ner Universität oder an einem Betrieb macht und das als Arbeit in der Schule anerkannt kriegt(') der hat für sich n riesen Gewinn(')" Z. 592-594). Dabei deutet der Informant den Vorteil lediglich an. Es ist weder ersichtlich, welche Leistung die Schule in welcher Form anerkennen müsste, noch wird der Nutzen für den Lernenden spezifiziert. Eine Deutung dieses Beispiels ist, dass Schüler/-innen ihre schulischen Lernprozesse durch Lernprozesse an außerschulischen Lernorten (wie z. B. Betrieb oder Hochschule) ergänzen sowie die gemachten Lernerfahrungen im schulischen Kontext reflektieren und anwenden können. Wie im vorherigen Subsegment findet auch hier mit dem Begriff ‚Gewinn' eine Übernahme ökonomieorientierter Begriffe in die Sinnwelt des pädagogischen Diskurses statt. Obwohl Müller in seiner Argumentation in Subsegment 4.2 aufzeigt, dass eine gleichzeitige Inklusion der Lernenden in mehrere Segmente des Bildungssystems aus seiner Sicht in einem Missverhältnis zu den Interessen und Funktionen der verschiedenen Einrichtungen stehe und wahrscheinlich nur über eine Veränderung der Anforderungen (z.B. durch ein bildungspolitisches Mandat) erreicht werden könne, hält er an dieser Stelle an diesem Argument fest. Ein Grund hierfür könnte sein, dass die gleichzeitige Inklusion der Lernenden in mehrere Segmente des Bildungssystems einen hohen Stellenwert in den subjektiven Relevanzstrukturen des Experten hat. Er nutzt somit nicht die Möglichkeit der argumentativen Neupositionierung, die er sich durch die einleitende Bezweiflung eröffnet, sondern greift auf die von ihm bereits formulierte Zielsetzung der gleichzeitigen Inklusion der Lernenden zurück, die er auch an dieser Stelle aufgrund der erneuten Formulierung von Schwierigkeiten argumentativ nicht verteidigen kann, wie die in Zeile 596 folgende Äußerung „ah während die Schule hat mehr Arbeit(.) (lacht) das muss man einfach sehen(.)" verdeutlicht. Sein Versuch, die bildungsbereichsübergreifende Zusammenarbeit über einen Problemlösungsprozess zu definieren, birgt scheinbar einseitige Vorteile in sich. Zwar dürften die Lernenden Vorteile aus einer gleichzeitigen Inklusion in verschiedene Segmente des Bildungssystems genießen, die beteiligten Einrichtungen hingegen müssten dabei einen erhöhten Arbeitsaufwand in Kauf nehmen. In den Zeilen 598 bis 599 schließt Müller seine Konklusion ab („und ahm da muss man sehen(') wie man das hinkriegt(,) dass sich das ahm(-) die Waage hält(.)", Z. 598-599). Er nimmt nicht Stellung zu den von ihm aufgezeigten ungleichen Folgen einer gleichzeitigen Inklusion der Lernenden in verschiedene Segmente des Bildungssystems. Vielmehr vollzieht der Interviewte einen argumentativen Rückzug, was u. a. durch die Verwendung des Distanz ausdrückenden Indefinitpronomens „man" (Z. 598) verdeutlicht wird. Er überlässt die Lösung der von ihm angeführten Problematik den an einer Zusammenarbeit beteiligten Einrichtungen. Die Formulierung „dass sich das ahm(-) die Waage hält(.)" (Z. 598-599) deutet auf einen Aushandlungsprozess der beteiligten Akteurinnen und Akteure hin, um den zusätzlichen Arbeitsaufwand für die einzelnen Einrichtungen nicht zu groß werden zu lassen.

Der Experte versucht im vierten Segment eine Theorie zur bildungsbereichsübergreifenden Zusammenarbeit zu erarbeiten: Über die Formulierung von Prämissen, die Problematisierung unterschiedlicher Interessen bis hin zur Bezweiflung einer generellen Notwendigkeit der bildungsbereichsübergreifenden Zusammenarbeit entwickelt er schließlich eine lernerorientierte Zielsetzung, die allerdings auch wieder Schwierigkeiten in sich birgt. Das konsequente Aufzeigen von Problemen in den drei Subsegmenten könnte Ausdruck seines ideologiekritischen Selbstverständnisses sein (vgl. hierzu strukturelle Beschreibung des Subsegments 1.2). Vor dem Hintergrund dieses Selbstverständnisses ist es bemerkenswert, dass Müller eine verwertungsorientierte Haltung einnimmt. Diese verwertungsorientierte Haltung steht im Widerspruch zu seiner bildungspolitischen Positionierung im Subsegment 2.1, in der er sich auf die Ideologie der emanzipatorischen Pädagogik bezieht. Auf diesen Widerspruch reagiert der Interviewpartner jedoch nicht, was die Deutung nahe legt, dass ihm dieser entweder nicht bewusst ist oder für ihn keine Rolle spielt. Durch den Widerspruch zwischen verwertungsorientierter Haltung und bildungspolitischer Positionierung sowie die fehlende Stellungnahme zu den ungleichen Folgen einer gleichzeitigen Inklusion der Lernenden in verschiedene Segmente des Bildungssystem baut der Interviewpartner eine argumentative Spannung auf, die von ihm nicht bearbeitet, sondern offen gehalten wird.

Segment 5: Institutionelle Ermöglichung selbstgesteuerten bzw. selbstorganisierten Lernens (Z. 600-887)

Subsegment 5.1:Unterstützung selbstgesteuerter/selbstorganisierter Lernprozesse durch angeleitete Reflexion und Beratung (Z. 600-641)

Das Subsegment beginnt mit der Frage der Interviewerin, wie die Fähigkeit zum selbstorganisierten Lernen in den Bildungsbereichen vermittelt werden könne. Müller beantwortet die Frage zunächst mit dem Hinweis, dass die Instrumente zur Förderung des selbstgesteuerten Lernens seit langem bekannt seien.[66] Es handle sich dabei um „Teilnehmerorientierung" (Z. 609) oder „lernaktivierende Methoden" (Z. 610), die z. T. in der Praxis nicht richtig angewendet worden seien. Früher sei man bei der Gruppenarbeit davon ausgegangen, dass ein deut-

---

66 Der Informant bezieht sich bei der Beantwortung der Frage hauptsächlich auf das selbstgesteuerte Lernen anstatt auf das selbstorganisierte Lernen. Daher liegt die Vermutung nahe, dass er selbstgesteuertes Lernen und selbstorganisiertes Lernen synonym verwendet.

lich formulierter Arbeitsauftrag ausreiche, damit eine Lerngruppe eine Aufgabe selbstständig bearbeiten könne. Die Erfahrung habe jedoch gezeigt, dass die selbstständige Gruppenarbeit oft nicht erfolgreich verlaufe. In der aktuellen Fachliteratur zur Methodik der Gruppenarbeit seien neue Konzepte entwickelt worden, die Gruppenarbeit mit Phasen der angeleiteten Reflexion und Beratung ergänzten, um den Lernenden bei ihren Lernprozessen Unterstützung zu geben.

Subsegment 5.2: Unterstützung selbstgesteuerter/selbstorganisierter Lernprozesse durch Instruktion (Z. 642-731)

Im Mittelpunkt des Subsegments steht die Beschreibung eines Projekts mit lernbenachteiligten Jugendlichen, die im Rahmen einer außerschulischen Maßnahme ihren Hauptschulabschluss nachholen. Aufgrund negativer schulischer Lernerfahrungen würden die Jugendlichen mit Hilfe der Neuen Medien Internet und E-Mail zum Lernen motiviert. Die Jugendlichen seien dabei zu Beginn mittels Instruktionen in Form von Arbeitsblättern durch die pädagogischen Fachkräfte unterstützt worden, hätten aber bereits Entscheidungsmöglichkeiten bei der Umsetzung gehabt. Die Instruktionen seien im Verlauf des Projektes reduziert worden. Eine Befragung der Jugendlichen habe gezeigt, dass sich die Selbstbestimmung des Lernthemas und des Lerntempos positiv auf deren Einstellung zum Lernen auswirke. Die Projektverantwortlichen seien zu dem Entschluss gekommen, dass selbstgesteuerte oder selbstorganisierte Lernformen von jedem angewendet werden könnten, solange eine entsprechende professionelle Unterstützung der Lernprozesse erfolge.

Subsegment 5.3: Notwendigkeit bedarfsgerechter, an den Lernbiografien orientierter Formen der Unterstützung selbstgesteuerter/selbstorganisierter Lernprozesse (Z. 731-755)

In diesem Subsegment führt Müller ein weiteres Projekt an, in welchem die Projektverantwortlichen – im Vergleich zu dem Beispiel in Subsegment 5.2 – zu einem konträren Ergebnis gekommen seien: Diese hätten behauptet, dass selbstgesteuertes Lernen bei lernschwachen Personen nicht funktionieren würde. Müller führt dieses Ergebnis darauf zurück, dass die Projektverantwortlichen bisher über keine Erfahrungen mit Online-Projekten verfügt hätten. Er habe den Verantwortlichen erklärt, dass der Grad der Selbstorganisation von Lernprozessen sowie die Art und Intensität der Unterstützungsangebote von den Lernbiografien der Lernenden abhänge. Mit Verweis auf Fachliteratur konstatiert Müller, dass es

„rein selbstorganisiertes Lernen" (Z. 749) nicht gebe. Selbstorganisierte oder selbstgesteuerte Lernprozesse benötigten eine professionelle Unterstützung, die den Bedürfnissen der Lernenden entspreche.

Subsegment 5.4: Institutionelle Aufgaben bei selbstgesteuerten/selbstorganisierten Lernprozessen im Internet: Virtuelle Beratung und Begleitung der Lernprozesse (Z. 755-887)

Das Subsegment wird eingeleitet durch eine Nachfrage der Interviewerin. Diese möchte wissen, ob der Informant weitere Praxisbeispiele für selbstorganisiertes Lernen benennen könne. Müller führt daraufhin ein Internetprojekt mit Seniorinnen und Senioren an, die in virtuellen, moderierten Lerngruppen zu bestimmten Themen zusammenarbeiten würden. Die Zielgruppe sei sehr motiviert, habe bei der Gestaltung der virtuellen Lernumgebung aktiv mitgearbeitet und sich dabei mit verschiedenen Gestaltungsmöglichkeiten auseinandergesetzt. Problematisch sei der Mangel an Moderatorinnen und Moderatoren, die für die Begleitung der verschiedenen Lerngruppen benötigt würden. Die Projektverantwortlichen seien zurzeit damit beschäftigt, Bildungseinrichtungen für diese Betreuungsaufgaben zu gewinnen. Die Suche gestalte sich allerdings aufgrund von Finanzierungsschwierigkeiten sowie mangelnden Kompetenzen pädagogischer Fachkräfte zur Unterstützung solcher Lernformen als schwierig.

Segment 6: Zusammenarbeit in Netzwerken: Weiterentwicklung bereits bestehender Kooperationsbeziehungen (Z. 888-930)

Das sechste Segment beginnt mit der Frage der Interviewerin, wie die Projektverantwortlichen versuchten, ihre Projekte bei der Bevölkerung bekannt zu machen. Müller beantwortet diese Frage mit der Einschätzung, dass für die Projekte nicht viel geworben worden sei. Werbung habe vielmehr im Kontext der Gewinnung von Netzwerkpartnerinnen und -partnern stattgefunden, obwohl er die Beobachtung gemacht habe, dass bei der Gründung von Netzwerken bereits Kooperationserfahrungen und Kooperationsbeziehungen zwischen einigen Akteurinnen und Akteuren bestanden hätten. Als Beleg führt der Experte die Vernetzung der Weiterbildungseinrichtungen über deren Landesverbände an. Die Zusammenarbeit mit Bibliotheken, Museen und Kultureinrichtungen gehöre bei den Volkshochschulen bereits zum Standard. Er vermute, dass es im Schulbereich einige Schulen gebe, die nach dem „Prinzip Offene Schule" (Z. 922) arbeiteten und in diesem Kontext über enge Kooperationen mit anderen Einrichtungen verfügten.

Segment 7: Kritik an Universitäten im Rahmen der institutionellen Umsetzung lebenslangen Lernens (Z. 930-963)

Subsegment 7.1: Konstatierung einer Vernachlässigung der subjektbezogenen Forschungsperspektive bei der Umsetzung lebenslangen Lernens durch Universitäten (Z. 930-947)

Nachdem Müller seine Ausführungen zum Thema ‚Öffentlichkeitsarbeit' beendet hat, führt er ein neues, für ihn anscheinend mit einer höheren Relevanz besetztes Thema an. Er weist darauf hin, dass im Mittelpunkt der Projekte, die sich in seinem Zuständigkeitsbereich mit dem lebenslangen Lernen beschäftigten, lediglich die organisationale und nicht die subjektbezogene Untersuchungsperspektive stehe. Dabei kritisiert er die Universitäten, die im Rahmen des Förderprogramms kein Vorhaben beantragt hätten, welches z. B. das Lernverhalten im Kontext des informellen Lernens untersucht hätte.

Subsegment 7.2: Konstatierung einer mangelnden Selbstreflexion der Universitäten bezüglich der Auswirkungen lebenslangen Lernens auf die eigenen Organisationsstrukturen (Z. 948-963)

Es habe ebenfalls kein Vorhaben gegeben, in welchem sich eine Universität selbst als Forschungsgegenstand betrachtet hätte. Zwar seien fast die Hälfte der Projektnehmenden Universitäten, jedoch untersuchten diese anderen Einrichtungen (z. B. Schulen) im Kontext der Umsetzung des lebenslangen Lernens. Müller hätte es begrüßt, wenn eine Universität die institutionellen Auswirkungen lebenslangen Lernens auf die eigenen Organisationsstrukturen untersucht hätte. Für das Nichtzustandekommen eines solchen Projekts sehe er zwei Gründe: Entweder würden die Universitäten diesbezüglich keinen Handlungsbedarf sehen oder wollten sich nicht mit einer weiteren schwierigen Aufgabe belasten.

Segment 8: Notwendigkeit institutioneller Unterstützung beim informellen Lernen (Z. 964-1075)

Subsegment 8.1: Notwendigkeit von Beratung bei der Ermittlung informell erworbener Kompetenzen (Z. 964-1003)

Die Interviewerin möchte wissen, ob Müller Beispiele für die Einbeziehung informellen Lernens in Bildungseinrichtungen benennen könne. Der Interviewpartner berichtet daraufhin über ein Vorhaben, in dessen Mittelpunkt zunächst die Entwicklung einer Dokumentation des Allgemeinwissens sowie des beruflichen Wissens gestanden habe, um diese Wissensdokumentation letztendlich gezielt bei Bewerbungen einsetzen zu können. Aufgrund einer ministeriellen Zuordnungsproblematik sei die gemeinsame Dokumentation von Allgemeinbildung und beruflicher Bildung nicht möglich gewesen, sodass die Projektverantwortlichen sich auf die Dokumentation informellen Lernens konzentriert hätten. Auslöser hierfür sei die große Bedeutung informellen Lernens auf EU-Ebene gewesen. Bei der Erarbeitung seien die Durchführenden zu der Erkenntnis gelangt, dass die Dokumentation informell erworbener Kompetenzen eine Begleitung bzw. Beratung bedürfe, da es für die Lernenden schwierig sei, informell erworbene Kompetenzen selbst zu identifizieren und deren berufliche Relevanz zu bewerten. Aufgrund der notwendigen Begleitung bzw. Beratung sei diese Dokumentation sehr kostenintensiv.

Subsegment 8.2: Konstatierung verborgener strategischer Intentionen bei der Verwendung des Begriffs ‚informelles Lernen' (Z. 1003-1037)

1003	E:	ich sehe nur(') das .. informelle Lernen ahm schätze ich ah
1004		persönlich eben auch als ein ideologisches Beiprodukt an(')
1005	I:	mhm(')
1006	E:	es ist natürlich auch ein Outsourcing von Lernen(.) ah weil man in kleinen
1007		Unternehmen die Leute nicht freistellen kann(') weil sonst die Arbeit nicht
1008		geleistet werden kann(') heißt es(') das lernst du zu Hause oder guckst dir das
1009		beim Kollegen ab(.)
1010	I:	mhm(')
1011	E:	ahm(-) also die .. viele Formen ... die macht man deshalb(') weil man sie nicht
1012		woanders bezahlt kriegt(') und zieht sie dann in seiner Freizeit durch(.)
1013	I:	mhm(')
1014	E:	also in meiner eigenen Biografie(') ich hab mir ein sehr starkes
1015		informationstechnisches Wissen angeeignet(.) ich hab zwar ein
1016		naturwissenschaftliches Studium(') aber zu meiner Zeit gab's keine
1017		Informatik(') und ich konstruiere im Augenblick Homepages selber(') ich
1018		schneide Videos und mach Tonbearbeitungen(') und ah setze die ein ahm im
1019		beruflichen Kontext(.) es wäre nie Geld dazu da gewesen(') wenn ich mir das
1020		hätte in&und auch keine Zeit in&in formalen ah Lehrgängen aneignen müssen(')
1021		also habe ich's mir so nebenher angeeignet(.) ich hab's deshalb getan(') weil's
1022		auch mein&mir Spaß macht(') weil's mein Hobby ist(.)
1023	I:	mhm(')
1024	E:	aber letztlich ist es ahm ja ein bisschen outgesourctes Lernen(.) ich glaube(')
1025		sehr viele Unternehmen profitieren davon(') dass ihre Mitarbeiter eben .. im
1026		Prozess ihres Lebens ihre ah Aktivitäten draußen Dinge aufschnappen(') und

1027		lernen und dann beruflich wied&wieder ein&einbringen(.) also das ist durchaus
1028		eine Gefahr(') dass man&und ja wenn man jetzt das Strategiepapier
1029		Lebenslanges Lernen sieht(') dann wird da sehr stark das Lernen&das informelle
1030		Lernen betont(') und ahm(-) dass was man das Bildungssystem dagegen
1031		vorhalten muss(') damit diese Prozesse ah auch funktionieren können ah(-) wird
1032		weniger betont(.)
1033	I:	mhm(')
1034	E:	also es wäre gefährlich(') wenn wir sagen lebenslanges Lernen(') das heißt am
1035		Schluss brauchen wir gar keine Einrichtungen mehr(') die Leute lernen selber
1036	I:	(gz) mhm(')
1037	E:	und informell und überall(') und das Internet ist ja da und steht alles drin(.)

Mit der Aussage „ich sehe nur(') das .. informelle Lernen ahm schätze ich ah persönlich eben auch als ein ideologisches Beiprodukt an(')" (Z. 1003-1004) nimmt Müller eine Bezweiflung des in der Ausgangsfrage der Interviewerin mitschwingenden bildungspolitischen Mainstreams vor, der das informelle Lernen als ein wichtiges Prinzip für die Umsetzung lebenslangen Lernens betrachtet. Für den Experten sei das informelle Lernen ein „ideologisches Beiprodukt" (Z. 1004). Die Formulierung „ich sehe nur(')" (Z. 1003) deutet dabei an, dass sich der Informant als kritischer Beobachter versteht, der seine persönliche Meinung zum informellen Lernen darlegt. Obwohl er die Bedeutung der Zuschreibung ‚ideologisches Beiprodukt' nicht weiter ausführt, handelt es sich hierbei um einen gehaltvollen Ausdruck mit einer kritischen Konnotation. Die Bezeichnung ‚Beiprodukt' suggeriert, dass das informelle Lernen aus oder neben etwas Anderem erwachsen ist. Hieraus lässt sich die Deutung vornehmen, dass die von Müller konstatierte zunehmende Gewichtung des informellen Lernens in enger Verbindung mit dem Diskurs über das lebenslange Lernen steht. So gewinnt beispielsweise im Faure-Report (1973) das informelle Lernen (neben dem selbstgesteuerten und non-formalen Lernen) als ein wichtiges Prinzip für die Umsetzung lebenslangen Lernens an Tragweite. In den bildungspolitischen Dokumenten, die im Kontext der Revitalisierung des Diskurses über das lebenslange Lernen seit Mitte der 1990er Jahre bis heute veröffentlicht wurden bzw. werden, ist die Einbeziehung informellen Lernens zur Förderung des lebenslangen Lernens ein fester Bestandteil bildungspolitischer Programmatik.[67]

---

[67] Nach Overwien (2005) ist das informelle Lernen auf internationaler Ebene bereits seit Beginn der 80er Jahre ein eingeführter Begriff (vgl. Overwien 2005: 341). Allerdings existiert bisher noch keine einheitliche Definition. In einer aktuellen Definition der Europäischen Kommission handelt es sich beim informellen Lernen um „Lernen, das im Alltag, am Arbeitsplatz, im Familienkreis oder in der Freizeit stattfindet. Es ist (in Bezug auf Lernziele, Lernzeit oder Lernförderung) nicht strukturiert und führt üblicherweise nicht zur Zertifizierung. Informelles Lernen kann Ziel gerichtet sein, ist jedoch in den meisten Fällen nichtintentional (oder inzidentell/ beiläufig)" (Europäische Kommission 2001, 33). Dohmen (2001) schlägt für eine Begriffsbe-

Müller charakterisiert das informelle Lernen nicht nur als Beiprodukt, sondern verwendet zusätzlich das Werturteil „ideologisch" (Z. 1004), was auf die im Subsegment 1.2 bereits herausgearbeitete ideologiekritische Perspektive des Interviewpartners hindeuten kann. Es besteht die Möglichkeit, dass der Experte mit der Zuschreibung ‚ideologisches Beiprodukt' darauf aufmerksam machen möchte, dass es sich bei dem Begriff ‚informelles Lernen' nicht nur um Lernprozesse außerhalb des formalen Bildungssystems handelt, sondern dass mit diesem Begriff auch strategische Intentionen verbunden sind, die jedoch von den jeweiligen Akteurinnen und Akteuren nicht offen dargelegt werden.

In den Zeilen 1006 leitet Müller eine Behauptung aus seiner zuvor geäußerten Bezweiflung ab („es ist natürlich auch ein Outsourcing von Lernen(.)" (Z. 1006). Nachdem er, vermutlich aufgrund seiner eher ideologiekritischen Haltung, den bildungspolitischen Mainstream bezogen auf das informelle Lernen anzweifelt, legt Müller im Rahmen der Behauptungsaktivität sein Verständnis vom informellen Lernen dar. Er formuliert eine strategische Intention, die dem Begriff ‚informelles Lernen' zugrunde liegen kann. Der Interviewpartner verwendet hierbei den ökonomischen Begriff des Outsourcings[68], der in dem verwendeten Kontext die Bedeutung einer bewussten und zielgerichteten Auslagerung bzw. Deinstitutionalisierung von formal organisierten Lernprozessen im Sinne von Veralltäglichung des Lernens einnehmen kann.[69] Der Gebrauch des Adverbs „natürlich" (Z. 1006) als Markierer der Selbstevidenz unterstreicht, dass diese Zuschreibung für Müller selbstverständlich zu sein scheint.

---

stimmung die folgende Definition vor: „(...) der Begriff des informellen Lernens wird auf alles Selbstlernen bezogen, das sich in unmittelbaren Lebens- und Erfahrungszusammenhängen außerhalb des formalen Bildungswesens entwickelt" (Dohmen 2001, 25). Nittel und Seltrecht wenden sich in ihrem Projekt „Lebenslanges Lernen im Kontext lebensbedrohlicher Erkrankungen" von dem stark bildungspolitisch geprägten Begriff des informellen Lernens ab. Sie erarbeiten im Rahmen des Projektes zunächst die folgende Arbeitsdefinition: „Informelles Lernen findet (a) ohne pädagogische Intention (b) in einem sozialen Kontext jenseits der Curricula des Erziehungs- und Bildungswesens statt (Begegnung mit Lerngegenständen, Interaktion mit anderen Personen), wenn (c) das Individuum zu einer lernspezifischen Veränderung (z. B. Aneignung von Wissen, Veränderung von Alltagsroutinen oder Identitätsveränderung) in der Lage ist. Da diese Begriffsdefinition auch Lernprozesse einschließt, die innerhalb pädagogischer Institutionen, aber außerhalb des pädagogisch geplanten Curriculums stattfinden – womit sich dieses Begriffsverständnis von anderen deutlich unterscheidet – wird auf den Begriff des informellen Lernens verzichtet und jeweils zwischen pädagogisch intendierten und nicht pädagogisch intendierten Lernprozessen unterschieden" (Seltrecht 2012: 537).

68 Bei dem Begriff Outsourcing handelt es sich um einen ökonomischen Ausdruck, der den Prozess der Auslagerung von Aufgaben aus einem Unternehmen beschreibt. Die ausgelagerten Aufgaben werden dann mit dem Ziel der Kostenreduzierung von einem externen Dienstleister erbracht (vgl. Wahrig-Burfeind 2006: 1104).

69 Vgl. zur Deinstitutionalisierung des Lernens Arnold & Lermen 2005: 50.

Unter dem Zugzwang des Explizierens erfolgt in den Zeilen 1006 bis 1009 der erste Teil einer längeren Begründungsaktivität. Der Informant begründet das von ihm konstatierte Outsourcing von Lernen, indem er zunächst die berufliche Weiterbildung thematisiert, welche nach Müllers Auffassung in kleinen Unternehmen aufgrund von Zeit- und Kostenfaktoren nicht immer in formalen Bildungsmaßnahmen stattfinden könne. Die Aneignung von für die berufliche Tätigkeit notwendigen Kenntnissen müsse somit von den Arbeitnehmerinnen und Arbeitnehmern in der Freizeit oder am Arbeitsplatz geleistet werden. In dem von Müller dargestellten Kontext kann dies bedeuten, dass sich das informelle Lernen für die Arbeitgeber als sehr attraktiv gestaltet: Die Unternehmen würden vor diesem Deutungshorizont ihre Verantwortung für die adäquate Weiterqualifizierung ihres Personals an die einzelnen Mitarbeiter/-innen delegieren. Dadurch müssten sie weder Investitionen in Personalfortbildungen vornehmen, noch würden für sie Kosten durch fortbildungsbedingten Arbeitskraftausfall entstehen. Dieser Begründung liegt eine gewisse Paradoxie zugrunde. Wenn informelles Lernen entkontextualisiert und nutzbringend für andere Zwecke verwendet wird, verändert sich der Charakter des informellen Lernens: Es wird zielgerichtet und kann zu einem non-formalen oder formalen Lernen werden.[70] Diese Paradoxie wird von Müller jedoch nicht thematisiert.

In den Zeilen 1011 bis 1012 mündet der Experte unter dem Zugzwang des Abstrahierens und Subsumierens in den zweiten und letzten Teil seiner Begründungsaktivität. Während Müller sein Argument in den Zeilen 1006 bis 1009 auf das konkrete Beispiel kleiner Unternehmen bezieht, leitet er daraus nun ein generelles Begründungsprinzip ab: Nach Müller gebe es „viele Formen" (Z. 1011) des Lernens, die die Menschen in ihrer Freizeit durchführten. Er benennt diese in seiner Argumentation jedoch nicht.[71] Die Verwendung des Indefinitpronomens „man" (vgl. Z. 1011) weist auf einen Wechsel in der Betrachtungsperspektive hin. Hatte Müller zuvor seine Erläuterungen auf kleine Unternehmen bezogen, so evoziert die Verwendung des Indefinitpronomens die Lesart, dass Menschen generell in ihrer Freizeit lernten, da sie die Kosten für eine Fortbildung „woanders" (Z. 1012) nicht bezahlt bekämen. Das Adverb ‚woanders' kann dabei als Synonym für eine Finanzierung beispielsweise durch Arbeitgeber, Förderprogramme etc. stehen. Vor diesem Hintergrund scheinen sich die Lernenden aufgrund einer fehlenden Finanzierung beruflicher Weiterbildungsangebote durch

---

70 Unter non-formalen Lernen kann jede Art des (selbst oder von anderen organisierten) Lernens, das nicht zu anerkannten Abschlüssen und Zertifikaten führt, verstanden werden, während das formale Lernen ein in Bildungseinrichtungen initiiertes, planmäßig strukturiertes Lernen darstellt, das zu anerkannten Abschlüssen und Zertifikaten führt (vgl. Dohmen 1996: 29).

71 Dies könnte z. B. Computer-Based-Training, Web-Based-Training etc. im Kontext des selbstgesteuerten Lernens sein.

beispielsweise Arbeitgeber oder Förderprogramme für das Aneignen von (beruflichem) Wissen in ihrer Freizeit im Rahmen informeller Lernsettings zu entscheiden.

Die Grundaktivität des Belegens beginnt in der Zeile 1014 und endet in der Zeile 1024. Es handelt sich hierbei um einen internen Beleg in Form einer Beschreibung eines Teilbereichs von Müllers Lernbiografie und darin eingebettet die Thematisierung der Nutzung des in „nicht pädagogisch intendierten Lernprozessen" (Seltrecht 2012, 537) erworbenen Wissens im beruflichen Kontext. Die Ausführungen in den Zeilen 1014 bis 1021 unterliegen dem Kondensierungs- und Detaillierungszwang. Durch die Belegbeschreibung verdeutlicht der Informant, dass auch er sich berufsrelevantes Wissen nicht nur über geplante Personalentwicklungsmaßnahmen („formalen ah Lehrgängen", Z. 1020) angeeignet habe. Wie im Rahmen seiner Begründungsaktivität dargelegt, scheint auch bei Müller der Kosten- und Zeitfaktor eine ausschlaggebende Rolle bei der Auswahl geeigneter Lernsettings gespielt zu haben. Daher sei in seinem Fall ebenfalls die kosten- und zeitsparendere Alternative die Aneignung des relevanten Wissens „nebenher" (Z. 1021) gewesen. Das Adverb ‚nebenher' drückt dabei aus, dass die Aneignung des Wissens wahrscheinlich zeitgleich mit etwas anderem, dem eine höhere Priorität zugeschrieben wurde bzw. das mehr Zeit in Anspruch genommen hat, erfolgte. Dies kann bedeuten, dass die Wissensaneignung neben der beruflichen Tätigkeit am Arbeitsplatz und/oder in der Freizeit stattgefunden hat. In den Zeilen 1021 bis 1022 wirkt im Rahmen der Belegaktivität der Gestaltschließungszwang. Der Experte schließt hier seine biografische Belegbeschreibung ab. Dabei führt er an, dass er sich nicht nur aufgrund des Kosten- und Zeitfaktors für das Lernen in nicht pädagogisch gerahmten Settings entschieden habe, sondern das von ihm zuvor beschriebene Themengebiet mache ihm „Spaß" (Z. 1022) und sei sein „Hobby" (Z. 1022). Dieser Hinweis lässt vermuten, dass bei Müller eine enge Passung zwischen Hobby und beruflicher Tätigkeit vorherrscht. Diese kann die Aneignung (beruflichen) Wissens in der Freizeit erleichtern und dazu führen, dass das Lernen beruflichen Wissens außerhalb der Arbeitszeit und außerhalb pädagogisch gerahmter Settings nicht mit dem Verlust von Freizeit assoziiert wird.

In den Zeilen 1024 bis 1037 formuliert der Interviewpartner eine längere Konklusion, die sich thematisch in drei Teile gliedern lässt: Zunächst fasst er das bisher in der Belegaktivität Gesagte in einer Wiederholung der Ausgangsbehauptung zusammen („aber letztlich ist es ahm ja ein bisschen outgesourcetes Lernen(.)" Z. 1024). Die Wiederholung der Ausgangsbehauptung in Form einer Konklusion deutet darauf hin, dass Müller den von ihm angeführten internen Beleg ebenfalls als einen aus dem Unternehmen ausgelagerten Lernprozess empfindet. Allerdings bewirkt die Verwendung des Indefinitpronomens „ein bisschen" (Z. 1024) eine Abtönung des Bedeutungsumfanges des „outgesourcten Lernens". Dies kann auf die Vermischung der Beweggründe für die informelle Aneignung von Wissen seitens des Informanten verweisen. Die informelle Aneignung kam, so Müllers Darstellung, sowohl seiner beruflichen Tätigkeit als auch seinem persönlichen Hobby zugute.

In den Zeilen 1024 bis 1027 erfolgt der zweite Teil der Konklusion. Hier nimmt der Interviewpartner erneut eine utilitaristische Haltung ein (vgl. hierzu auch Subsegment 4.2 und 4.3), indem er auf den Aspekt des Nutzens fokussiert. Nach Müller stelle das informelle Lernen der Mitarbeiter/-innen einen Vorteil für die Unternehmen dar, da seines Erachtens das so erworbene Wissen durch die Anwendung im beruflichen Kontext in die Unternehmen einfließe.

Daran anschließend führt der Experte den dritten und letzten Teil der Konklusion an, der als eine Schlussfolgerung der beiden zuvor getätigten Teilkonklusionen bezeichnet werden kann. Müller beginnt diesen letzten Abschnitt mit dem Hinweis auf eine „Gefahr" (Z. 1028), die er allerdings nicht sofort erläutert. Er unterbricht den Hinweis, um mit einem schnellen Anschluss eine Hintergrundkonstruktion einzufügen (vgl. Z. 1028-1032). Die Funktion der Hintergrundkonstruktion scheint darin zu liegen, Hintergrundinformationen zum besseren Verständnis der nachfolgenden Gefahrendarstellung zu geben und dieser einen stärkeren Nachdruck zu verleihen. Der Interviewpartner führt hierbei einen Perspektivenwechsel durch. Steht zuvor der Unternehmensprofit beim informellen Lernen im Vordergrund seiner Argumentation, so fokussiert er nun die Bildungspolitik. Diese messe in aktuellen handlungsleitenden Dokumenten („Strategiepapier Lebenslanges Lernen"[72], Z. 1028-1029) dem informellen Lernen eine wachsende Bedeutung zu. Das formale Bildungssystem hingegen, das nach Einschätzung des Experten informelle Lernprozesse unterstützen müsste, erhalte eine geringere Aufmerksamkeit vonseiten der Bildungspolitik. An dieser Stelle wird deutlich, dass der Experte das informelle Lernen nicht völlig losgelöst von formalen Lernkontexten versteht. Der Informant scheint der Meinung zu sein, dass die Bildungseinrichtungen Grundlagen vermitteln und Unterstützungsstrukturen aufbauen müssten, damit informelles Lernen erfolgreich verlaufen kann. Er führt jedoch keine Beispiele dafür an, wie das Bildungssystem diesbezügliche Lernprozesse unterstützen könnte. Nach Beendigung der Hintergrundinformation erläutert der Informant schließlich in den Zeilen 1034 bis 1037 die Gefahr, („also

---

72   Es handelt sich hierbei um das bildungspolitische Dokument der Bund-Länder-Kommission „Strategie für lebenslanges Lernen in der Bundesrepublik Deutschland" aus dem Jahr 2004. Die in diesem Dokument dargestellte Strategie orientiert sich sowohl an den Lebensphasen des Menschen sowie an Entwicklungsschwerpunkten für lebenslanges Lernen. Zu den Entwicklungsschwerpunkten der Strategie gehören: Einbeziehung informellen Lernens, Selbststeuerung, Kompetenzentwicklung, Vernetzung, Modularisierung, Lernberatung, neue Lernkultur, Popularisierung des Lernens, chancengerechter Zugang (vgl. BLK 2004: 5).

es wäre gefährlich(') wenn wir sagen lebenslanges Lernen(') das heißt am
Schluss brauchen wir gar keine Einrichtungen mehr(') die Leute lernen selber
und informell und überall(') und das Internet ist ja da und steht alles drin(.)").
Der Experte vollzieht hierbei erneut einen Perspektivenwechsel. Verwendet er
bei der Andeutung einer Gefahr in Zeile 1028 das Indefinitpronomen „man" als
Markierer der Generalisierung, gebraucht er nun das Personalpronomen „wir"
(Z. 1034), möglicherweise im Sinne eines inklusiven Wir, um eine gesellschaftliche Perspektive zu verdeutlichen. Eine potenzielle Gefahr besteht seines Erachtens in einem Bedeutungsverlust der formalen Bildungseinrichtungen in ihrer
Funktion als Lernort im Kontext der Umsetzung lebenslangen Lernens, da Wissensaneignung durch informelles Lernen auch überall außerhalb des Bildungssystems (z. B. mittels des Mediums Internet) stattfinden könne. Auffällig ist,
dass der Interviewpartner hier nicht nur vom informellen, sondern vom lebenslangen Lernen spricht. Ein Grund hierfür könnte sein, dass das informelle Lernen
in den bildungspolitischen Dokumenten ein Unterbegriff des lebenslangen Lernens darstellt. Die Verwendung des Oberbegriffs ‚lebenslanges Lernen' könnte
in diesem Zusammenhang verdeutlichen, dass die von ihm geschilderte Gefahr
nicht nur im Diskurs über das informelle Lernen, sondern auch im Diskurs über
das lebenslange Lernen implizit enthalten sein könnte. Die Thematisierung einer
Gefahr an dieser Stelle kann auf die ideologiekritische Perspektive des Experten
zurückgeführt werden. Mit der Thematisierung einer potenziellen Gefahr des
Überflüssigwerdens von Bildungsorganisationen konstruiert Müller ein Konkur-
renzverhältnis zwischen informellem und formalem Lernen. Diese Prognose
steht im Gegensatz zum offiziellen bildungspolitischen Diskurs, in welchem
informelles Lernen komplementär zum formalen Lernen gesehen wird.

Betrachtet man den argumentativen Verlauf in diesem Subsegment, so kann
konstatiert werden, dass Müller vermutlich aufgrund seiner eher ideologiekritischen Haltung dem Thema informelles Lernen distanziert kritisch gegenüber
steht. In dieser Haltung könnte auch der Grund dafür liegen, dass der Experte der
Förderung informellen Lernens verborgene strategische Intentionen attestiert.
Dabei schreibt er den Unternehmen eine strategische Verwendung des informellen Lernens zu. Folgt man Müllers Argument, so scheint die strategische Intention dabei in der Erwartung einer Kostenreduktion bei formalen Qualifizierungs-
maßnahmen zu liegen.

Argumentationsanalytisch ist interessant, dass der Informant erst hier im
zweiten Subsegment mit seiner Bezweiflungsaktivität beginnt und dadurch seine
kritische Haltung dem informellen Lernen gegenüber verdeutlicht. Dies kann
darin begründet liegen, dass Müller im ersten Subsegment zunächst der Aufforderung der Interviewerin folgt und über ein Projekt zum informellen Lernen
berichtet, um anschließend im zweiten Subsegment seinen eigenen Relevanz-

strukturen und Wirklichkeitskonzeptionen zu folgen und auf die seines Erachtens verborgenen strategischen Intentionen bei der Verwendung des informellen Lernens aufmerksam zu machen. Eingebettet in die Hintergrundkonstruktion in den Zeilen 1028 bis 1032 verwendet Müller ein Argument aus der Autorität[73], da er der Meinung zu sein scheint, dass die von ihm formulierte Gefahr des Überflüssigwerdens von Weiterbildungseinrichtungen implizit in dem von ihm angeführten Dokument enthalten sein könnte. Die Fokussierung der Bildungspolitik begünstige seines Erachtens die Deinstitutionalisierung des Lernens, ohne zu berücksichtigen, dass für die Gewährleistung, Reflexion und Verarbeitung informeller Lernprozesse institutionelle Unterstützungsstrukturen aufgebaut werden müssten.[74]

Verfolgt man Müllers Argumentation im nachfolgenden dritten Subsegment, so wird deutlich, dass der Interviewte durch die Prognose einer potenziellen Gefahr einen argumentativen Spannungsbogen erzeugt. Diesen Spannungsbogen löst er zu Beginn des Subsegments 8.3 durch die Grundaktivität des Bestreitens auf Basis selbstgemachter Beobachtungen wieder auf. Bestehende Erfahrungen aus der Praxis zeigten, dass Bildungseinrichtungen eine wichtige Unterstützungsfunktion beim informellen Lernen besäßen. Mittels dieser Argumentationspraktik verdeutlicht Müller seine Grundhaltung, nämlich dass das informelle Lernen institutionelle Unterstützung benötige und grenzt sich damit gleichzeitig wieder von der von ihm prognostizierten Gefahr eines Überflüssigwerdens von Bildungseinrichtungen hervorgerufen durch bildungspolitische Dokumente ab.

Subsegment 8.3: Unterstützung informeller Lernprozesse durch Vermittlung von Techniken zur Wissenserschließung (Z. 1038-1075)

Müller bestreitet die im vorherigen Subsegment von ihm geäußerte Perspektive einer potenziellen Gefahr des Überflüssigwerdens von Weiterbildungseinrichtungen durch die Nutzung neuer Lernorte und Lernformen. Er belegt dies durch zwei kontrastive Beispiele, die aufzeigen, dass sowohl „Bildungsbenachteiligte" (Z. 1038) als auch Studierende Schwierigkeiten bei der Nutzung des Internets zu

---

73   Ein Argument aus der Autorität ist ein „Induktives Argument, bei dem eine Konklusion mit dem Hinweis begründet wird, diese Konklusion werde durch eine bestimmte Person, Institution, Schrift etc. behauptet; das Argument aus der Autorität ist nur dann korrekt, wenn u.a. die Person, Institution, Schrift etc. verlässlich ist und die Konklusion in ihren Kompetenzbereich fällt" (Bayer 1999: 229).

74   Auf diese Gefahr verweisen auch Arnold und Lermen: „Mit dieser Überbetonung der Selbstständigkeit der Lernenden wächst allerdings die Gefahr, die Notwendigkeit von Institutionalisierung, Didaktisierung und Professionalität zu unterschätzen" (Arnold & Lermen 2005: 50).

Recherchezwecken hätten. Die Beispiele würden zeigen, dass für die Nutzung des Internets als Lernort ein spezifisches Wissen benötigt werde, welches eine effektive und effiziente Internetrecherche ermögliche. Daher müsse in formalen Lehrveranstaltungen die Fähigkeit zum informellen und selbstorganisierten Lernen gefördert werden. Bei Bedarf müssten die Lehrenden entsprechende Techniken zur Wissenserschließung vermitteln, welche von den Lernenden im Kontext informeller Lernprozesse angewendet werden könnten. Dabei benötigten Lernende mit wenigen Lernerfahrungen eine intensivere Unterstützung.

Segment 9: Unterstützung individueller Lernprozesse durch Schaffung adäquater ‚Lernumgebungen' (Z. 1076-1138)

Subsegment 9.1: Mangelndes Bewusstsein für und Wissen über Gestaltung von Lernumgebungen seitens der pädagogischen Fachkräfte (Z. 1076-1122)

Die Interviewerin knüpft an Müllers Ausführungen im vorherigen Subsegment an und erfragt seine Einschätzung, ob in den Bildungseinrichtungen bereits Techniken zur Wissenserschließung vermittelt würden. Der Interviewpartner ist der Auffassung, dass die Vermittlung von entsprechenden Techniken in der pädagogischen Praxis noch nicht in ausreichendem Maße stattfinde. Als Beleg führt er ein Beispiel aus seiner eigenen Berufspraxis an. Er habe feststellen müssen, dass den Lehrtätigen das notwendige Bewusstsein für und Wissen über entsprechende „Lernumgebungen" (Z. 1089), die dem individuellen Lernen Unterstützungsmöglichkeiten böten, fehle. Die Entwicklung bedarfsgerechter Lernumgebungen zur Unterstützung individueller Lernprozesse benötige eine intensive Vorbereitung, sodass die pädagogischen Fachkräfte während des Kurses eher eine beratende Funktion innehätten.

Subsegment 9.2: Abhängigkeit individueller Lernprozesse am Arbeitsplatz von organisationalen Strukturen (Z. 1122-1138)

In diesem Subsegment thematisiert Müller die Ermöglichung von Lernen am Arbeitsplatz. Müller ist der Meinung, dass es Betriebe gebe, die diesbezüglich sehr gute Modelle umsetzen würden. Hier sei ein Lernen am Arbeitsplatz möglich, da entsprechende Strukturen geschaffen worden seien. Bei einem Fehlen entsprechender Strukturen sei ein Lernen am Arbeitsplatz nicht möglich. Das Wissen über die Gestaltung entsprechender Strukturen zur Ermöglichung ver-

schiedener Lernmöglichkeiten am Arbeitsplatz sei noch nicht ausreichend verbreitet.

Segment 10: Aufgaben und Probleme von Bildungseinrichtungen bei der
bildungsbereichsübergreifenden Umsetzung lebenslangen Lernens (Z. 1139-
1221)

Subsegment 10.1: Institutionelle Umsetzung lebenslangen Lernens als ein bereits
existierender Bestandteil des Aufgabenspektrums vieler Weiterbildungseinrichtungen (Z. 1139-1158)

Das Subsegment beginnt mit einer Frage der Interviewerin, die von dem Experten wissen möchte, welche Aufgaben mit der institutionellen Umsetzung lebenslangen Lernens auf die Weiterbildungseinrichtungen zukommen würden. Der
Informant ist der Auffassung, dass die Aufgaben vielen Weiterbildungseinrichtungen bereits bekannt seien. Um seine Aussage zu belegen, führt er als Beispiel
die Volkshochschulen an, die seit geraumer Zeit nicht mehr vollständig staatlich
subventioniert würden, sondern über teilnehmerorientierte Bildungsangebote
eigene finanzielle Mittel einnehmen würden. Nach Müllers Einschätzung würden
all jene Weiterbildungsorganisationen, die auf dem momentanen Weiterbil-
dungsmarkt bestehen könnten, teilnehmerorientierte Bildungsangebote anbieten.

Subsegment 10.2: Institutionelle Umsetzung lebenslangen Lernens als Problem
der Hochschulen (Z. 1158-1170)

Während Müller im vorangegangenen Subsegment darlegt, dass die institutionelle Umsetzung lebenslangen Lernens bei Weiterbildungseinrichtungen bereits
funktioniere, führt er nun die Hochschulen an. Diese bezeichnet er als „Tanker"
(Z. 1158), die bei der institutionellen Umsetzung lebenslangen Lernens Schwierigkeiten hätten. Die Hochschuldidaktik sei sehr schlecht und entspreche nicht
seiner Vorstellung von teilnehmerorientierten Bildungsangeboten. Als Beispiel
führt er Massenvorlesungen zur VWL sowie Tutorien an, die den Studierenden
keine Reflexionsmöglichkeiten bieten würden.

Subsegment 10.3: Forderung flexibler Zugänge zu Bildungsinhalten an Hochschulen durch Modularisierung (Z. 1170-1187)

Der Experte thematisiert in diesem Subsegment die Einführung von Bachelor-
und Masterstudiengängen, die neue Anforderungen an die Universitäten stellen
würden: Bildungsinhalte müssten neu überdacht werden und eine Modularisie-

rung der Lerninhalte würde erfolgen. Müller vertritt die Meinung, dass bei der Umsetzung dieser hochschulpolitischen Reform die Möglichkeit eines Veränderungsprozesses der Universitäten bestehe. Hierbei sieht der Informant jedoch ein erneutes Problem. Seiner Meinung nach sollte die Modularisierung außeruniversitären Lerninteressierten die Möglichkeit bieten, bei kurzfristigem Bedarf universitäre Lehrveranstaltungen in Anspruch zu nehmen. Fachlogischer Aufbau und wissenschaftlicher Anspruch bei der Modulkonzeption verhindere jedoch diese von ihm favorisierte Funktion. Während bei den Universitäten noch Handlungsbedarf bei der flexiblen Öffnung von Bildungsmodulen bestehe, würden „lernende Einrichtungen" (Z. 1186) diese Anforderungen bereits umsetzen.

Subsegment 10.4: Feststellung einer Diskrepanz zwischen Verordnung von und Bereitschaft zur Vernetzung der Universitäten mit anderen Einrichtungen und deren Bearbeitung (Z. 1187-1221)

Müller konstatiert einen Handlungsbedarf bei der Vernetzung der Universitäten mit anderen Einrichtungen: Die Bereitschaft zur Vernetzung müsse noch geschaffen werden. Ferner müsse sie auf verschiedenen Ebenen angegangen werden. Als Beispiel führt der Experte die Praktikumsphasen während des Studiums an. Es müssten Kooperationsvereinbarungen mit Praktikumseinrichtungen entwickelt werden, in welchen die jeweiligen Aufgaben und Zuständigkeiten festgehalten würden, sodass die Studierenden berufsrelevante Tätigkeiten während des Praktikums kennenlernen könnten. Müller ist der Auffassung, dass entsprechende Kooperationsmodelle noch nicht entwickelt worden seien; durch Vorgaben im Curriculum könnten diese aber verlangt werden. Diese Aussage revidiert der Interviewpartner, indem er anmerkt, dass eine verordnete Vernetzung zu einer nicht wünschenswerten bürokratischen Umsetzung führen könnte. Um den Widerspruch zwischen Verordnung von und Bereitschaft zur Vernetzung aufzuheben, greift Müller auf den Begriff der Lernkultur zurück. Die Bereitschaft zur Vernetzung sei unter Umständen eine Frage der Veränderung von Lernkulturen.

Segment 11: Didaktische Aspekte der institutionellen Umsetzung lebenslangen Lernens (Z. 1222-1295)

Subsegment 11.1: Wissensvermittlung durch bedarfsorientierte Kombination traditioneller Lehrmethoden mit Arbeitsformen zur Unterstützung individueller Lernprozesse   (Z. 1222-1270)

Das Subsegment wird mit einer Frage der Interviewerin eingeleitet, die wissen möchte, wie im Kontext der institutionellen Umsetzung lebenslangen Lernens die Neuausrichtung des Selbstverständnisses und der Rolle der Lehrtätigen aussehen sollte. Müller erklärt, dass für ihn die Neuausrichtung der Rolle auf Basis reformpädagogischer Überlegungen erfolgen müsse. Darunter versteht er, dass die Lehrtätigen mit den Lernenden kooperieren, diese ernst nehmen und gemeinsam mit diesen an Themen arbeiten sollten. Dabei müssten die Lehrtätigen berücksichtigen, dass sowohl der traditionelle Vortrag als auch Arbeitsformen zur Unterstützung des selbstorganisierten Lernens in der pädagogischen Praxis ihre Berechtigung hätten. Sie müssten in der Lage sein, didaktische Mittel flexibel im Lehr-Lernprozess anzuwenden. Nach Müllers Einschätzung muss die mikrodidaktische Planung vonseiten der Lehrtätigen optimiert werden.

Subsegment 11.2: Negative Vorbildfunktion der Hochschuldidaktik und deren Auswirkungen auf die pädagogische Praxis im Weiterbildungsbereich (1271-1295)

Müller konstatiert, dass Fachlehrende ohne pädagogische Grundausbildung („Ingenieur", Z. 1273) aufgrund mangelnder didaktischer Kenntnisse zu einer Wissensvermittlung durch Belehrung neigen würden. Er ist der Meinung, dass diese Gruppe von Lehrtätigen die mangelhafte Hochschuldidaktik, die diese während ihrer akademischen Grundausbildung erfahren hätten, auf die eigene berufliche Praxis übertragen würden. Für den Interviewpartner müssten Fachdozierende ohne pädagogische Grundausbildung bei der Aneignung von didaktischem Wissen Unterstützung erhalten. Dies könne erreicht werden, indem sich die Universitäten „dem lebenslangen Lernen und seinen Lehrprinzipien" (Z. 1294) öffnen würden.

Segment 12: Institutionalisierung lebenslangen Lernens: ein unendlicher Prozess (Z. 1296-1325)

Die Interviewerin erfragt die Einschätzung des Experten, in welchem Zeitraum die Institutionalisierung lebenslangen Lernens als abgeschlossen betrachtet werden könne. Müller erklärt, dass diese ein dauerhafter Prozess sei, der nicht abgeschlossen werden könne. Bildung unterliege dem ständigen Einfluss unterschiedlicher Faktoren. Die Forderung eines hohen Bildungsniveaus in allen gesellschaftlichen Milieus sowie der Einbezug älterer Menschen in Arbeits- und Lernprozesse stellten eine Herausforderung für das Bildungssystem dar. Ferner müsse das Bildungssystem wegen des steigenden ökonomischen Drucks im Kontext der Globalisierung effizient und flexibel gestaltet werden. Aufgrund der angeführten Beispiele ist der Experte der Meinung, dass die Institutionalisierung lebenslangen Lernens nicht abzuschließen sei.

Segment 13: Subventionierung der frühkindlichen Förderung bei gleichzeitiger Privatisierung der Hochschulen (Z. 1326-1383)

Das letzte Segment beginnt mit der Frage der Interviewerin, die von dem Experten abschließend wissen möchte, wie das lebenslange Lernen in den einzelnen Lebensphasen zu finanzieren sei. Müller ist der Meinung, dass eine Umverteilung der finanziellen Ressourcen erfolgen müsse. Es müssten mehr Investitionen in die Frühförderung von Kindern getätigt werden, während die Universitäten bzw. Hochschulen zu privatisieren seien. Personen mit hohem akademischen Abschluss und hohem Einkommen sollten ihre Ausbildungskosten rückwirkend erstatten. Die Wissenschaft zeige, dass die frühkindliche Phase eine wichtige Funktion bei der Förderung von Lernfähigkeit sowie dem Wecken von Neugierde und Motivation einnehme. Die PISA-Studie habe erneut gezeigt, dass in diesem Bereich und insbesondere für sozialbenachteiligte Familien und Familien mit Migrationshintergrund zu wenig getan werde. Ferner müsse die Erzieherinnenausbildung akademisiert werden. Dabei reflektiert er, dass durch eine Akademisierung nicht gleichzeitig eine höhere Qualität der zu leistenden Arbeit bewirkt werden könne. Der Experte glaubt, dass die frühkindliche Förderung eine zentrale Funktion im Bildungssystem einnehme, da die Bearbeitung von Spätfolgen einer mangelnden Frühförderung kostenintensiv sei, wie ein Praxisprojekt gezeigt habe. Das Bildungssystem berücksichtige diese Entwicklungen nach Auffassung des Experten noch nicht in ausreichendem Maße. Eine entsprechende politische Lösung, die eine Umverteilung finanziellen Ressourcen berücksichtige, werde seines Erachtens durch die politischen Akteurinnen und Akteure selbst behindert. Müller beendet das Thema mit der Kritik, dass die berufliche Qualifizierung zum Meister sehr kostenintensiv, während ein Studium kostenlos sei.

Segment 14: Interviewabschluss (Z. 1384-1387)

Das vierzehnte Segment beinhaltet die Abschlusssequenz des Interviews mit der Danksagung der Interviewerin.

5.3 Zentrale Argumentationsschemata und Befunde des offenen Kodierens

Subsegment 1.2: Lebenslanges Lernen: eine absolute Metapher (Z. 71 - 101)

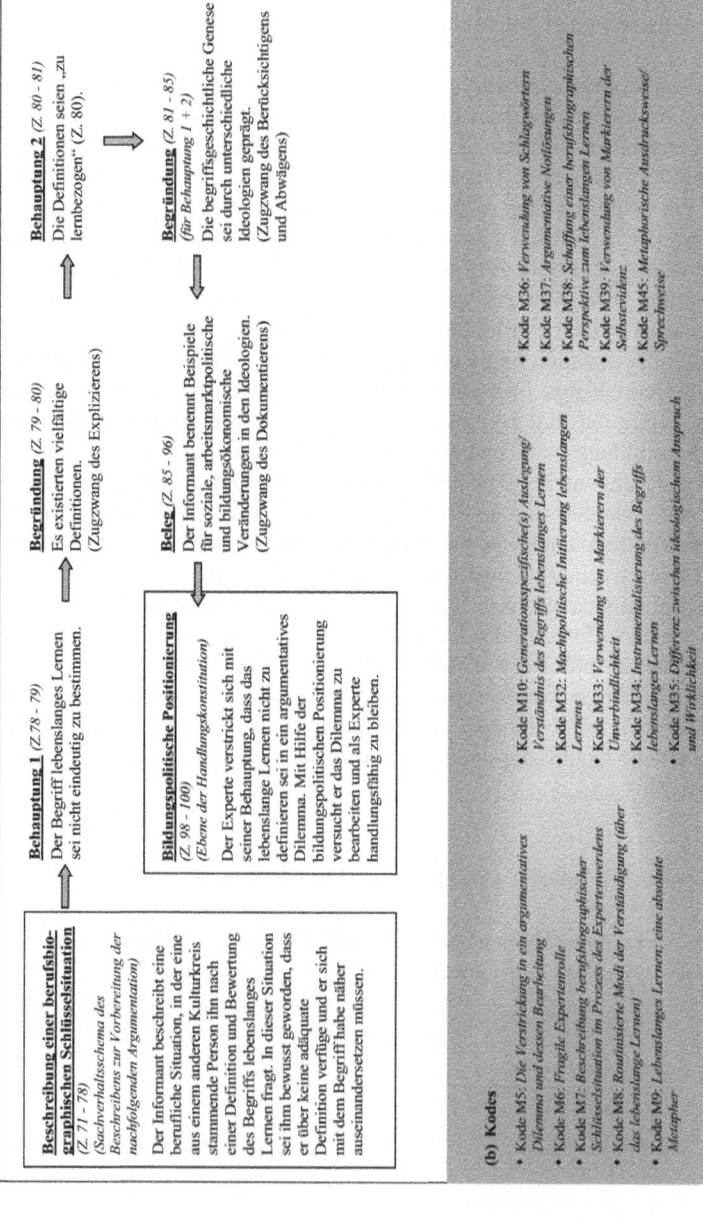

Beschreibung einer berufsbiographischen Schlüsselsituation (Z. 71 - 78)
(Sachverhaltsschema des Beschreibens zur Vorbereitung der nachfolgenden Argumentation)

Der Informant beschreibt eine berufliche Situation, in der eine aus einem anderen Kulturkreis stammende Person ihn nach einer Definition und Bewertung des Begriffs lebenslanges Lernen fragt. In dieser Situation sei ihm bewusst geworden, dass er über keine adäquate Definition verfüge und er sich mit dem Begriff habe näher auseinandersetzen müssen.

Behauptung 1 (Z. 78 - 79)
Der Begriff lebenslanges Lernen sei nicht eindeutig zu bestimmen.

Begründung (Z. 79 - 80)
Es existierten vielfältige Definitionen.
(Zugzwang des Explizierens)

Behauptung 2 (Z. 80 - 81)
Die Definitionen seien „zu lernbezogen" (Z. 80).

Bildungspolitische Positionierung (Z. 98 - 100)
(Ebene der Handlungskonstitution)
Der Experte verstrickt sich mit seiner Behauptung, dass das lebenslange Lernen nicht zu definieren sei in ein argumentatives Dilemma. Mit Hilfe der bildungspolitischen Positionierung versucht er das Dilemma zu bearbeiten und als Experte handlungsfähig zu bleiben.

Beleg (Z. 85 - 96)
Der Informant benennt Beispiele für soziale, arbeitsmarktpolitische und bildungsökonomische Veränderungen in den Ideologien.
(Zugzwang des Dokumentierens)

Begründung (Z. 81 - 85)
(für Behauptung 1 + 2)
Die begriffsgeschichtliche Genese sei durch unterschiedliche Ideologien geprägt.
(Zugzwang des Berücksichtigens und Abwägens)

(b) Kodes

- Kode M5: *Die Verstrickung in ein argumentatives Dilemma und dessen Bearbeitung*
- Kode M6: *Fragile Expertenrolle*
- Kode M7: *Beschreibung berufsbiographischer Schlüsselsituation im Prozess des Expertenwerdens*
- Kode M8: *Routinisierte Modi der Verständigung (über das lebenslange Lernen)*
- Kode M9: *Lebenslanges Lernen: eine absolute Metapher*

- Kode M10: *Generationsspezifische(s) Auslegung/ Verständnis des Begriffs lebenslanges Lernen*
- Kode M32: *Machtpolitische Initiierung lebenslangen Lernens*
- Kode M33: *Verwendung von Markierern der Unverbindlichkeit*
- Kode M34: *Instrumentalisierung des Begriffs lebenslanges Lernen*
- Kode M35: *Differenz zwischen ideologischem Anspruch und Wirklichkeit*

- Kode M36: *Verwendung von Schlagwörtern*
- Kode M37: *Argumentative Notlösungen*
- Kode M38: *Schaffung einer berufsbiographischen Perspektive zum lebenslangem Lernen*
- Kode M39: *Verwendung von Markierern der Selbstevidenz*
- Kode M45: *Metaphorische Ausdrucksweise/ Sprechweise*

Subsegment 1.3: Konstatierung eines nicht vorhandenen einheitlichen Verständnisses vom lebenslangen Lernen bei pädagogischen Fachkräften (Z. 102 - 140)

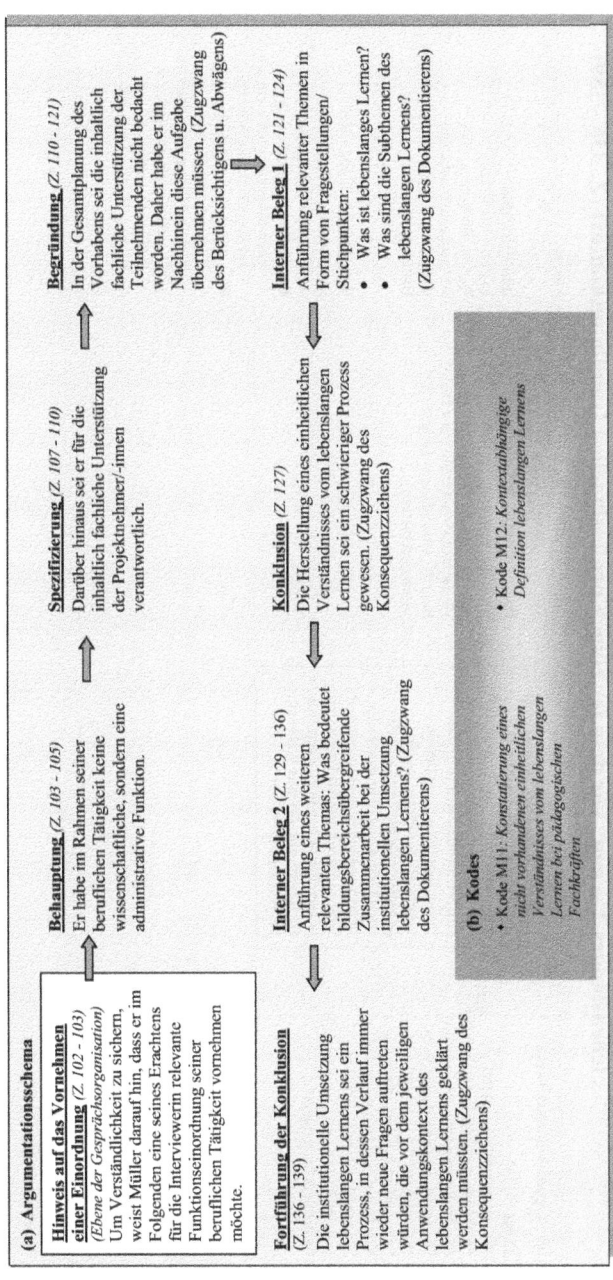

(a) Argumentationsschema

Hinweis auf das Vornehmen einer Einordnung (Z. 102 - 103)
(Ebene der Gesprächsorganisation)
Um Verständlichkeit zu sichern, weist Müller darauf hin, dass er im Folgenden eine seines Erachtens für die Interviewerin relevante Funktionseinordnung seiner beruflichen Tätigkeit vornehmen möchte.

Behauptung (Z. 103 - 105)
Er habe im Rahmen seiner beruflichen Tätigkeit keine wissenschaftliche, sondern eine administrative Funktion.

Spezifizierung (Z. 107 - 110)
Darüber hinaus sei er für die inhaltlich fachliche Unterstützung der Projektnehmer/-innen verantwortlich.

Begründung (Z. 110 - 121)
In der Gesamtplanung des Vorhabens sei die inhaltlich fachliche Unterstützung der Teilnehmenden nicht bedacht worden. Daher habe er im Nachhinein diese Aufgabe übernehmen müssen. (Zugzwang des Berücksichtigens u. Abwägens)

Interner Beleg 1 (Z. 121 - 124)
Anführung relevanter Themen in Form von Fragestellungen/ Stichpunkten:
• Was ist lebenslanges Lernen?
• Was sind die Subthemen des lebenslangen Lernens?
(Zugzwang des Dokumentierens)

Interner Beleg 2 (Z. 129 - 136)
Anführung eines weiteren relevanten Themas: Was bedeutet bildungsbereichsübergreifende Zusammenarbeit bei der institutionellen Umsetzung lebenslangen Lernens? (Zugzwang des Dokumentierens)

Konklusion (Z. 127)
Die Herstellung eines einheitlichen Verständnisses vom lebenslangen Lernen sei ein schwieriger Prozess gewesen. (Zugzwang des Konsequenzziehens)

Fortführung der Konklusion (Z. 136 - 139)
Die institutionelle Umsetzung lebenslangen Lernens sei ein Prozess, in dessen Verlauf immer wieder neue Fragen auftreten würden, die vor dem jeweiligen Anwendungskontext des lebenslangen Lernens geklärt werden müssten. (Zugzwang des Konsequenzziehens)

(b) Kodes

• Kode M11: *Konstatierung eines nicht vorhandenen einheitlichen Verständnisses vom lebenslangen Lernen bei pädagogischen Fachkräften*

• Kode M12: *Kontextabhängige Definition lebenslangen Lernens*

Subsegment 3.1: Forderung einer kontinuierlichen fachlichen Auseinandersetzung mit dem Begriff „lebenslanges Lernen" vor dem jeweiligen professionellen Handlungskontext (Z. 336 - 359)

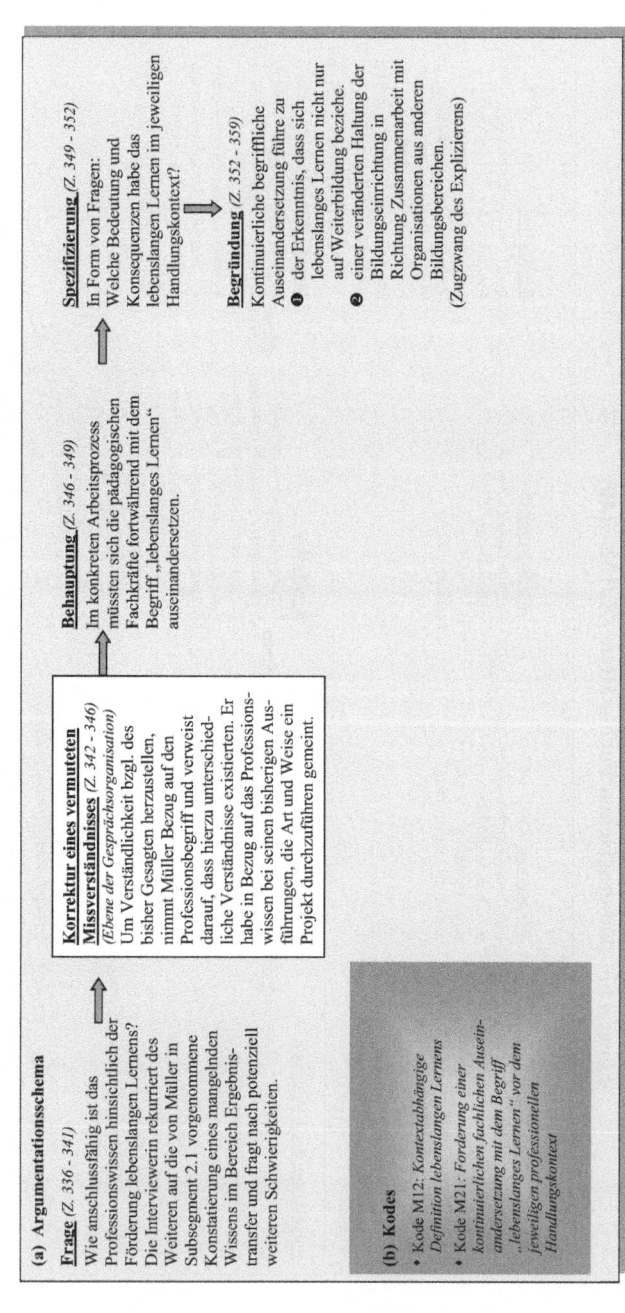

(a) Argumentationsschema

Frage *(Z. 336 - 341)*

Wie anschlussfähig ist das Professionswissen hinsichtlich der Förderung lebenslangen Lernens? Die Interviewerin rekurriert des Weiteren auf die von Müller in Subsegment 2.1 vorgenommene Konstatierung eines mangelnden Wissens im Bereich Ergebnistransfer und fragt nach potenziell weiteren Schwierigkeiten.

Korrektur eines vermuteten Missverständnisses *(Z. 342 - 346)*
(Ebene der Gesprächsorganisation)
Um Verständlichkeit bzgl. des bisher Gesagten herzustellen, nimmt Müller Bezug auf den Professionsbegriff und verweist darauf, dass hierzu unterschiedliche Verständnisse existierten. Er habe in Bezug auf das Professionswissen bei seinen bisherigen Ausführungen, die Art und Weise ein Projekt durchzuführen gemeint.

Behauptung *(Z. 346 - 349)*

Im konkreten Arbeitsprozess müssten sich die pädagogischen Fachkräfte fortwährend mit dem Begriff „lebenslanges Lernen" auseinandersetzen.

Spezifizierung *(Z. 349 - 352)*

In Form von Fragen:
Welche Bedeutung und Konsequenzen habe das lebenslanges Lernen im jeweiligen Handlungskontext?

Begründung *(Z. 352 - 359)*
Kontinuierliche begriffliche Auseinandersetzung führe zu
❶ der Erkenntnis, dass sich lebenslanges Lernen nicht nur auf Weiterbildung beziehe.
❷ einer veränderten Haltung der Bildungseinrichtung in Richtung Zusammenarbeit mit Organisationen aus anderen Bildungsbereichen.
(Zugzwang des Explizierens)

(b) Kodes

• Kode M12: *Kontextabhängige Definition lebenslangen Lernens*
• Kode M21: *Forderung einer kontinuierlichen fachlichen Auseinandersetzung mit dem Begriff „lebenslanges Lernen" vor dem jeweiligen professionellen Handlungskontext*

Subsegment 3.2: Verhinderung bildungsbereichsübergreifender Zusammenarbeit durch Hin- und Herschieben von Verantwortung und geschlossene institutionelle Strukturen (Z. 359 - 384)

(a) Argumentationsschema

Behauptung *(Z. 359 - 363)*

Die Umsetzung lebenslangen Lernens stelle für viele Bildungseinrichtungen keine völlig neue Aufgabe dar.

⇨ **Begründung** *(Z. 363 - 368)*

Es existierten vonseiten der Bildungseinrichtungen bereits Erfahrungen hinsichtlich Nachfrageorientierung und Kooperation.
(Zugzwang des Berücksichtigens und Abwägens)

⇨ **Interner Beleg** *(Z. 368 - 379)*

Belegbeschreibung anhand eines Negativbeispiels aus der Praxis bezüglich der bildungsbereichsübergreifenden Zusammenarbeit zwischen Schule und Volkshochschule.
(Zugzwang des Dokumentierens)

⇨ **Konklusion** *(Z. 379 - 384)*

Es finde ein Hin- und Herschieben der Verantwortung für das Zustandekommen einer Kooperation statt. Für einige Bildungseinrichtungen („Tanker" Z. 384) sei die Umsetzung einer bildungsbereichsübergreifenden Zusammenarbeit aufgrund interner Strukturen schwierig.
(Zugzwang des Konsequenzziehens)

(b) Kodes

- *Kode M22: Verhinderung bildungsbereichsübergreifender Zusammenarbeit durch Hin- und Herschieben von Verantwortung und geschlossene institutionelle Strukturen*
- *Kode M23: Existenz von Erfahrungen bei der bildungsbereichsübergreifenden institutionellen Umsetzung lebenslangen Lernens*

- *Kode M24: Aushandlungsmechanismen: Hin- und Herschieben von Verantwortung für das Zustandekommen einer bildungsbereichsübergreifenden Zusammenarbeit*
- *Kode M25: Geschlossene institutionelle Strukturen erschweren eine bildungsbereichsübergreifende Zusammenarbeit*
- *Kode M39: Verwendung von Markierern der Selbstevidenz*

- *Kode M45: Metaphorische Ausdrucksweise/Sprechweise*
- *Kode M57: Verwendung von Vagheitsmarkierern*

Subsegment 3.4: Zusätzlicher Arbeitsaufwand infolge bildungsbereichsübergreifender Zusammenarbeit (Z. 466 – 537)

(a) Argumentationsschema

Nachfrage der Interviewerin (Z. 468 - 470)

Die Interviewerin rekurriert auf die im vorherigen Subsegment im Rahmen der Konklusion von Müller formulierte Aussage, dass die Hauptschwierigkeit darin liege „in das Durchbrechen der Säulen zu kommen" (Z. 460). Sie möchte nun wissen, ob darunter zunächst die Kontaktaufnahme zu potenziellen Kooperationseinrichtungen zu verstehen sei.

Behauptung (Z. 468 - 470)

Es benötige eine „Metaarbeit" (Z. 468) vonseiten der Einrichtungsleitung, um eine erfolgreiche Zusammenarbeit zu ermöglichen.

Begründung (Z. 470 - 489)

Bildungsbereichsübergreifende Zusammenarbeit bringe einen Zusatzaufwand gegenüber dem Tagesgeschäft mit sich:
❶ Die Leitungsebene einer Einrichtung müsse Bereitschaft für Kooperation beim Personal schaffen (Top-down-Prozess).
❷ Kooperation müsse im organisatorischen Ablauf der Einrichtung integriert werden.
❸ Aufbau einer Kooperation benötige viel Zeit: Es handle sich um einen sukzessiven Prozess, der erst bilateral, dann multilateral erfolgen sollte.
❹ Die Kooperation müsse bei allen beteiligten Einrichtungen gewollt sein.
(Zugzwang des Differenzierens und Respezifizierens)

Beleg (Z. 489 - 518)

Erfahrungen aus dem Projekten hätte gezeigt, dass eine Überlastung der in den Einrichtungen zuständigen Fachkräfte zu verzeichnen sei, da diese keine Entlastung erhielten. Des Weiteren seien engagierte Personen dem sozialen Druck des Kollegiums ausgesetzt.
(Zugzwang des Dokumentierens)

Konklusion (Z. 520 - 537)

❶ Projekte in diesem Bereich dürften nicht über „Normalarbeitsbelastung" gehen.
❷ „High-End-Projekte" seien nicht verallgemeinerbar und veränderten daher auch nicht die Realität. (Argument aus der Autorität)
❸ Die Umsetzung lebenslangen Lernens sei ein langwieriger Prozess.
(Zugzwang des Konsequenz-ziehens)

(b) Kodes

• Kode M28: *Zusätzlicher Arbeitsaufwand infolge bildungsbereichsübergreifender Zusammenarbeit*

• Kode M29: *„Durchbrechen der Säulen" als Hauptschwierigkeit bei der bildungsbereichsübergreifenden Umsetzung lebenslangen Lernens*

• Kode M30: *Abhängigkeit bildungsbereichsübergreifender Zusammenarbeit vom Engagement Einzelner*

• Kode M31: *Lebenslanges Lernen als langwieriger Prozess, der ein Umdenken sowohl bei Lernenden als auch beim Fachpersonal erfordert*

• Kode M45: *Metaphorische Ausdrucksweise/Sprechweise*

• Kode M57: *Verwendung von Vagheitsmarkierern*

Subsegment 4.1: Abhängigkeit der bildungsbereichsübergreifenden Zusammenarbeit von Bereitschaft und „Freiräumen" innerhalb der Bildungsbereiche (Z. 538 - 559)

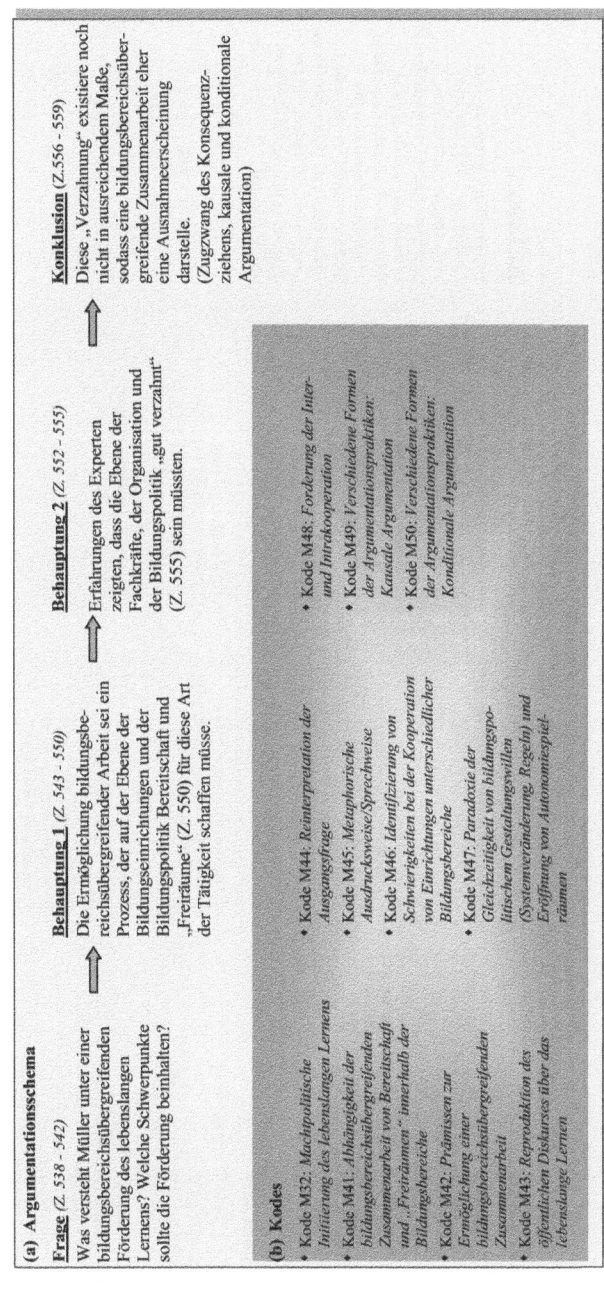

(a) Argumentationsschema

Frage *(Z. 538 - 542)*
Was versteht Müller unter einer bildungsbereichsübergreifenden Förderung des lebenslangen Lernens? Welche Schwerpunkte sollte die Förderung beinhalten?

Behauptung 1 *(Z. 543 - 550)*
Die Ermöglichung bildungsbereichsübergreifender Arbeit sei ein Prozess, der auf der Ebene der Bildungseinrichtungen und der Bildungspolitik Bereitschaft und „Freiräume" (Z. 550) für diese Art der Tätigkeit schaffen müsse.

Behauptung 2 *(Z. 552 - 555)*
Erfahrungen des Experten zeigten, dass die Ebene der Fachkräfte, der Organisation und der Bildungspolitik „gut verzahnt" (Z. 555) sein müssten.

Konklusion *(Z. 556 - 559)*
Diese „Verzahnung" existiere noch nicht in ausreichendem Maße, sodass eine bildungsbereichsübergreifende Zusammenarbeit eher eine Ausnahmeerscheinung darstelle.
(Zugzwang des Konsequenzziehens, kausale und konditionale Argumentation)

(b) Kodes

• Kode M32: *Machtpolitische Initiierung des lebenslangen Lernens*
• Kode M41: *Abhängigkeit der bildungsbereichsübergreifenden Zusammenarbeit von Bereitschaft und „Freiräumen" innerhalb der Bildungsbereiche*
• Kode M42: *Prämissen zur Ermöglichung einer bildungsbereichsübergreifenden Zusammenarbeit*
• Kode M43: *Reproduktion des öffentlichen Diskurses über das lebenslange Lernen*

• Kode M44: *Reinterpretation der Ausgangsfrage*
• Kode M45: *Metaphorische Ausdrucksweise/Sprechweise*
• Kode M46: *Identifizierung von Schwierigkeiten bei der Kooperation von Einrichtungen unterschiedlicher Bildungsbereiche*
• Kode M47: *Paradoxie der Gleichzeitigkeit von bildungspolitischem Gestaltungswillen (Systemveränderung, Regel(n)) und Eröffnung von Autonomiespielräumen*

• Kode M48: *Förderung der Inter- und Intrakooperation*
• Kode M49: *Verschiedene Formen der Argumentationspraktiken: Kausale Argumentation*
• Kode M50: *Verschiedene Formen der Argumentationspraktiken: Konditionale Argumentation*

Subsegment 4.2: Abhängigkeit bildungsbereichsübergreifender Zusammenarbeit von den Interessen und Funktionen der beteiligten Einrichtungen (Z. 559 - 581)

(a) Argumentationsschema

Behauptung 1 (Z. 559 - 563)		Spezifizierung der Behauptung (Z. 565 - 567)		Behauptung 2 (Z. 567 - 568)	Begründung (Z. 568 - 581)
Bildungsbereichsübergreifende Zusammenarbeit müsse einen Vorteil für die beteiligten Akteurinnen und Akteure erbringen.	⇨	(erfolgt anhand eines Beispiels mit anschließender Fragestellung) Warum solle ein Betrieb mit einer Schule oder mit einer Universität zusammenarbeiten? (Die selbstformulierte Frage wird von dem Informanten nicht beantwortet.)	⇧	Behauptung beinhaltet eine Forderung: Das „Anforderungsprofil" (Z. 568) der beteiligten Bildungseinrichtungen müsse sich verändern.	Die jeweiligen Interessen und Zielsetzungen der beteiligten Einrichtungen stünden dem generellen Ziel des lebenslangen Lernens, nämlich der gleichzeitigen Inklusion der Lernenden in mehreren Segmenten des Bildungssystems, entgegen und erschwerten eine bildungsbereichsübergreifende Zusammenarbeit. (Zugzwang des Berücksichtigens und Abwägens)

(b) Kodes

* Kode M37: *Argumentative Notlösungen*
* Kode M42: *Prämissen zur Ermöglichung einer bildungsbereichsübergreifenden Zusammenarbeit*
* Kode M46: *Identifizierung von Schwierigkeiten bei der Kooperation von Einrichtungen unterschiedlicher Bildungsbereiche*

* Kode M51: *Abhängigkeit der bildungsbereichsübergreifenden Zusammenarbeit von den Interessen und Funktionen der beteiligten Einrichtungen*
* Kode M52: *Übernahme ökonomischer Prinzipien in die Sinnwelt des pädagogischen Diskurses*
* Kode M53: *Mittel der argumentativen Steigerung zur Erzeugung von Nachdruck*

* Kode M54: *Forderung von Veränderungen der Einrichtungen in den einzelnen Bildungsbereichen*
* Kode M55: *(Gleichzeitige) Inklusion der Lernenden in mehreren Segmenten des Bildungssystems*

Subsegment 4.3: (Gleichzeitige) Inklusion der Lernenden in verschiedene Segmente des Bildungssystems und daraus resultierende ungleiche Folgen für Lernende und beteiligte Einrichtungen (Z. 581 - 600)

(a) Argumentationsschema

<u>Bezweiflung der impliziten Behauptung in der Ausgangsfrage</u> *(Z. 581 - 583)*
Bildungsbereichsübergreifende Zusammenarbeit sei nicht per se notwendig.

→ <u>Gegenbehauptung</u> *(Z. 585 - 586)*
Bildungsbereichsübergreifende Zusammenarbeit definiere sich über das Problem, das gemeinsam gelöst werden solle.

→ <u>Spezifizierung der Gegenbehauptung</u> *(Z. 586 - 591)*
Das Problem sei, dass die Lernenden nur begrenzte Optionen für ihren Bildungs- und Qualifizierungsweg im Bildungssystem zur Verfügung hätten. Benötigt würden aber vielfältige Möglichkeiten.

→ <u>Konklusion</u> *(Z. 591 - 599)*
Mit divergenten Folgen für die Beteiligten:
❶ (Gleichzeitige) Inklusion der Lernenden in verschiedene Segmente des Bildungssystems (Problemlösung).
❷ Erhöhter Arbeitsaufwand für beteiligte Einrichtungen.
❸ Notwendigkeit eines Gleichgewichtes zwischen Aufwand und Nutzen.
(Zugzwang des Konsequenzziehens)

(b) Kodes

• Kode M45: *Metaphorische Ausdrucksweise/Sprechweise*
• Kode M46: *Identifizierung von Schwierigkeiten bei der Kooperation von Einrichtungen unterschiedlicher Bildungsbereiche*
• Kode M52: *Übernahme ökonomischer Prinzipien in die Sinnwelt des pädagogischen Diskurses*
• Kode M55: *(Gleichzeitige) Inklusion der Lernenden in verschiedene Segmente des Bildungssystems*

• Kode M56: *(Gleichzeitige) Inklusion der Lernenden in verschiedene Segmente des Bildungssystems und daraus resultierende ungleiche Folgen für Lernende und beteiligte Einrichtungen*
• Kode M57: *Verwendung von Vagheitsmarkierern*
• Kode M58: *Verschiedene Formen der Argumentationspraktiken: Anspruchsreduzierung und Bezweiflung*

• Kode M59: *Einschränkung der Dauer und Art einer bildungsübergreifenden Zusammenarbeit*
• Kode M60: *Definition bildungsbereichsübergreifender Zusammenarbeit durch ein gemeinsam zu lösendes Problem*
• Kode M61: *Aufbau und Offenhalten einer argumentativen Spannung*
• Kode M62: *Aushandlungsprozesse im Kontext der bildungsbereichsübergreifenden Zusammenarbeit*

Subsegment 8.2: Konstatierung verborgener strategischer Intentionen bei der Verwendung des Begriffs „informelles Lernen" (Z. 1003 - 1037)

(a) Argumentationsschema

Bezweiflung (Z. 1003 - 1004)

Informelles Lernen sei ein „ideologisches Beiprodukt" (Z. 1004). (Bezweiflung des in der Ausgangsfrage (siehe Segment 8.1) implizit enthaltenen bildungspolitischen Mainstreams, dass das informelle Lernen ein wichtiges Prinzip bei der Umsetzung lebenslangen Lernens sei.)

Behauptung (Z. 1006)

Informelles Lernen sei ein „Outsourcing von Lernen" (Z. 1006).

Begründung (Z. 1006 - 1012)

❶ Lernen zum Zwecke des betrieblichen Nutzens (Zeit- und Kostenfaktor) werde an den Arbeitsplatz oder in die Freizeit verlagert. (Zugzwang des Explizierens)

❷ Lernende entschieden sich aus Kostengründen für Lernsettings, die sie in ihrer Freizeit durchführen könnten. (Zugzwang des Abstrahierens und Subsumierens)

Interner Beleg (Z. 1014 - 1022)

Biographische Belegbeschreibung über einen Teilbereich der eigenen Lernbiographie und die Nutzung der erworbenen Kompetenzen im beruflichen Kontext. (Zugzwang des Dokumentierens)

Konklusion (Z. 1024 - 1037)

❶ Bei der Belegbeschreibung handle es sich ebenfalls um „ein outgesourcetes Lernen" (Z. 1024).

❷ Unternehmen profitierten davon, wenn Mitarbeiter/-innen informell lernten, da das so erworbene Wissen in die Unternehmen eingebracht werde.

❸ Hinweis auf eine potenzielle Gefahr der Deinstitutionalisierung des Lernens durch die Förderung nicht pädagogisch gerahmter Settings. (Zugzwang des Konsequenzziehens)

(b) Kodes

• Kode M52: *Übernahme ökonomischer Prinzipien in die Sinnwelt des pädagogischen Diskurses*

• Kode M63: *Verborgene strategische Intentionen bei der Verwendung des Begriffs informelles Lernen*

• Kode M64: *Informelles Lernen: ein „ideologisches Beiprodukt"*

• Kode M65: *Informelles Lernen: ein „Outsourcing von Lernen"*

• Kode M66: *Potenzielle Gefahr der Deinstitutionalisierung des Lernens*

• Kode M67: *Verschiedene Formen der Argumentationspraktiken: Erzeugung von Spannungsbögen*

• Kode M68: *Verschiedene Formen der Argumentationspraktiken: Argument aus der Autorität*

Subsegment 10.1: Institutionelle Umsetzung lebenslangen Lernens als ein bereits bestehender Bestandteil des Aufgabenspektrums vieler Weiterbildungseinrichtungen (Z. 1139 - 1158)

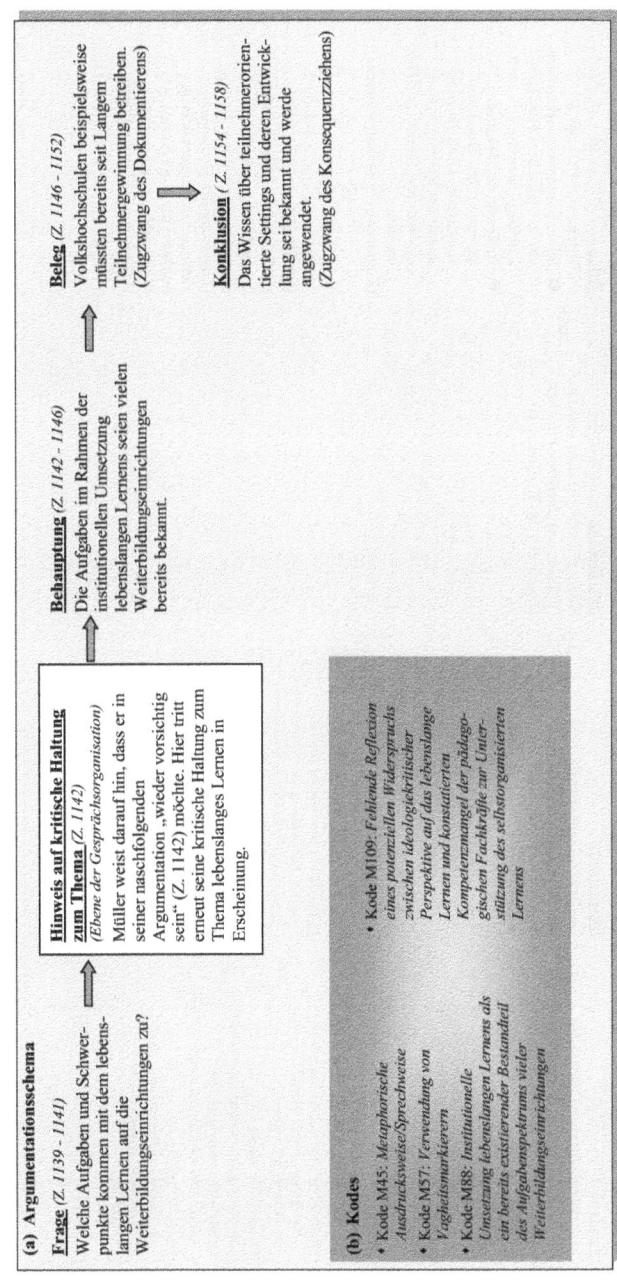

(a) Argumentationsschema

Frage *(Z. 1139 - 1141)*
Welche Aufgaben und Schwerpunkte kommen mit dem lebenslangen Lernen auf die Weiterbildungseinrichtungen zu?

Hinweis auf kritische Haltung zum Thema *(Z. 1142)*
(Ebene der Gesprächsorganisation)
Müller weist darauf hin, dass er in seiner nachfolgenden Argumentation „wieder vorsichtig sein" (Z. 1142) möchte. Hier tritt erneut seine kritische Haltung zum Thema lebenslanges Lernen in Erscheinung.

Behauptung *(Z. 1142 - 1146)*
Die Aufgaben im Rahmen der institutionellen Umsetzung lebenslangen Lernens seien vielen Weiterbildungseinrichtungen bereits bekannt.

Beleg *(Z. 1146 - 1152)*
Volkshochschulen beispielsweise müssten beispielsweise seit Langem Teilnehmergewinnung betreiben. *(Zugzwang des Dokumentierens)*

Konklusion *(Z. 1154 - 1158)*
Das Wissen über teilnehmerorientierte Settings und deren Entwicklung sei bekannt und werde angewendet. *(Zugzwang des Konsequenzziehens)*

(b) Kodes

• Kode M45: *Metaphorische Ausdrucksweise/Sprechweise*
• Kode M57: *Verwendung von Vagheitsmarkierern*
• Kode M88: *Institutionelle Umsetzung lebenslangen Lernens als ein bereits existierender Bestandteil des Aufgabenspektrums vieler Weiterbildungseinrichtungen*

• Kode M109: *Fehlende Reflexion eines potenziellen Widerspruchs zwischen ideologiekritischer Perspektive auf das lebenslange Lernen und konstatierten Kompetenzmangel der pädagogischen Fachkräfte zur Unterstützung des selbstorganisierten Lernens*

Segment 12: Institutionalisierung lebenslangen Lernens: ein unendlicher Prozess (Z. 1296 - 1325)

(a) Argumentationsschema

Frage (Z. 1296 - 1298)
In welchem Zeitraum könnte die Institutionalisierung lebenslangen Lernens als abgeschlossen gesehen werden?

Bezweiflung (Z. 1299)
Die Institutionalisierung lebenslangen Lernens sei ein dauerhafter Prozess, der nie abgeschlossen werden könne.

Begründung (Z. 1299 - 1302)
Bildung unterliege dem ständigen Einfluss verschiedener Faktoren.
(Zugzwang des Explizierens)

Beleg (Z. 1302 - 1316)
Auflistung von Beispielen:
❶ Bildung orientiere sich zurzeit mit europäischem Fokus am Lifelong Learning.
❷ Aufgrund des steigenden ökonomischen Drucks im Kontext der Globalisierung müsse das Bildungssystem effizient und flexibel gestaltet werden.
(Zugzwang des Dokumentierens)

Konklusion (Z. 1218 - 1325)
Die Institutionalisierung lebenslangen Lernens könne nicht abgeschlossen werden.
(Zugzwang des Konsequenzziehens; handlungspraktische Funktion der Konklusion: Wiederholung und dadurch Bestärkung der Bezweiflung)

(b) Kodes

• Kode M10: *Generationsspezifische Auslegung/Verständnis des Begriffs lebenslanges Lernen*
• Kode M32: *Machtpolitische Initiierung lebenslangen Lernens*
• Kode M45: *Metaphorische Ausdrucksweise/Sprechweise*
• Kode M52: *Übernahme ökonomischer Prinzipien in die Sinnwelt des pädagogischen Diskurses*
• Kode M97: *Strategische Intention bei der Verwendung des Konstrukts lebenslanges Lernen: Reform der Segmente des Erziehungs- und Bildungssystems*
• Kode M98: *Institutionalisierung lebenslangen Lernens: ein unendlicher Prozess*
• Kode M111: *Verschiedene Formen der Argumentationspraktiken: Bestärken der Behauptung als handlungspraktische Funktion der Konklusion*

6 Kurzporträt Wagner (Expertin aus dem Sekundarbereich I)

6.1 Hintergrundinformationen zum Interview

Informationen zur Person und zur institutionellen Zugehörigkeit[75]

Frau Wagner ist eine Vertreterin aus der Interviewgruppe ‚Schule' (Sekundarbereich I). Sie ist seit vielen Jahren als Lehrerin an verschiedenen Gesamtschulen tätig und leitet zum Zeitpunkt des Interviews seit mehreren Jahren eine integrierte Gesamtschule aus dem Sekundarbereich I.

Auswahlkriterien für die Fallporträtierung

Die Interviewpartnerin wurde für die Kurzporträtierung ausgesucht, da sie, neben der Zugehörigkeit zur Interviewgruppe ‚Schule' (Sekundarbereich I) in ihrer Rolle als Lehrerin und Schulleiterin, Reformmaßnahmen im Kontext des lebenslangen Lernens unmittelbar in ihrer Einrichtung umsetzt. Somit stellt sie eine Kontrastierung zu den beiden Fallporträts ‚Müller' und ‚Bauer' dar: Müller setzt sich beruflich auf der administrativ Programm bezogenen Ebene mit dem lebenslangen Lernen auseinander, während Bauer auf der konzeptionellen Ebene agiert.

6.2 Zusammenfassende Paraphrasierung des Interviews

Bevor die Interviewerin die erste Frage an die Expertin Wagner richtet, stellt sie sich dieser durch eine kurze Skizzierung ihres Ausbildungs- sowie Berufshintergrundes vor und legt ihre Motivation zur Forschungsarbeit dar (vgl. Z. 1-31).

---

75 Wie auch bei der Fallporträtierung können aus Platzgründen an dieser Stelle nicht die beiden im Rahmen der Dissertation durchgeführten Kurzporträtierungen veröffentlicht werden. Daher wird hier nur das Kurzporträt ‚Wagner' aufgeführt. Diese exemplarische Darstellung sollte jedoch genügen, um der Leserin/dem Leser einen Einblick in die analytische Vorgehensweise zu geben.

Das erste Segment (Z. 31-47) beginnt mit der Frage, was Wagner persönlich mit dem lebenslangen Lernen verbindet. Die Informantin erklärt, dass man nicht schon in jungen Jahren eine negative Lernhaltung einnehmen solle. Aus ihrer Sicht sei Lernen so etwas wie ein „anthropologischer Bestandteil" (Z. 40). Es sei von großer Bedeutung diese „natürliche Anlage" (Z. 46) und „natürliche Neugier" (Z. 46-47) aufrechtzuerhalten und nicht in der Schule zu zerstören.

Im zweiten Segment (Z. 48-101) steht der berufliche Bezug Wagners zum lebenslangen Lernen im Mittelpunkt. Sie konstatiert, dass lebenslanges Lernen einerseits ein „modern gewordenes Schlagwort" (Z. 52-53) sei, andererseits im schulischen Kontext eine Notwendigkeit darstelle. Gründe sieht sie in der zunehmenden Verkürzung der „Halbwertzeit des Wissens" (Z. 56), der „Globalisierung" (Z. 59) und der daraus resultierenden Forderung der „Flexibilisierung" (Z. 61) seitens der Schüler/-innen aufgrund zukünftiger beruflicher Diskontinuitäten. Die Veränderung der Bedeutung des lebenslangen Lernens belegt sie anhand von zwei exemplarischen Berufsgruppen (Schreiner und Jurist). Nach Wagners Auffassung liege die Aufgabe der Schule einerseits in der Aufrechterhaltung der „natürlichen Neugier" (Z. 71-72) und andererseits in der Qualifizierung für die bevorstehende Erwerbstätigkeit. Aus Sicht der Expertin müsse Schule mittels adäquater organisationaler Strukturen sowie entsprechender Makro- und Mikrodidaktik zu einem positiven Lernort werden.

Das Verständnis der Expertin zur bildungsbereichsübergreifenden Umsetzung des lebenslangen Lernens steht im Fokus des dritten Segments (Z. 102-150). Wagner verweist zunächst darauf, dass sie nicht wisse, was die Interviewerin mit der bildungsbereichsübergreifenden Umsetzung des lebenslangen Lernens meine, fährt aber mit der Beantwortung der Frage fort. Sie konstatiert, dass es Kontakte zu anderen Einrichtungen außerhalb des Schulsystems (z. B. „Jugendhilfe" Z. 110) gebe. Diese Kontakte dienten aus ihrer Sicht der Gewährleistung von Unterstützung und könnten intensiver betrieben werden. Die Informantin ist der Meinung, dass die Schulen Kontakte zu Weiterbildungseinrichtungen aufbauen sollten, damit Schüler/-innen über die Existenz von formaler Weiterbildung nach Absolvierung der Schulzeit informiert würden. Die Expertin berichtet, dass ihre Schule erste Kontakte zu Volkshochschulen und Musikschulen aufbaue, um eventuell im Rahmen der Umsetzung des Konzepts ‚Ganztagsschule' gemeinsame Angebote zu entwickeln. Da die Schule bisher keine Ganztagsschule gewesen sei, habe zu einer Kooperation keine Notwendigkeit bestanden. Wagner erklärt, dass die Schüler/-innen Praktika in unterschiedlichen Bereichen (Betriebspraktikum, Kindergartenpraktikum, Sozialpraktikum) absolvierten, um verschiedene Lebensbereiche kennenzulernen. Es handle sich hierbei aber nicht um Kooperationen mit anderen Bildungseinrichtungen.

Im vierten Segment (Z. 151-214) antwortet die Interviewpartnerin auf die Frage, inwiefern die Schule die Fähigkeit zum selbstorganisierten Lernen bei den Schülerinnen und Schülern fördern kann. Wagner ist der Meinung, dass die Schule selbstorganisiertes Lernen „überhaupt initiieren" (Z. 155) könne. Sie erklärt, dass das selbstorganisierte Lernen von großer Bedeutung für ihre Einrichtung sei und auch umgesetzt werde. Sie ist der Auffassung, dass das selbstorganisierte Lernen ein „zentrales Element" (Z. 158) von Schule sein müsse, da es zu den Strategien lebenslangen Lernens gehöre. Wagner verbindet mit dem selbstorganisierten Lernen die Aneignung von Kenntnissen über Informationsbeschaffung und Themenerschließung, welche aus ihrer Sicht über die Schulzeit hinaus eine Relevanz haben würde.

Im fünften Segment (Z. 215-234) wird der Einbezug des informellen Lernens in den Schulunterricht thematisiert. Wagner erfragt zunächst eine Definition zum informellen Lernen. Die Interviewerin erläutert beispielhaft, dass darunter das beiläufige Lernen der Schüler/-innen im Alltag verstanden werden könne. Wagner weist darauf hin, dass sie den Begriff immer noch nicht verstehe, versucht aber die Frage zu beantworten. Die Expertin ist der Ansicht, dass die Schüler/-innen in der Schule sehr viel in den Bereichen Schlüsselkompetenzen und Sekundärtugenden nebenher lernen würden. Die Schule versuche diese Themen aktiv zu bearbeiten.

Im sechsten Segment (Z. 235-253) steht die Beantwortung der Frage, welche neuen Aufgaben im Zuge der Umsetzung des lebenslangen Lernens auf die Schulen zukommen werden. Die Interviewpartnerin behauptet, dass sich Schulen nicht mehr mit der Vermittlung und Prüfung bestimmter Wissensbestände zufrieden geben könnten. Nach ihrer Auffassung besteht das Erfordernis, ein Bewusstsein seitens der Schüler/-innen bezüglich der selektiven Wissensvermittlung durch Schule und der Möglichkeit der Aneignung von vertiefendem bzw. weiterführendem Wissen außerhalb des schulischen Kontextes zu schaffen. Die Schulen seien dafür zuständig, diesen Bewusstwerdungsprozess zu initiieren, zu fördern und die Schüler/-innen zum selbstorganisierten Lernen zu befähigen.

Das siebte Segment (Z. 254-315) wird von der Frage eingeleitet, inwiefern die Lehrer/-innen über ein entsprechendes Wissen verfügen, um lebenslanges Lernen bei ihrer Klientel anzustoßen. Die Interviewpartnerin ist der Auffassung, dass Lehrer/-innen ebenfalls lebenslang lernen müssten. Der Lehrerberuf sei aber ein gutes Beispiel dafür, dass lebenslanges Lernen zum größten Teil nicht umgesetzt werde. Wagner äußert, dass sich das Berufsbeamtentum und die damit einhergehende z. T. jahrzehntelange Lehrtätigkeit ohne nennenswerte Kontrolle negativ auf das lebenslange Lernen auswirkten. Sie weist darauf hin, dass diese Situation jahrelang angehalten habe und in vielen Schulen immer noch zur Wirklichkeit gehöre. Mittlerweile erfolge eine Kontrolle der Schulen durch die zuständigen Ministerien und die Institute für Qualitätssicherung. Vor allem die Fortbildung habe an Bedeutung gewonnen. Die Informantin ist der Auffassung, dass bezüglich der Fortbildungen in ihrer Schule alles sehr gut verlaufe. Es gebe schulspezifische obligatorische Fortbildungsangebote wie z. B. Methodentrainings oder Kommunikationsteamtrainings, welche in einem festgelegten Abstand, wenn es für den Unterricht wieder relevant werde, durchgeführt würden.

Im Mittelpunkt des achten Segments (Z. 316-366) steht die Fragestellung, welche Aktivitäten vonseiten der Schule notwendig sind, um die Schüler/-innen für das lebenslange Lernen zu motivieren. Wagner erklärt, dass zur Aufrechterhaltung der Lernmotivation Schulorganisation, Schulstruktur und Schulklima von Bedeutung seien. Sie konstatiert, dass Erkenntnisse aus der Neurowissenschaften auf ein positives Wohlbefinden als eine Lernvoraussetzung verweisen würden. Entsprechend sei ihre Schule organisiert: Einführung von Jahrgangteams, die von wenigen Lehrkräften unterrichtet würden, zeitliche Organisation des Unterrichts in Doppelstunden, Ermöglichung von selbstorganisiertem Lernen, Schaffung von Entspannungsmöglichkeiten. Neben den bereits angeführten Aspekten nehme die Unterrichtsgestaltung eine wichtige Rolle ein. Es müssten Unterrichtsmethoden entwickelt werden, welche einerseits die „Schüler da abholen wo sie gerade sind" (Z. 357-358) und andererseits abwechslungsreich seien und selbstorganisiertes Lernen ermöglichten.

Die Frage im neunten Segment (Z. 367-372), in welchem Zeitraum die Institutionalisierung lebenslangen Lernens abgeschlossen sein könnte, beantwortet die Expertin mit dem Verweis, dass diese nie abgeschlossen werden könne, da sich lebenslanges Lernen nach ihrer Einschätzung dadurch definiere, dass es lebenslang dauern würde.

Im zehnten Segment (Z. 374-392) fragt die Interviewerin nach Finanzierungsmöglichkeiten des lebenslangen Lernens. Die Informantin verweist zunächst darauf, dass sie hierzu momentan keine konkrete Idee habe; grundsätzlich müsse aus ihrer Sicht in Deutschland mehr Geld für Bildung ausgegeben werden. Die Finanzierung lebenslangen Lernens müsse aus öffentlichen und wirtschaftlichen Beiträgen unterstützt werden.

Im elften Segment (Z. 397-402) wechselt die Informantin das Thema ‚Finanzierung' und verweist nochmals auf die Schlüsselrolle der Schule bei der Förderung von Lernmotivation.

Das zwölfte Segment (Z. 403-405) umfasst die Abschlusssequenz des Interviews mit der Danksagung der Interviewerin.

6.3 Zentrale Argumentationsschemata und ausgewählte Befunde des offenen Kodierens

Segment 1: Die potenzielle Bedrohung der anthropologischen Disposition lebenslang zu lernen durch Schule (Z. 31 - 47)

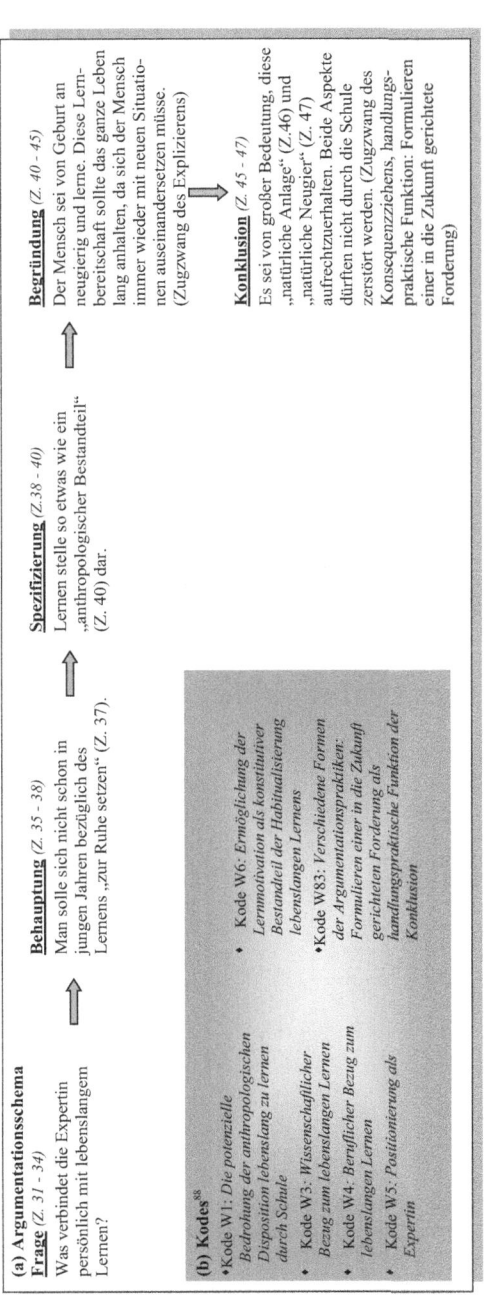

(a) Argumentationsschema

Frage (Z. 31 - 34)
Was verbindet die Expertin persönlich mit lebenslangem Lernen?

Behauptung (Z. 35 - 38)
Man solle sich nicht schon in jungen Jahren bezüglich des Lernens „zur Ruhe setzen" (Z. 37).

Spezifizierung (Z. 38 - 40)
Lernen stelle so etwas wie ein „anthropologischer Bestandteil" (Z. 40) dar.

Begründung (Z. 40 - 45)
Der Mensch sei von Geburt an neugierig und lerne. Diese Lernbereitschaft sollte das ganze Leben lang anhalten, da sich der Mensch immer wieder mit neuen Situationen auseinandersetzen müsse. (Zugzwang des Explizierens)

Konklusion (Z. 45 - 47)
Es sei von großer Bedeutung, diese „natürliche Anlage" (Z.46) und „natürliche Neugier" (Z. 47) aufrechtzuerhalten. Beide Aspekte dürften nicht durch die Schule zerstört werden. (Zugzwang des Konsequenzziehens, handlungspraktische Funktion: Formulieren einer in die Zukunft gerichtete Forderung)

(b) Kodes[88]

• Kode W1: *Die potenzielle Bedrohung der anthropologischen Disposition lebenslang zu lernen durch Schule*
• Kode W3: *Wissenschaftlicher Bezug zum lebenslangen Lernen*
• Kode W4: *Beruflicher Bezug zum lebenslangen Lernen*
• Kode W5: *Positionierung als Expertin*

• Kode W6: *Ermöglichung der Lernmotivation als konstitutiver Bestandteil der Habitualisierung lebenslangen Lernens*
• Kode W83: *Verschiedene Formen der Argumentationspraktiken: Formulieren einer in die Zukunft gerichteten Forderung als handlungspraktische Funktion der Konklusion*

[88] Die Kennzeichnung „W" vor den Kodenummern steht für die Fallbezeichnung (hier: Wagner). Um die Komplexität der Ergebnisdarstellung des offenen Kodierens zu reduzieren, werden nur jene Kodes angeführt, die sich in der Verschriftlichung des jeweiligen Argumentationsschemas widerspiegeln (vorwiegend Kodes, die sich auf das Wissenssystem der Expertin zum lebenslangen Lernen beziehen). Dadurch kommt es zu Sprüngen in der Kodenummerierung, da im Prozess des offenen Kodierens auch Kodes zur Argumentation und zur Expertenrolle generiert wurden.

Subsegment 2.1: Perspektivenabhängigkeit der Institutionalisierung lebenslangen Lernens (Z. 48 - 73)

(a) Argumentationsschema

Frage (Z. 48 - 49)

In welchem Bezug steht die Interviewpartnerin beruflich zum lebenslangen Lernen?

Verweis auf berufliche Position (Z. 50)

(Ebene der Gesprächsorganisation) Wagner verweist zunächst auf die Einrichtung, in der sie berufliche tätig ist, und ihre berufliche Funktion als Rahmenbedingungen für ihre weitere Argumentation.

Behauptung (Z. 51 - 55)

Lebenslanges Lernen sei einerseits ein „modern gewordenes Schlagwort" (Z. 52-53), andererseits sei es im schulischen Kontext im Vergleich zu ihrer eigenen Schulzeit notwendiger geworden.

Begründung (Z. 55 - 63)

Wagner führt drei Aspekte im Kontext der Begründungsaktivität an:

❶ „Halbwertzeit des Wissens" (Z. 56)
❷ „Globalisierung" (Z. 59)
❸ Notwendigkeit der Flexibilisierung seitens der Schüler/-innen aufgrund zukünftiger beruflicher Diskontinuitäten.

(Zugzwang des Differenzierens und Respezifizierens)

Beleg (Z. 63 - 69)

Die Veränderung der Bedeutung des lebenslangen Lernens und dessen Verständnis wird in der zeitlichen Entwicklung (früher/ heute) von zwei exemplarischen Berufsgruppen (Schreiner und Jurist) belegt.

(Zugzwang des Dokumentierens)

Konklusion (Z. 69 - 73)

Die Aufgabe der Schule liege darin, die Schüler/-innen auf diese Veränderungen vorzubereiten und dabei die „natürliche Neugier" (Z. 72) aufrechtzuerhalten. (Zugzwang des Konsequenzziehens)

(b) Kodes

* Kode W6: *Ermöglichung der Lernmotivation als konstitutiver Bestandteil der Habitualisierung lebenslangen Lernens*
* Kode W10: *Perspektivenabhängigkeit der Institutionalisierung lebenslangen Lernens*
* Kode W11: *Reproduktion des öffentlichen Diskurses zum lebenslangen Lernen*

* Kode W12: *Abhängigkeit des Verständnisses über das lebenslange Lernen von historischen Veränderungen*
* Kode W14: *Lebenslanges Lernen als Bearbeitungsstrategie für berufliche Diskontinuitäten*

Subsegment 2.2: Ermöglichung der Lernmotivation als konstitutiver Bestandteil der Habitualisierung lebenslangen Lernens (Z. 74 - 92)

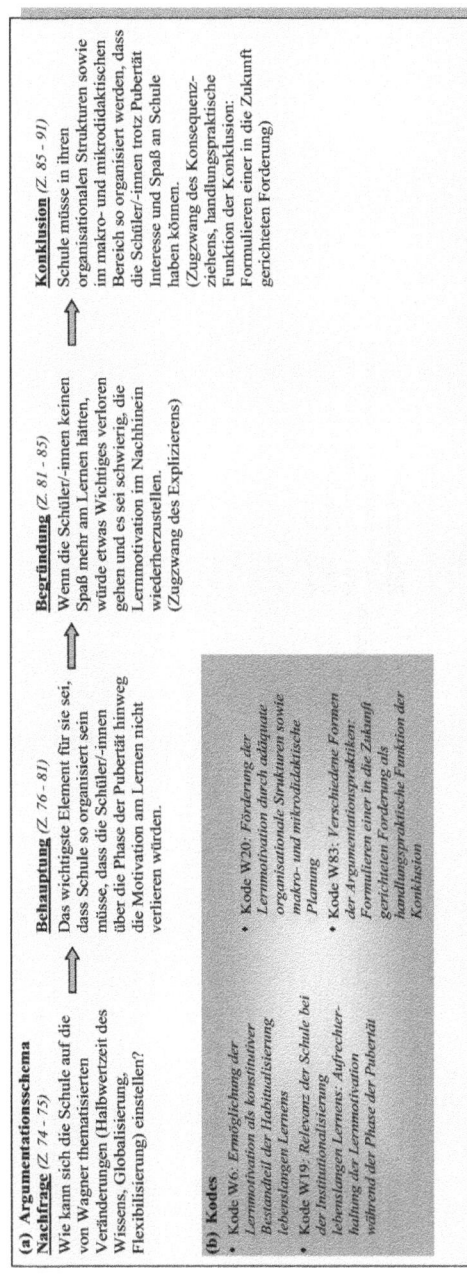

(a) Argumentationsschema

Nachfrage *(Z. 74 - 75)*
Wie kann sich die Schule auf die von Wagner thematisierten Veränderungen (Halbwertzeit des Wissens, Globalisierung, Flexibilisierung) einstellen?

⟹

Behauptung *(Z. 76 - 81)*
Das wichtigste Element für sie sei, dass Schule so organisiert sein müsse, dass die Schüler/-innen über die Phase der Pubertät hinweg die Motivation am Lernen nicht verlieren würden.

⟹

Begründung *(Z. 81 - 85)*
Wenn die Schüler/-innen keinen Spaß mehr am Lernen hätten, würde etwas Wichtiges verloren gehen und es sei schwierig, die Lernmotivation im Nachhinein wiederherzustellen.
(Zugzwang des Explizierens)

⟹

Konklusion *(Z. 85 - 91)*
Schule müsse in ihren organisationalen Strukturen sowie im makro- und mikrodidaktischen Bereich so organisiert werden, dass die Schüler/-innen trotz Pubertät Interesse und Spaß an Schule haben können.
(Zugzwang des Konsequenz-ziehens, handlungspraktische Funktion der Konklusion: Formulieren einer in die Zukunft gerichteten Forderung)

(b) Kodes

• *Kode W6: Ermöglichung der Lernmotivation als konstitutiver Bestandteil der Habitualisierung lebenslangen Lernens*

• *Kode W19: Relevanz der Schule bei der Institutionalisierung lebenslangen Lernens: Aufrechter-haltung der Lernmotivation während der Phase der Pubertät*

• *Kode W20: Förderung der Lernmotivation durch adäquate organisationale Strukturen sowie makro- und mikrodidaktische Planung*

• *Kode W83: Verschiedene Formen der Argumentationspraktiken: Formulieren einer in die Zukunft gerichteten Forderung als handlungspraktische Funktion der Konklusion*

Subsegment 2.3: Vermittlung von Lern- und Arbeitstechniken zur „Bewältigung" des lebenslangen Lernens als gesellschaftliche Anforderung (Z. 93 - 101)

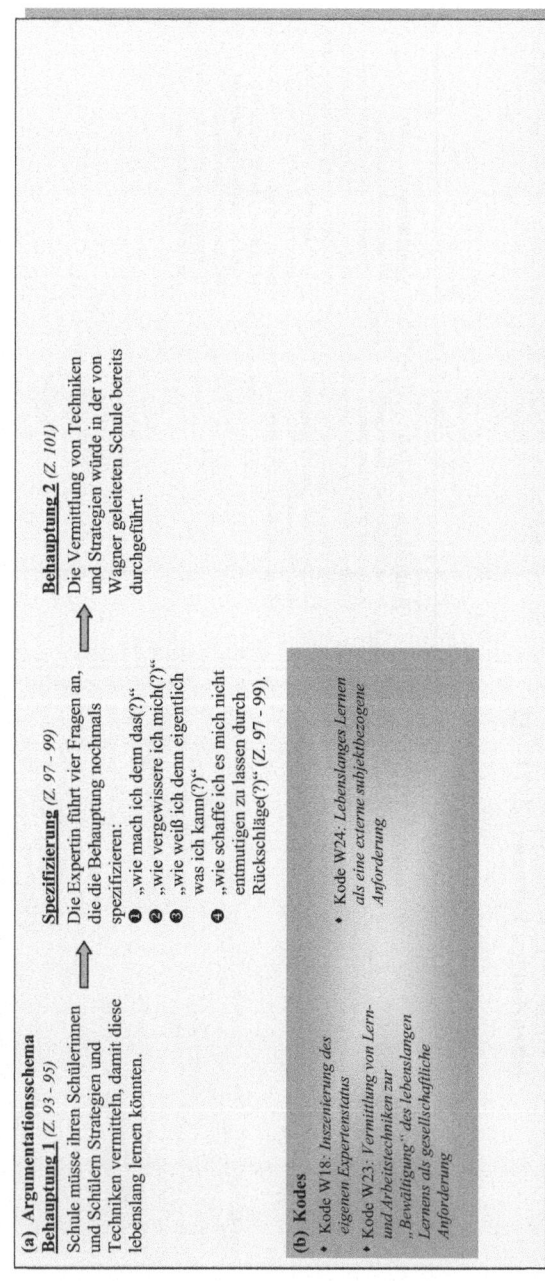

(a) Argumentationsschema

Behauptung 1 *(Z. 93 - 95)*
Schule müsse ihren Schülerinnen und Schülern Strategien und Techniken vermitteln, damit diese lebenslang lernen könnten.

Spezifizierung *(Z. 97 - 99)*
Die Expertin führt vier Fragen an, die die Behauptung nochmals spezifizieren:
❶ „wie mach ich denn das(?)"
❷ „wie vergewissere ich mich(?)"
❸ „wie weiß ich denn eigentlich was ich kann(?)"
❹ „wie schaffe ich es mich nicht entmutigen zu lassen durch Rückschläge(?)" (Z. 97 - 99).

Behauptung 2 *(Z. 101)*
Die Vermittlung von Techniken und Strategien würde in der von Wagner geleiteten Schule bereits durchgeführt.

(b) Kodes

• Kode W18: *Inszenierung des eigenen Expertenstatus*
• Kode W23: *Vermittlung von Lern- und Arbeitstechniken zur „Bewältigung" des lebenslangen Lernens als gesellschaftliche Anforderung*
• Kode W24: *Lebenslanges Lernen als eine externe subjektbezogene Anforderung*

Subsegment 3.1: Inszenierung eines systemexternen Kooperationsmotivs: Aufbau und Sicherstellung bedarfs-gerechter Unterstützungsleistungen für Schüler/-innen (Z. 102 - 112)

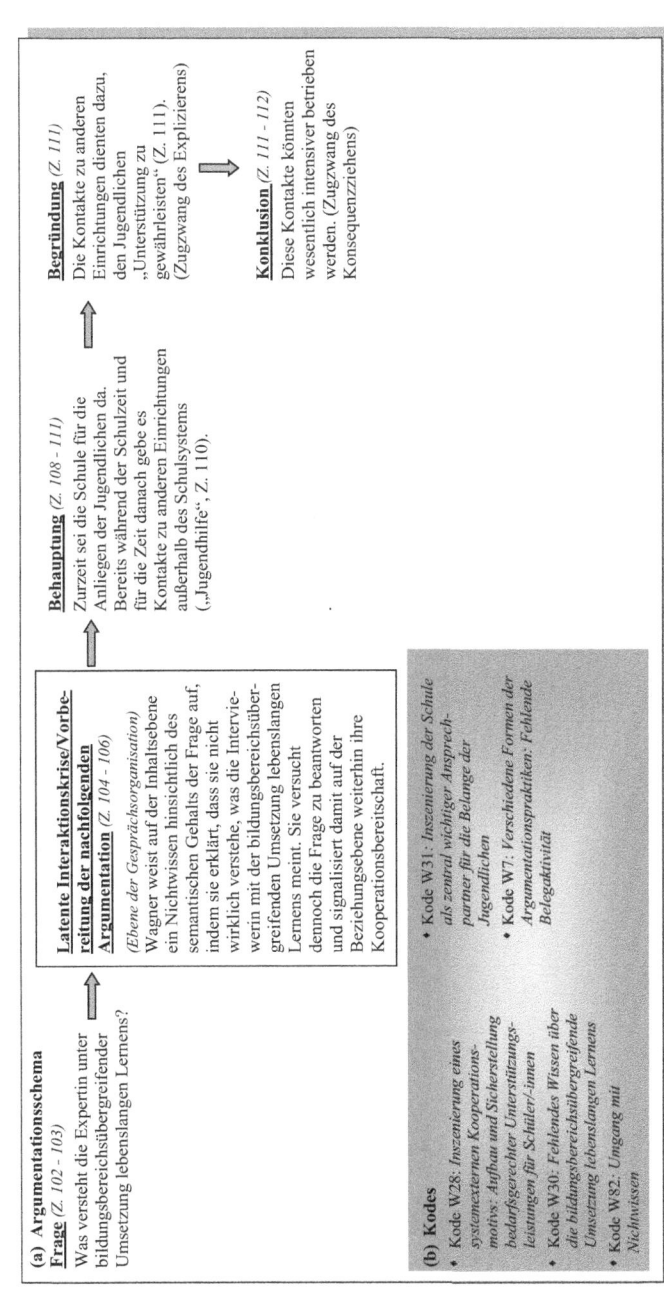

(a) Argumentationsschema

Frage *(Z. 102 - 103)*

Was versteht die Expertin unter bildungsbereichsübergreifender Umsetzung lebenslangen Lernens?

Latente Interaktionskrise/Vorbereitung der nachfolgenden Argumentation *(Z. 104 - 106)*

(Ebene der Gesprächsorganisation) Wagner weist auf der Inhaltsebene ein Nichtwissen hinsichtlich des semantischen Gehalts der Frage auf, indem sie erklärt, dass sie nicht wirklich verstehe, was die Interviewerin mit der bildungsbereichsübergreifenden Umsetzung lebenslangen Lernens meint. Sie versucht dennoch die Frage zu beantworten und signalisiert damit auf der Beziehungsebene weiterhin ihre Kooperationsbereitschaft.

Behauptung *(Z. 108 - 111)*

Zurzeit sei die Schule für die Anliegen der Jugendlichen da. Bereits während der Schulzeit und für die Zeit danach gebe es Kontakte zu anderen Einrichtungen außerhalb des Schulsystems („Jugendhilfe", Z. 110).

Begründung *(Z. 111)*

Die Kontakte zu anderen Einrichtungen dienten dazu, den Jugendlichen „Unterstützung zu gewährleisten" (Z. 111). (Zugzwang des Explizierens)

Konklusion *(Z. 111 - 112)*

Diese Kontakte könnten wesentlich intensiver betrieben werden. (Zugzwang des Konsequenzziehens)

(b) Kodes

- Kode W28: *Inszenierung eines systemexternen Kooperationsmotivs: Aufbau und Sicherstellung bedarfsgerechter Unterstützungsleistungen für Schüler/-innen*
- Kode W30: *Fehlendes Wissen über die bildungsbereichsübergreifende Umsetzung lebenslangen Lernens*
- Kode W82: *Umgang mit Nichtwissen*
- Kode W31: *Inszenierung der Schule als zentral wichtiger Ansprechpartner für die Belange der Jugendlichen*
- Kode W7: *Verschiedene Formen der Argumentationspraktiken: Fehlende Belegaktivität*

Subsegment 3.3: Abhängigkeit einer funktionsfähigen bildungsbereichsübergreifenden Kooperationsbeziehung von der Umsetzung des Konzepts „Ganztagsschule" (Z. 119 - 127)

(a) Argumentationsschema

Nachfrage (Z. 119 - 121)
Führt die Schule Projekte mit Weiterbildungseinrichtungen zu bestimmten Themen durch?

⇨ **Behauptung** (Z. 122)
Es würden „nicht wirklich" (Z.122) Projekte mit Weiterbildungseinrichtungen durchgeführt.

⇨ **Spezifizierung** (Z. 122 - 126)
Es erfolgt eine Spezifizierung der Formulierung „nicht wirklich": Zurzeit sei die Schule dabei, erste Kontakte zu Volkshochschulen und Musikschulen aufzubauen, um eventuell im Rahmen der Umsetzung des Konzepts „Ganztagsschule" Angebote zu entwickeln.

⇨ **Begründung** (Z. 126 - 127)
Da die Schule bisher keine Ganztagsschule gewesen sei, habe zu einer derart gelagerten Kooperation keine Notwendigkeit bestanden. (Zugzwang des Berücksichtigens und Abwägens)

(b) Kodes
- Kode W33: *Abhängigkeit einer funktionsfähigen bildungsbereichsübergreifenden Kooperationsbeziehung von der Umsetzung des Konzepts „Ganztagsschule"*
- Kode W34: *Schule (SEK I) als Novize im Bereich der systeminternen Kooperation*
- Kode W35: *Kooperation als Folge einer Handlungsnotwendigkeit*

Subsegment 3.4: Praktika zwischen beruflicher Orientierung und Staatsbürgerbildung als obligatorisches Moment einer bildungsbereichsübergreifenden Zusammenarbeit (Z. 127 - 139)

(a) Argumentationsschema

Behauptung *(Z. 127 - 128)*
Es würden viele Praktika in unterschiedlichen Bereichen von den Schülerinnen und Schülern absolviert.

Begründung *(Z. 129)*
Die Schüler/-innen sollten andere Lebensbereiche kennenlernen.
(Zugzwang des Explizierens)

Beleg *(Z. 130 - 132)*
Folgende Praktika werden von der Informantin angeführt:
❶ „das klassische Betriebspraktikum"
❷ „ein Kindergartenpraktikum"
❸ „ein Sozialpraktikum" (Z. 130 - 133).
(Zugzwang des Dokumentierens)

Konklusion *(Z. 135 - 139)*
Praktika seien Bestandteil der schulischen Erziehung. Man könnte die Praktika aber auch im Sinne von „Citoyen" als „Staatsbürgerbildung" (Z.137) sehen.
(Zugzwang des Konsequenzziehens)

(b) Kodes
• Kode W36: *Praktika zwischen beruflicher Orientierung und Staatsbürgerbildung als obligatorisches Moment einer bildungsbereichsübergreifenden Zusammenarbeit*

Subsegment 4.1: Der Beitrag der Schule zur Habitualisierung des lebenslangen Lernens: Initiierung und kontinuierliche Förderung des selbstorganisierten Lernens (Z. 151 - 188)

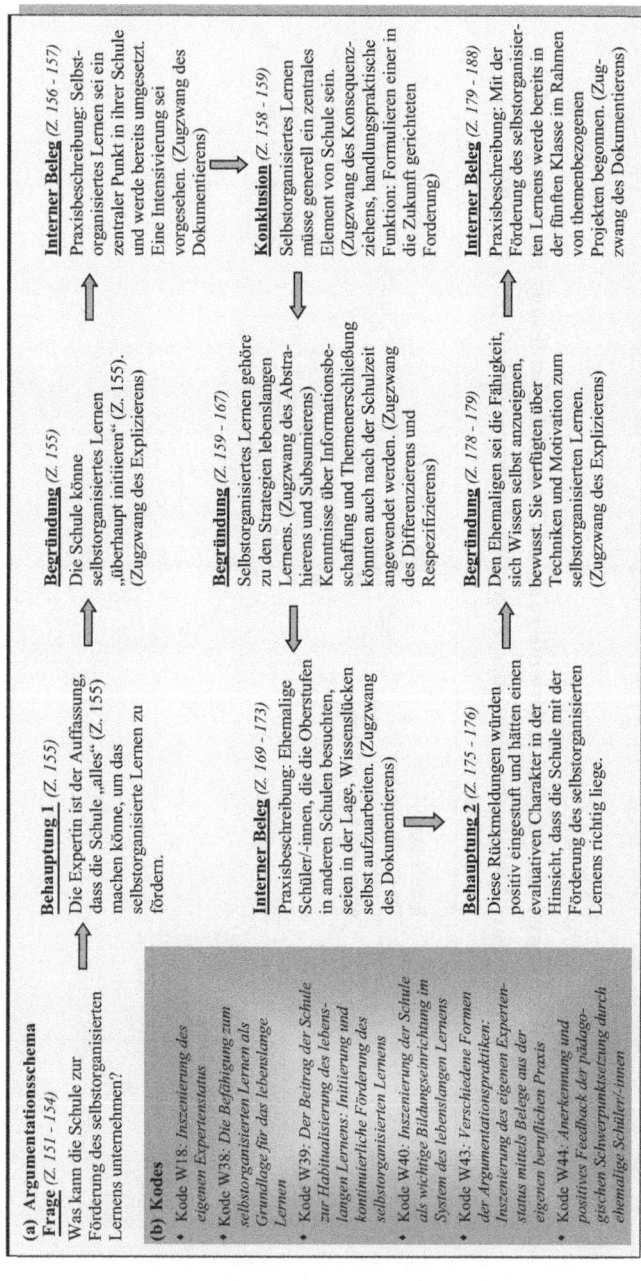

(a) Argumentationsschema

Frage (Z. 151 - 154)
Was kann die Schule zur Förderung des selbstorganisierten Lernens unternehmen?

(b) Kodes

- Kode W18: *Inszenierung des eigenen Expertenstatus*
- Kode W38: *Die Befähigung zum selbstorganisierten Lernen als Grundlage für das lebenslange Lernen*
- Kode W39: *Der Beitrag der Schule zur Habitualisierung des lebenslangen Lernens: Initiierung und kontinuierliche Förderung des selbstorganisierten Lernens*
- Kode W40: *Inszenierung der Schule als wichtige Bildungseinrichtung im System des lebenslangen Lernens*
- Kode W43: *Verschiedene Formen der Argumentationspraktiken: Inszenierung des eigenen Expertenstatus mittels Belege aus der eigenen beruflichen Praxis*
- Kode W44: *Anerkennung und positives Feedback der pädagogischen Schwerpunktsetzung durch ehemalige Schüler/-innen*

Behauptung 1 (Z. 155)
Die Expertin ist der Auffassung, dass die Schule „alles" (Z. 155) machen könne, um das selbstorganisierte Lernen zu fördern.

Begründung (Z. 155)
Die Schule könne selbstorganisiertes Lernen „überhaupt initiieren" (Z. 155). (Zugzwang des Explizierens)

Interner Beleg (Z. 156 - 157)
Praxisbeschreibung: Selbstorganisiertes Lernen sei ein zentraler Punkt in ihrer Schule und werde bereits umgesetzt. Eine Intensivierung sei vorgesehen. (Zugzwang des Dokumentierens)

Interner Beleg (Z. 169 - 173)
Praxisbeschreibung: Ehemalige Schüler/-innen, die die Oberstufen in anderen Schulen besuchten, seien in der Lage, Wissensstücken selbst aufzuarbeiten. (Zugzwang des Dokumentierens)

Begründung (Z. 159 - 167)
Selbstorganisiertes Lernen gehöre zu den Strategien lebenslangen Lernens. (Zugzwang des Abstrahierens und Subsumierens) Kenntnisse über Informationsbeschaffung und Themenerschließung könnten auch nach der Schulzeit angewendet werden. (Zugzwang des Differenzierens und Respezifizierens)

Konklusion (Z. 158 - 159)
Selbstorganisiertes Lernen müsse generell ein zentrales Element von Schule sein. (Zugzwang des Konsequenzziehens, handlungspraktische Funktion: Formulieren einer in die Zukunft gerichteten Forderung)

Behauptung 2 (Z. 175 - 176)
Diese Rückmeldungen würden positiv eingestuft und hätten einen evaluativen Charakter in der Hinsicht, dass die Schule mit der Förderung des selbstorganisierten Lernens richtig liege.

Begründung (Z. 178 - 179)
Den Ehemaligen sei die Fähigkeit, sich Wissen selbst anzueignen, bewusst. Sie verfügten über Techniken und Motivation zum selbstorganisierten Lernen. (Zugzwang des Explizierens)

Interner Beleg (Z. 179 - 188)
Praxisbeschreibung: Mit der Förderung des selbstorganisierten Lernens werde bereits in der fünften Klasse im Rahmen von themenbezogenen Projekten begonnen. (Zugzwang des Dokumentierens)

Segment 5: Nostrifizierung informellen Lernens im schulischen Kontext: Schlüsselkompetenzen und Sekundärtugenden (Z. 215 - 234)

(a) Argumentationsschema

Frage *(Z. 215 - 217)*
Welche Möglichkeiten existieren, das informelle Lernen in der Schule miteinzubeziehen?

Latente Interaktionskrise/Vorbereitung der nachfolgenden Argumentation *(Ebene der Gesprächsorganisation)*

Rückfrage der Informantin *(Z. 218)*
Die Interviewpartnerin möchte wissen, was die Interviewerin „konkret" (Z. 218) unter informellem Lernen verstehe.

Erläuterung der Interviewerin *(Z. 219)*
Die Interviewerin erläutert beispielhaft, dass darunter das beiläufige Lernen der Schüler/-innen im Alltag verstanden werden könne.

Hinweis der Informantin *(Z. 220 - 221)*
Wagner weist darauf hin, dass sie immer noch nicht wisse, was die Interviewerin unter dem Begriff „informelles Lernen" verstehe. Sie versucht aber dennoch die Frage der Interviewerin zu beantworten und signalisiert weiterhin Kooperationsbereitschaft.

Behauptung *(Z. 221 - 223)*
Die Schüler/-innen würden „ziemlich viel sozusagen noch auf der Seite lernen" (Z. 222-223).

Spezifizierung *(Z. 225 – 228)*
Die Schüler/-innen würden sehr viel im Bereich der Schlüsselkompetenzen (hier: Sozialkompetenz → Kommunikationsfähigkeit, Kooperationsfähigkeit, Konfliktfähigkeit) und Sekundärtugenden (hier: Zuverlässigkeit) lernen.

Konklusion *(Z. 228 - 234)*
Die Schule versuche, diese Themen nicht dem „hidden curriculum" (Z.229) zu überlassen, sondern aktiv zu bearbeiten („über Teamarbeit zu reden" Z. 231-232), „wie können Schüler miteinander kommunizieren(?)" Z. 232). (Zugzwang des Konsequenzziehens)

Kode W52: Transformation des informellen Lernens in formales oder non-formales Lernen

(b) Kodes
• *Kode W47: Nostrifizierung informellen Lernens im schulischen Kontext: Schlüsselkompetenzen und Sekundärtugenden*
• *Kode W49: Kompensation von Nichtwissen durch Verantwortungsübergabe an Interviewerin*
• *Kode W51: Fehlendes Wissen über das informelle Lernen*

Segment 6: Relevanzverschiebung im Kontext der Habitualisierung lebenslangen Lernens: Von der Vermittlung selektiver Wissensbestände zur Erziehung zur Mündigkeit (Z. 235 - 253)

(a) Argumentationsschema

Frage (Z. 235 - 236)
Welche neuen Aufgaben kommen bei der Umsetzung lebenslangen Lernens auf die Schulen zu?

⟹

Behauptung (Z. 237 - 241)
Schulen dürften sich nicht mehr nur mit der Vermittlung und Überprüfung „gewisser Wissenskanons" (Z. 239) zufrieden geben.

⟹

Begründung (Z. 241 - 247)
Es bestehe das Erfordernis, dass Schüler/-innen ein Bewusstsein entwickelten bezüglich der selektiven Wissensvermittlung der Schule und der Aneignungsmöglichkeiten von vertiefendem bzw. weiterführendem Wissen außerhalb der schulischen Grenzen. (Zugzwang des Explizierens)

⟹

Konklusion (Z. 249 - 253)
Schule müsse dieses Bewusstsein bei ihrer Klientel schaffen und die Schüler/-innen zum selbstorganisierten Lernen befähigen. (Zugzwang des Konsequenzziehens, handlungspraktische Funktion der Konklusion: Formulieren einer in die Zukunft gerichteten Forderung)

(b) Kodes

- Kode W 54: *Relevanzverschiebung im Kontext der Habitualisierung lebenslangen Lernens: Von der Vermittlung selektiver Wissensbestände zur Erziehung zur Mündigkeit*
- Kode W55: *Kritik am bisherigen Schulsystem: Vermittlung und Überprüfung selektiver Wissensbestände*

- Kode W56: *Reformvorschlag: Aufzeigen der Grenzen schulischer Wissensvermittlung bei gleichzeitiger Förderung des selbstorganisierten Lernens*
- Kode W57: *Verschiedene Formen der Argumentationspraktiken: Darstellung einer Notwendigkeit zur Bestärkung der Begründungsaktivität*

- Kode W83: *Verschiedene Formen der Argumentationspraktiken: Formulieren einer in die Zukunft gerichteten Forderung als handlungspraktische Funktion der Konklusion*

Subsegment 7.1: Berufsbeamtentum als potenzieller Hemmfaktor bei der Institutionalisierung lebenslangen Lernens (Z. 254 – 271)

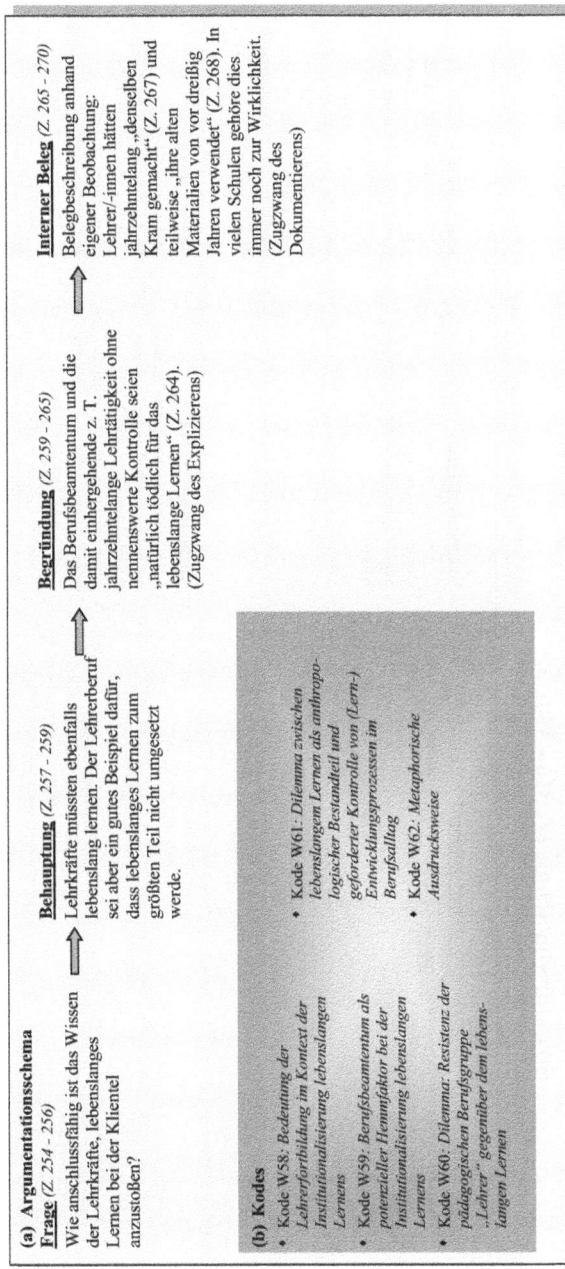

(a) Argumentationsschema

Frage (Z. 254 - 256)
Wie anschlussfähig ist das Wissen der Lehrkräfte, lebenslanges Lernen bei der Klientel anzustoßen?

Behauptung (Z. 257 - 259)
Lehrkräfte müssten ebenfalls lebenslang lernen. Der Lehrerberuf sei aber ein gutes Beispiel dafür, dass lebenslanges Lernen zum größten Teil nicht umgesetzt werde.

Begründung (Z. 259 - 265)
Das Berufsbeamtentum und die damit einhergehende z. T. jahrzehntelange Lehrtätigkeit ohne nennenswerte Kontrolle seien „natürlich tödlich für das lebenslange Lernen" (Z. 264). (Zugzwang des Explizierens)

Interner Beleg (Z. 265 - 270)
Belegbeschreibung anhand eigener Beobachtung; Lehrer/-innen hätten jahrzehntelang „denselben Kram gemacht" (Z. 267) und teilweise „ihre alten Materialien von vor dreißig Jahren verwendet" (Z. 268). In vielen Schulen gehöre dies immer noch zur Wirklichkeit. (Zugzwang des Dokumentierens)

(b) Kodes

• Kode W58: *Bedeutung der Lehrerfortbildung im Kontext der Institutionalisierung lebenslangen Lernens*

• Kode W59: *Berufsbeamtentum als potenzieller Hemmfaktor bei der Institutionalisierung lebenslangen Lernens*

• Kode W60: *Dilemma: Resistenz der pädagogischen Berufsgruppe „Lehrer" gegenüber dem lebenslangen Lernen*

• Kode W61: *Dilemma zwischen lebenslangem Lernen als anthropologischer Bestandteil und geforderter Kontrolle von (Lern-) Entwicklungsprozessen im Berufsalltag*

• Kode W62: *Metaphorische Ausdrucksweise*

Subsegment 8.1: Positive Beeinflussung der Lernmotivation als Ausgangspunkt für die Organisation und Struktur von Schule (Z. 316 - 354)

(a) Argumentationsschema

Frage *(Z. 316 - 319)*
Welche Aktivitäten sind vonseiten der Schule notwendig, um die Schüler/-innen für das lebenslange Lernen zu motivieren?

⇨

Bezweiflung *(Z. 320)*
Es gehe hierbei nicht nur um Aktivitäten.

⇨

Gegenbehauptung *(Z. 320 - 322)*
Es gehe vielmehr um die Organisation und Struktur von Schule sowie das vorherrschende Klima.

⇨

Begründung *(Z. 322 - 331)*
Vonseiten der Neurowissenschaften sei bekannt, dass ein positives Wohlbefinden eine Lernvoraussetzung sei. Schule müsse daher so organisiert sein, dass kein Druck, keine Panik, wenig Stress und ein gutes Klima existierten. (Zugzwang des Differenzierens und Respezifizierens)

⇩

Konklusion *(Z. 350 - 354)*
Es gehe um die Anerkennung, dass die Schüler/-innen einen Großteil ihrer Lebenszeit in der Schule verbringen würden und Schule so gestaltet sein müsse, dass sie gerne an diesen Lernort kommen. (Zugzwang des Konsequenzziehens, handlungspraktische Funktion der Konklusion: Formulieren einer in die Zukunft gerichteten Forderung)

⇦

Interner Beleg *(Z. 331 - 350)*
Praxisbeschreibung:
➊ Einführung von Jahrgangsteams, Unterricht durch wenige Lehrkräfte
➋ Zeitliche Organisation des Unterrichts in Doppelstunden
➌ Ermöglichung von selbstorganisiertem Lernen
➍ Schaffung von Entspannungsmöglichkeiten.
(Zugzwang des Dokumentierens)

(b) Kodes

- Kode W15: *Starkes institutionelles Zugehörigkeitsgefühl*
- Kode W69: *Schule als verantwortlicher Ort für die Förderung von Lernmotivation*
- Kode W70: *Positive Beeinflussung der Lernmotivation als Ausgangspunkt für die Organisation und Struktur von Schule*
- Kode W72: *Verschiedene Formen der Argumentationspraktiken: Begründungen unter Bezugnahme wissenschaftlicher Erkenntnisse*

- Kode W73: *Inszenierung der eigenen Bildungseinrichtung: Positive Abgrenzung von der breiten Masse der Schulen mittels Umsetzung aktueller wissenschaftlicher Erkenntnisse*
- Kode W74: *Schaffen eines Bewusstseins seitens der Schulen über die Beeinflussbarkeit der Lernmotivation durch Lernumgebung*
- Kode W83: *Verschiedene Formen der Argumentationspraktiken: Formulieren einer in die Zukunft gerichteten Forderung als handlungspraktische Funktion der Konklusion*

7 Die absolute Metapher ‚lebenslanges Lernen‘: Wissenschaftliches Konzept und empirische Dimensionalisierung

Ziel der vorliegenden Arbeit ist es, den Diskurs über die bildungsbereichsübergreifende Umsetzung lebenslangen Lernens basierend auf Argumentationen von Akteurinnen und Akteuren aus dem Elementarbereich, dem Sekundarbereich, der Erwachsenbildung/beruflichen Weiterbildung sowie der Bildungspolitik transparent zu machen und einen Beitrag zur Entwirrung der im Diskurs enthaltenen unterschiedlichen Vorstellungen und Intentionen zu leisten.

Dabei ist die Verfasserin der Untersuchung bei der Identifizierung der Kernkategorie, des „Herzstücks des Integrations-Prozesses" (Strauss & Corbin 1996: 101), im Zuge der Entwicklung einer gegenstandsverankerten Theorie in allen Interviews auf Phänomene gestoßen, die unter dem Kategorientitel ‚Lebenslanges Lernen – eine absolute Metapher‘ konzeptuell festgehalten werden können. Die Verfasserin greift bei dieser Kategorienbezeichnung auf das wissenschaftliche Konzept der absoluten Metapher von Blumenberg (1960/1998) zurück.[76]

In der Grounded Theory gibt es zwei Typen von Kategorien. Es handelt sich dabei zum einen um die sogenannten „In-vivo-Kodes" (Strauss & Corbin 1996: 50) bzw. „natürlichen Kodes" (Strauss 1998: 64):

> „Eine andere wichtige Quelle für Namen sind die Worte und Äußerungen, die von den Informanten selbst verwendet werden, die so treffend sind, daß Sie sofort auf sie aufmerksam werden." (Strauss & Corbin 1996: 50)
>
> „(...) ‚[Sie, C.D.] sind geradewegs der Terminologie des Forschungsfeldes entnommen oder daraus abgeleitet: in der Hauptsache die Begriffe, die die Handelnden in diesem Bereich verwenden‘. Während der Forscher offen kodiert, bekommt er diese Ausdrücke von den Akteuren oft zu hören, und er wird diese Begriffe dann in seine Analyse aufnehmen." (Strauss 1998: 64)

---

76 Bereits Gehard de Haan (1991) hat in einer theoretischen Auseinandersetzung mit pädagogischen Metaphern, dem lebenslangen Lernen den Status einer absoluten Metapher zugeschrieben (vgl. de Haan 1991: 367-368; nähere Erläuterungen hierzu in Kapitel 7.4).

Zum anderen besteht die Möglichkeit, wissenschaftliche Konzepte als Kategorienbezeichnung zu verwenden:

> „(…) ‚Soziologische Konstrukte sind andererseits Kodes, die der Soziologe formuliert (‚Bewußtseinskontext', ‚medizinische Verlaufskurve').' (Die Konstrukte müssen natürlich keine soziologischen sein; sie können je nach wissenschaftlicher Disziplin auch psychologischer, anthropologischer usw. Natur sein.) Diese Konstrukte basieren auf einer Kombination aus dem Fachwissen des Forschers und seiner Kenntnis des zu untersuchenden Forschungsfeldes. Folglich können sie der Analyse mehr soziologische (sozialwissenschaftliche) Bedeutung geben als natürliche Kodes. Sie vergrößern auch die Reichweite einer Theorie, indem sie über lokale Sinndeutungen von Daten hinausgehen zu allgemeineren Problemen der Sozialwissenschaft. Analytisch gesehen sind sie wertvoll, weil sie klar und systematisch konstruiert sind." (Strauss 1998: 64-65)

Auch wenn die „Theoriegenerierung eine Prämie auf emergente, erst noch zu entwickelnde Konzeptualisierungen" (Glaser & Strauss 2008: 46) setzt, ist die Übernahme von wissenschaftlichen Konzepten in der Grounded Theory erlaubt. Sie muss aber mit Sorgfalt erfolgen und deren Bedeutungen müssen bei der Analyse berücksichtigt werden (vgl. Strauss & Corbin 1996: 49-50).

Die Kategorie ‚lebenslanges Lernen – eine absolute Metapher' entspricht den Ansprüchen Strauss' und Corbins an eine Kernkategorie, die „den entscheidenden Kitt beim Zusammenfügen – und beim ordentlichen Zusammenhalten – aller Komponenten der Theorie" (Strauss & Corbin 1996: 101) darstellt: Unter der Bedingung, dass lebenslanges Lernen eine absolute Metapher ist, wodurch Begriffsbestimmungen sowie konkrete Aussagen zur bildungsbereichsübergreifenden Umsetzung des lebenslangen Lernens erschwert werden, ergreifen die sozialen Akteurinnen und Akteure im Rahmen der durchgeführten Interviews kontextgebundene Definitionsversuche. Diese werden aus der methodischen Perspektive der Grounded Theory als Handlungsstrategie der Expertinnen und Experten betrachtet, um trotz der vorhandenen immanenten semantischen Vagheit bei absoluten Metaphern dennoch Aussagen über die Bedeutung des lebenslangen Lernens und dessen bildungsbereichsübergreifender Umsetzung für ihr jeweiliges Handlungsfeld treffen zu können (siehe hierzu Kapitel 8).

In diesem Kapitel wird die Kernkategorie der gegenstandsverankerten Theorie vorgestellt. Dabei wird sich zunächst mit dem wissenschaftlichen Konzept ‚absolute Metapher' auseinandergesetzt, um dessen Bedeutungen darzulegen: Es erfolgt Kontextwissen zu Metaphern im Allgemeinen, zu deren Bedeutung in der Pädagogik sowie zur absoluten Metapher als Sonderform der Metaphern. Danach wird Bezug genommen auf die theoretischen Überlegungen de Haans zur absoluten Metapher ‚lebenslanges Lernen'. Abschließend erfolgt die Darlegung der empirischen Merkmale der absoluten Metapher ‚lebenslanges Lernen‘, die induktiv aus dem Datenmaterial generiert wurden und als ein wesentliches Ergebnis der komparativen Analyse der vorliegenden Arbeit gelten.

Im anschließenden Kapitel 8 werden mittels des Aufzeigens von Bedingungspfaden die kontextgebundenen Definitionsversuche der Expertinnen und Experten im Umgang mit der absoluten Metapher ‚lebenslanges Lernen‘ präsentiert.

7.1 Der Metaphernbegriff

Der Begriff ‚Metapher‘ entstammt dem griechischen Wort ‚metaphora‘, das mit dem Begriff ‚Übertragung‘ übersetzt werden kann. Bereits Aristoteles setzte sich in seinem Werk „Poetik" mit dem Metaphernbegriff auseinander und schrieb diesem die Bedeutung der Übertragung in dem Sinne zu, dass ein Wort auf eine Sache übertragen wird, die durch dieses Wort eigentlich nicht bezeichnet wird (vgl. Skirl & Schwarz-Friesel 2007: 4).[77]

In der Linguistik wird der Begriff ‚Metapher‘ definiert als

„(…) eine besondere Form des nichtwörtlichen Gebrauchs eines Ausdrucks in einer bestimmten Kommunikationssituation (…). Dabei stehen der Gegenstand, der durch die lexikalische Bedeutung des Ausdrucks erfasst wird, und der Gegenstand, auf den sich der Ausdruck bei metaphorischer Verwendung bezieht, (im Normalfall) in einer spezifischen Ähnlichkeits- oder Analogiebeziehung" (ebd.).

Nach Plett (2001) lassen sich Metaphern u. a. nach ihrer Funktionalität typisieren.[78] Ein Merkmal der Funktionalität ist die Geläufigkeit bzw. Gebräuchlichkeit

---

77   Skirl und Schwarz-Friesel (2007) verweisen unter Bezugnahme auf einen Artikel von Ekkehard Eggs (2001) im Historischen Wörterbuch der Rhetorik darauf, dass Aristoteles noch nicht zwischen Metapher und Metonymie unterscheidet (vgl. Skirl & Schwarz-Friesel 2007: 4). Im Unterschied zur Metapher wird bei der Verwendung einer Metonymie die eigentliche Bezeichnung einer Sache mit einer ihr verwandten Bezeichnung vertauscht (vgl. Bantel & Schaefer 1993: 87). Beispiele für Metonymien stellen die folgenden Aussagen dar: „Ich lese am liebsten Thomas Mann" (der Name des Autors steht für sein Werk) oder „Berlin betont die Verlässlichkeit der deutschen Außenpolitik" (der Ort steht stellvertretend für die Regierung) (vgl. Skirl & Schwarz-Friesel 2007: 14-15). Die von Aristoteles vorgenommene Definition von Metapher als Übertragung, welcher Skirl und Schwarz-Friesel ebenfalls den Status einer Metapher zuschreiben, ist für alle späteren Begriffsbestimmungen der Metapher bedeutsam (vgl. a.a.O.: 4). Metaphern und Metonymien gehören in der Rhetorik zu den Tropen, der Oberbegriff für alle rhetorischen Figuren der Übertragung (vgl. a.a.O.: 17).

78   Neben der Funktionalität führt Plett (2001) weitere Analysekriterien auf: die Genetik der Metapher (Ermittlung der semantischen Herkunftsbereiche), die Paradigmatik der Metapher (Paradigma ‚belebt‘ und ‚unbelebt‘, synästhetisches Paradigma), die Kombinatorik der Meta-

der Metapher.[79] Entsprechend des Grades der Habitualisierung können lexikalisierte und neue Metaphern unterschieden werden (vgl. Plett 2001: 110-111; Skirl & Schwarz-Friesel 2007: 28-29). Bei den lexikalisierten Metaphern ist den Vertreterinnen und Vertretern einer Sprachgemeinschaft deren metaphorische Bedeutung nicht mehr bewusst. Sie werden im Sprachgebrauch konventionell verwendet und sind als Lexikoneintrag rubriziert. Hierzu gehören auch die sogenannten ‚toten Metaphern', die als solche ohne entsprechendes sprachgeschichtliches Wissen nicht mehr erkannt werden können (z. B. der Zweck, der Redefluss) (vgl. Skirl & Schwarz-Friesel 2007: 28-29; Plett 2001: 110).

Anders als bei den lexikalisierten Metaphern werden neue Metaphern von den Sprachproduzenten bewusst gebildet und von den Sprachrezipienten als solche bewusst in ihrem kommunikativen Handeln rezipiert. Skirl und Schwarz-Friesel (2007) unterscheiden dabei zwischen den kreativen und innovativen Metaphern. Bei den kreativen Metaphern werden metaphorische Konzepte (vgl. Lakoff & Johnson 2003: 11-17) lexikalisierter Metaphern kreativ erweitert. Ein Beispiel hierfür stellt das metaphorische Konzept ‚Geld als Wasser' dar, welches der lexikalisierten Metapher ‚Geldquelle' zugrunde liegt. Eine daraus abgeleitete kreative Metapher lautet ‚Geldbächlein' (vgl. Skirl & Schwarz-Friesel 2007: 30). Innovative Metaphern hingegen bauen nicht auf den metaphorischen Konzepten lexikalisierter Metaphern auf, sondern verkörpern neue Konzeptkombinationen, wie z. B. „Zeit als glitschiger Ball" (a.a.O.: 31). Im kommunikativen Handeln werden Metaphern häufig intentional eingesetzt, um bestimmte Effekte wie Erkenntnisförderung, Überzeugung, negative oder positive Bewertungen sowie emotionale Reaktionen seitens der Rezipientinnen und Rezipienten hervorzurufen (vgl. a.a.O.: 60-64).[80]

7.2 Metaphern in der Pädagogik

Scheuerl (1959) weist daraufhin, dass Metaphern seit jeher zum pädagogischen Denken gehören und im sprachlichen Handeln bewusst oder unbewusst ange-

---

pher (Untersuchung der einzelnen Bestandteile der Metapher und deren Auswirkungen auf die Gesamtbedeutung) sowie die Grammatik der Metapher (Analyse der unterschiedlichen syntaktischen Funktionen der einzelnen Wortklassen) (vgl. Plett 2001: 100-109).

79   Neben der Geläufigkeit der Metapher führt Plett (2001) die Motivation der Metapher (z. B. notwendige Metapher, überflüssige Metapher etc.) sowie die Angemessenheit der Metapher (z. B. dunkle Metapher, groteske Metapher, pathetische Metapher etc.) als Merkmale der Funktionalität von Metaphern an (a.a.O.: 111-112).

80   Guski (2007) spricht hierbei auch von der kommunikativen, hermeneutischen, heuristischen und appellativ-argumentativen Funktion von Metaphern (vgl. Guski 2007: 22-26).

wendet werden (vgl. Scheuerl 1959: 211).[81] Als Grund hierfür gibt Scheuerl an, dass sich die Themen der Pädagogik nicht eindeutig begrifflich fassen lassen und somit der Rückgriff auf Metaphern eine Bearbeitungsstrategie darstellen kann, um die Vielfältigkeit und Vieldeutigkeit von Erziehungs- und Bildungsphänomenen zu beschreiben, zu erklären und zu vermitteln:[82]

> „Da es sich im pädagogischen Bereich vor allem um innere Erfahrungen handelt, um seelische, geistige und personale Veränderungen und deren nicht unmittelbar anschaubare Beziehung untereinander wie zur mitmenschlichen und geistigen Welt, ist der Gebrauch von Metaphern und Katachresen auch hier von alters her unvermeidlich und bedenkenlos üblich. Schon die Worte Erziehung (= educatio) und Bildung (= formatio) sind metaphorisch. Worte wie Prägung und Formung, Führung und Lenkung, Entwicklung und Entfaltung sind wie eine Vielzahl weiterer pädagogischer Bezeichnungen nur metaphorisch recht zu verstehen." (Scheuerl 1959: 212)[83]

Scheuerl präsentiert einen ersten – nach seinen Aussagen unvollständigen – Systematisierungsversuch von pädagogischen Metaphern, die bereits über die Jahrhunderte hinweg ihren Bestand haben: organische Metaphern (z. B. der Mensch als sich entfaltender Organismus, der Erzieher als Gärtner), technische Metaphern (z. B. Erziehung als Formung von Wachs), mäeutische Metaphern (z. B. Erziehung als Begegnung und Dialog), architektonische Metaphern (z. B. Erziehung als Stufengang) und Lichtmetaphern (z. B. Erziehung und Bildung als Erleuchtung, als Aufklärung), die von de Haan durch Bodenmetaphern (z. B.

---

81 Die Untersuchung von Metaphern im pädagogischen sprachlichen Handeln stellt einen Forschungsbereich in der Erziehungswissenschaft dar (vgl. exemplarisch Gansen 2010; Geffert 2006; Gropengießer 2004; Gruschka 1994; Guski 2007; Meyer-Drawe 1999; Oelkers 1991b; Schmitt 2006; Schmitt 2013).

82 Ricœur (1986) begründet die Allgegenwart der Metapher in Bezug auf das „Theorem der Kontextgebundenheit der Bedeutung". „Wenn das Wort an die Stelle einer Verbindung von Aspekten tritt, die selbst die fehlenden Teile ihrer verschiedenen Kontexte sind, beruht das Prinzip der Metapher auf dieser Konstitution der Worte. Elementar formuliert hält die Metapher zwei Gedanken verschiedener Dinge zusammen, die innerhalb eines Wortes oder eines einfachen Ausdruckes gleichzeitig wirken und deren Bedeutung die Resultate ihrer Wechselwirkung ist. Um diese Beschreibung auf das Theorem der Bedeutung abzustimmen, wollen wir sagen, daß die Metapher in einer einfachen Bedeutung zwei verschiedene fehlende Teile der verschiedenen Kontexte dieser Bedeutung zusammenhält. Es handelt sich also nicht mehr um eine bloße Verschiebung der Worte, sondern um einen Austausch zwischen Gedanken, also um eine Transaktion zwischen Kontexten" (Ricœur 1986: 139).

83 Plett (2001) definiert Katachrese (lat. abusio) als eine notwendige Metapher: „Sie entsteht aus Mangel an einer direkten Bezeichnung und schließt somit eine sprachliche Lücke. Ihr Gebrauchswert ist nach einiger Zeit häufig der einer toten Metapher" (Plett 2001: 111). Als Beispiele für Katachresen können genannt werden: Tischbein, Raumschiff, der Fuß des Berges, Flussbett, Flaschenhals etc.

Grundbildung) und Fließmetaphern (z. B. Wissens- und Erkenntnisquellen) ergänzt werden (vgl. Scheuerl 1959: 216-220; de Haan 1991: 362).[84]

Auch Schulze (1990) weist daraufhin, dass die Erziehungswissenschaft zur
Erklärung ihrer Grundbegriffe immer wieder auf Metaphern zurückgreift, was
seines Erachtens in der Vergangenheit dazu geführt habe, dass der wissenschaftliche Status dieser Disziplin in Frage gestellt worden sei und als Reaktion darauf,
die Metaphern durch abstraktere Termini ersetzt worden seien, die aber nicht
unbedingt zu einem klareren Verständnis pädagogischer Phänomene beigetragen
hätten (vgl. Schulze 1990: 100).[85] Wie Scheuerl sieht auch Schulze einen Grund
für die Verwendung von Metaphern im pädagogischen Denken darin, dass viele
Prozesse und Gegebenheit im pädagogischen Handeln und Wirken nicht wahr-
nehmbar sind, also nicht deskriptiv erfasst und meist nur durch Analogien veran-
schaulicht werden können. Ferner weist er daraufhin, dass viele pädagogische
Handlungen ursprünglich stark mit anderen lebensweltlichen Handlungen verbunden waren, sodass zur Verdeutlichung der pädagogischen Aufgaben von
Erziehung und Bildung die Anlehnung an lebensweltliche Tätigkeiten nahelag
(Tätigkeiten eines Gärtners, Töpfers etc.) (vgl. a.a.O.: 100-101). Als weiterer
Grund führt Schulze an, „(...) daß die pädagogische Wissenschaft als eine prakti-
sche, aber nicht technologische Wissenschaft darauf bedacht sein muß, nicht nur
Wissen zu fördern, sondern auch dieses Wissen in Sprache zu vermitteln"
(a.a.O.: 101).

Neben den negativen Folgen der Habitualisierung von Metaphern, wie der
Verschleierung oder der Simplifizierung komplexer Wirklichkeiten von Erziehung und Bildung, indem ihre Übernahme in den Sprachgebrauch ohne Reflexion des metaphorischen Gehaltes erfolgt (vgl. Scheuerl 1959: 212), werden auch

---

84 Als einen weiteren Systematisierungsversuch kann derjenige von Kron (2001) angeführt wer-
    den, der Erziehung als Vorgang betrachtet: „1. Erziehung als Ziehen", „2. Erziehung als Füh-
    rung", „3. Erziehung als Regierung und Zucht", „4. Erziehung als Wachsenlassen", „5. Erzie-
    hung als Anpassung", „6. Erziehung als Lebenhelfen" (Kron 2001: 197 zitiert in Kauder &
    Lehberger 2007: 62). Ein weiteres Ordnungsschema für pädagogische Bilder und Metaphern
    hat Kauder 2001 entwickelt – bestehend aus den beiden Hauptgruppen „Bilder des unterstüt-
    zenden Begleitens" und „Bilder des formenden Eingreifens", welches er gemeinsam mit Caro-
    lin Lehberger 2007 um die Gruppe der „Bilder pädagogischer Inspiration" erweitert (vgl. Kau-
    der & Lehberger 2007: 63-67).

85 Gauss, Hoffmann und Uhle (2007) verweisen ebenfalls auf die Diskreditierung der Metaphern
    in erziehungswissenschaftlichen Diskursen, was die Verwendung von Metaphern nicht gänz-
    lich eliminiert, jedoch ihren Einsatz reflektierter und zurückhaltender erfolgen lassen hat: „Seit
    sich in den 60er Jahren des vorigen Jahrhunderts im Zuge der Abkehr von der Geisteswissen-
    schaftlichen Pädagogik die Auffassung durchzusetzen begann, die an ihre Stelle tretende, mo-
    derne Erziehungswissenschaft müsse sich auch auf *genauere* Begriffe und Kategorien sowie
    präzisere Ausdrucksmittel und Terminologien verständigen, geriet die Berufung auf Mythen
    und die Verwendung von Metaphern offiziell in Verruf (Gaus, Hoffmann & Uhle 2007: 10,
    Hervorhebung im Original).

positive Effekte im Sinne von Erkenntnisgenerierung bei der Verwendung von Metaphern im pädagogischen Diskurs konstatiert. Beispielsweise in ihrer kritischen Funktion, eingefahrene Sichtweisen mit konträren Sichtweisen zu konfrontieren, oder durch die Bereitstellung von Analogien, um das Suchen und Entdecken von neuen Strukturmomenten und -zusammenhängen anzuregen (vgl. Schulze 1990: 101-102).

7.3 Absolute Metapher als Sonderform der Metaphern

Der Begriff ‚absolute Metapher' wurde von dem deutschen Philosophen Hans Blumenberg im Jahr 1960 mit seinem Beitrag „Paradigmen zu einer Metaphrologie" im „Archiv für Begriffsgeschichte" von Erich Rothacker geprägt.[86] Blumenberg unterscheidet zunächst gemäß ihrer Bedeutung für die philosophische Sprache zwei Klassen von Metaphern: Metaphern als ‚Restbestände' und Metaphern als ‚Grundbestände' der Sprache (vgl. Blumenberg 1998: 10). Metaphern als Restbestände charakterisiert er als „Rudimente auf dem Wege *vom Mythos zum Logos*; als solche indizieren sie die cartesische Vorläufigkeit der jeweiligen geschichtlichen Situation der Philosophie, die sich an der regulativen Idealität des puren Logos zu messen hat" (ebd., Hervorhebungen im Original). Dieser Metapherntyp stellt sozusagen die Vorstufe zum Begriff dar und hat das Potenzial sich zu einem Terminus zu entwickeln. Hingegen handelt es sich bei den absoluten Metaphern als ‚Grundbestände' der Sprache nach Blumenberg um

> „(...) ‚Übertragungen', die sich nicht ins Eigentliche, in die Logizität zurückholen lassen. Wenn sich zeigen läßt, daß es solche Übertragungen gibt, die man ‚absolute Metaphern' nennen müßte, dann wäre die Feststellung und Analyse ihrer begrifflich nicht ablösbaren Aussagefunktion ein essentielles Stück der Begriffsgeschichte." (Blumenberg 1998: 10)
> „Daß diese Metaphern absolut genannt werden, bedeutet nur, dass sie sich gegenüber dem terminologischen Anspruch als resistent erweisen, nicht in Begrifflichkeit aufgelöst werden können, nicht aber, daß nicht eine Metapher durch eine andere ersetzt bzw. vertreten oder durch eine genauere korrigiert werden kann." (a.a.O.: 12-13)

Absolute Metaphern bezeichnen Phänomene, die nicht begrifflich, sondern nur metaphorisch zu erfassen sind (vgl. a.a.O.: 177). Solche Phänomene sind nach Blumenberg das Sein, die Geschichte, die Welt, das Leben oder die Zeit (Blumenberg 1979: 90-97). Bei der Darlegung seines Verständnisses der absoluten

---

86 Der Beitrag wurde 1998 im Suhrkamp Verlag als Buch veröffentlicht. Diese Ausgabe liegt den weiteren Erläuterungen der Verfasserin zugrunde.

Metapher verweist Blumenberg auf die wesentliche Übereinstimmung mit dem Kantschen Symbolbegriff (dargelegt in der Schrift „Kritik der Urteilskraft"), der als Verfahren der Übertragung von Reflexion definiert ist (vgl. Blumenberg 1998: 11): „Unsere ‚absolute Metapher' findet sich hier als *Übertragung der Reflexion über einen Gegenstand der Anschauung auf einen ganz anderen Begriff, dem vielleicht nie eine Anschauung direkt korrespondieren kann*" (a.a.O.: 12, Hervorhebungen im Original). Die absolute Metapher hat vor diesem Hintergrund eine pragmatische Funktion: Sie dient nicht der theoretischen, sondern der praktischen Bestimmung eines Phänomens und zwar in der Form, welche Vorstellung bzw. Idee dieses Phänomen für den Menschen hat und wie diese Idee genutzt werden soll (vgl. Blumenberg 1998: 12).[87] Vor diesem Hintergrund verfügen absolute Metaphern über eine Geschichte. Sie indizieren, wie eine Epoche über das ihnen zugrundeliegende Phänomen gedacht hat:

> „(...) die fundamentalen, tragenden Gewißheiten, Vermutungen, Wertungen, aus denen sich die Haltungen, Erwartungen, Tätigkeiten und Untätigkeiten, Sehnsüchte und Enttäuschungen, Interessen und Gleichgültigkeiten einer Epoche regulieren." (a.a.O.: 25)

Aufgrund der Zuschreibung einer geschichtlichen Entwicklung, bezogen auf das zugrundeliegende Phänomen, ist es denn auch möglich, dass eine absolute Metapher über die zeitlichen Epochen hinweg durch eine andere ersetzt werden kann.[88]

Absolute Metaphern bieten Orientierung und Struktur, die es eigentlich nicht gibt, und beeinflussen damit menschliches Verhalten: „Ihr Gehalt [der absoluten Metapher, C.D.] bestimmt als Anhalt von Orientierungen ein Verhalten, sie geben einer Welt Struktur, repräsentieren das nie erfahrbare, nie übersehbare Ganze der Realität" (a.a.O.: 25).

Thomas Rentsch (2009) arbeitet „den aporetischen theoretischen Charakter der absoluten Metapher" (Mende 2009: 19) heraus, indem er Blumenbergs Bezug auf den Kantschen Symbolbegriff durch Wittgenstein vertieft (vgl. ebd.). Rentsch kommt zu dem Ergebnis, dass das, was Kant als ‚Symbole' und Blu-

---

87 Rentsch (2009) bezeichnet diese pragmatische Funktion auch als „pragmatischen Kontextholismus", der laut Rentsch auch eine Kernthese von Paul Ricœur bestätigt: „Es geht bei der Analyse von Metaphern um die *Sätze* als die erste, fundamentale semantische Einheit, in denen die Metaphern auftreten, und damit auch um die Gebrauchskontexte dieser Sätze" (Rentsch 2009: 139, Hervorhebung im Original; vgl. auch Kapitel 7.5.3 in der vorliegenden Arbeit).

88 In den „Paradigmen zu einer Metaphorologie" setzt sich Blumenberg mit der Wahrheitsmetaphorik zunächst im historischen Längsschnitt auseinander, um anschließend in einem terminologisch-metaphorologischen Querschnitt fassbar zu machen, welche Bedeutung die herangezogenen Metaphern haben (vgl. Blumenberg 1998).

menberg als ‚absolute Metapher' benennen, auch als Bilder bezeichnet werden können. Es handelt sich dabei um Bilder, die keine Abbilder darstellen (vgl. Rentsch 2009: 140):

> „Wir können sie [Symbole nach Kant, absolute Metaphern nach Blumenberg, C.D] als Bild verstehen, die zwar – mit den Unterscheidungen Freges – einen Sinn haben, aber keine Bedeutung, nämlich keine Referenzen auf einen der Rede externen Gegenstand. Insofern würden diese Bilder rede-intern gegenstandskonstitutiv fungieren, und zwar durch ihren Gebrauch, durch ihre jeweilige Verwendung in bestimmten Praxiszusammenhängen. Lösen wir uns von Freges Unterscheidung, dann können wir jedenfalls von einem festen gemeinsamen Gebrauch solcher nichtabbildender Bilder ausgehen." (a.a.O.: 140)

Die Entwicklung und Anwendung von absoluten Metaphern erfolgt aufgrund ihrer Eigenschaft, dass durch sie aufgezeigt werden kann, wie etwas gesehen werden soll:

> „Ihr Wesen besteht in ihrem Gebrauch. Sie gehören zur *Grammatik* der Sprache im wittgensteinschen Sinne. Das heißt, sie gehören zum konstitutiven kulturellen *framework*, sie artikulieren keine Tatsache (Fakten), die in der Welt empirisch vorfindlich sind, sondern sie artikulieren (zeigen) die Form der Welt." (Rentsch 2009: 142, Hervorhebungen im Original)

Letztendlich werden durch Symbole (Kant)/absolute Metaphern (Blumenberg)/ konstitutive Bildlichkeit (Rentsch) Perspektiven unseres Welt- und Selbstverständnisses aufgezeigt (vgl. Rentsch 2009: 148).

7.4 Die absolute Metapher ‚lebenslanges Lernen' nach de Haan

In seinem 1991 veröffentlichten Aufsatz „Über Metaphern im pädagogischen Denken" konstatiert Gerhard de Haan, dass der Begriff ‚lebenslanges Lernen' zu den absoluten Metaphern gehört (vgl. de Haan 1991: 367-368). Er begründet diese Feststellung, indem er die Wortgruppe ‚lebenslanges Lernen' im Kontext ihrer morphologischen Bestandteile (lebens – langes – Lernen) betrachtet und dabei zu dem Schluss kommt, dass nicht das ‚Lernen' die Metapher darstellt, da das Lernen durchaus begrifflich fassbar ist, auch wenn die diesbezüglichen Definitionen vielfältig und divergent sein können (vgl. de Haan 1991: 367).[89] Den

---

89 In der alltagsweltlichen Verwendung existieren drei Verständniskontexte für das Wort ‚Lernen': (1) Wissenserwerb, (2) Erwerb von kognitiven Prozessen (z. B. Sprechen) sowie (3) Erwerb von Fertigkeiten – auch motorisches Lernen genannt – (z. B. Fahrradfahren) (vgl.

metaphorischen Gehalt erlangt der Ausdruck nach de Haan durch die Bestandteile ‚lebens – lang'. Bereits Hans Blumenberg, der sich in seinen Werken zur Metaphorologie mit philosophischen Fragestellungen auseinandersetzt, schreibt dem
Leben sowie der Zeit den Status einer absoluten Metapher zu (vgl. Blumenberg
1979: 90-97). Die der philosophischen Sprache entnommenen absoluten Metaphern werden in dem Adjektiv ‚lebenslang' amalgamiert.

De Haan begründet die Zuschreibung des Status einer absoluten Metapher
bei der Wortverbindung ‚lebenslang' damit, dass sowohl das Leben als auch die
Zeit empirisch nicht in Gänze fassbar sind:

> „Alle Bemühungen, eine empirische Anschauung von der Zeit zu gewinnen, nötigen
> dazu, daß Metaphern des Raumes mit ins Feld geführt werden und das läßt sich auch
> gar nicht vermeiden: Lebens*langes* Lernen heißt es ja auch. Aber Zeit und Raum
> sind von gänzlich anderer Qualität, und so müßte die Analogiebildung – die zu unei-
> gentlicher Rede führt – sich eigentlich verbieten. Die Frage, was das Leben sei, ist
> ebensowenig zur Anschauung zu bringen: Es umfaßt die Totalität des individuellen
> Daseins, der gegenüber jeglicher Versuch, sie anschaulich zu machen, nur auf Situa-
> tionen, Stimmungen, Entwicklungen offen artikulierte oder hintergründige Sinnvor-
> stellungen verweisen kann, wo nach dem Ganzen gefragt wird." (de Haan 1991: 367,
> Hervorhebung im Original)

Aufgrund der Unbestimmbarkeit von ‚Leben' und ‚Zeit' und der damit einhergehenden semantischen Vagheit besteht die Tendenz, dass das Lernen im Kontext
der absoluten Metapher ‚lebenslanges Lernen' von einem Mittel zur Lebensbewältigung zu einem Bestandteil der Lebensbewältigung wird (vgl. a.a.O.: 367).
D. h. Lernen ist in diesem Verwendungs- und Bedeutungskontext nicht mehr
Mittel zum Zweck, sondern muss selbst als externe Anforderung an die Lebens-
gestaltung bewältigt werden. Zum Abschluss seiner Argumentation verweist de
Haan darauf, dass das lebenslange Lernen trotz seines Status einer absoluten
Metapher eine Orientierungsfunktion in pädagogischen Handlungsfeldern und

---

Bauer 1996: 1038). Das lernpsychologische Verständnis kann als umfassender bezeichnet werden: „Ein Kind lernt z. B. im Laufe seiner Entwicklung Vorlieben und Abneigungen, Aggres-
sionen und Ängste, Rollenverhalten, Einfühlungsvermögen, moralische Normen, Selbstkon-
trolle, Handlungs- und Entscheidungsstrategien, also Verhaltensmuster, die in emotionalem
Zusammenhang mit seiner kulturellen Umgebung stehen" (ebd.). Es existieren vielfältige
Lernphänomene, die mittels unterschiedlicher Forschungsansätze, wie den verhaltensorientier-
ten Ansätzen, dem kognitionspsychologischen und informationstheoretischen Ansätzen oder
den biologischen und neurophysiologischen Ansätzen und hier entwickelten Lerntheorien beschrieben, untersucht und erklärt werden (vgl. a.a.O.: 1038-10430). Zu den bedeutendsten
Lerntheorien gehören die behavioristisch-assoziationistischen Lerntheorien (z. B. Lernen durch
Assoziationsbildung, klassische Konditionierung, operante oder instrumentelle Konditionierung) sowie die kognitiv orientierten Lerntheorien (z. B. Informationstheoretische Lernmodel-
le) und die sozial-kognitive Lerntheorie (z.B. Lernen am Modell) (vgl. a.a.O.: 1041-1048).

der Erziehungswissenschaft eingenommen hat. Seines Erachtens ermöglicht die absolute Metapher ‚lebenslanges Lernen', dass sich „ein ganzes Set an bildungspolitischer Reflexion in einem Wort" (a.a.O.: 368) konzentriert.

7.5 Empirische Dimensionalisierung der absoluten Metapher ‚lebenslanges Lernen'

Durch das Identifizieren der Kernkategorie ‚lebenslanges Lernen – eine absolute Metapher', können de Haans (1991) theoretische Überlegungen, wonach er lebenslanges Lernen als eine absolute Metapher einstuft, empirisch belegt und ausdifferenziert werden. Betrachtet man die Aussagen der Interviewpartnerinnen und -partner zu ihrem jeweiligen Verständnis des lebenslangen Lernens, so lassen sich verschiedene Merkmale identifizieren, die auf den Status einer absoluten Metapher und ihre theoretische Unbestimmbarkeit verweisen. Es handelt sich dabei um:

1. Unterschiedliche Typisierungen des lebenslangen Lernens: Konstrukt – Idee – Schlagwort

2. Austauschbarkeit der metaphorischen Anteile: lebenslang – lebenslänglich – lebensbegleitend

3. Diachrone Veränderungen der Bedeutung des lebenslangen Lernens

4. Unterschiedliche Bedeutungskontexte des lebenslangen Lernens.

Die einzelnen Merkmale sollen in den folgenden Abschnitten näher betrachtet werden.

7.5.1 *Unterschiedliche Typisierungen des lebenslangen Lernens: Konstrukt – Idee – Schlagwort*

Die theoretische Unbestimmbarkeit des lebenslangen Lernens zeigt sich zum einen in den von den Informantinnen und Informanten getätigten Typisierungen des lebenslangen Lernens als ‚Konstrukt', als ‚abstrakte Idee', als ‚Schlagwort' oder ‚Grundhaltung'. Diese Zuschreibungen legen den Schluss nahe, dass der Ausdruck ‚lebenslanges Lernen' nicht dem terminologischen Anspruch genügt.

D. h. lebenslanges Lernen kann inhaltlich nicht klar abgegrenzt bzw. definiert werden.[90]

> E: Nein, es ist eigentlich kein sehr, sehr konkreter Begriff. Also, es ist, ist eine abstrakte Idee, die äh, die dadurch entsteht, dass man, dass man einfach spürt Entwicklungen laufen schneller ab, (..) äh Konstellationen ändern sich schneller. Das reicht von Märkten bis zu äh politischen Veränderungen, das reicht bis, bis zur Kommunikations- äh Strukturen. Und äh, ich denke, über das Ganze hat man dann das Schlagwort lebenslanges Lernen gelegt. Das können Sie auch als, als Flexibilität beschreiben, dann sind Sie wieder am gleichen Ende.[91]
> *(Interview-Nr. 2: Frau Schäfer, betriebliche Weiterbildung, Z. 51-57)*

In dieser Beispielpassage wird gleich mithilfe von zwei Typisierungen versucht zu verdeutlichen, dass es sich bei dem Ausdruck ‚lebenslanges Lernen' nicht um einen klar definierten Gegenstand handelt, der sich auf einen Begriff bringen lässt. Es wird die Behauptung aufgestellt, dass das lebenslange Lernen begrifflich nur schwer zu fassen sei und es sich dabei um eine abstrakte Idee handeln würde. Hier wird die von Blumenberg geäußerte pragmatische Funktion der absoluten Metapher offenkundig: Eine theoretische Bestimmung ist nicht mög-

---

90 In der Terminologielehre wird ‚Terminologie' als „der Gesamtbestand der Begriffe und ihrer Benennungen in einem Fachgebiet" (Norm DIN 2342 Teil 1 1992:3 zitiert in Arntz, Picht & Mayer 2004: 10) verstanden. Dabei wird Fachsprache definiert als „der Bereich der Sprache, der auf eindeutige und widerspruchsfreie Kommunikation im jeweiligen Fachgebiet gerichtet ist und dessen Funktionieren durch eine festgelegte Terminologie entscheidend unterstützt wird" (Norm DIN 2342 1992:1 zitiert in a.a.O: 10). Für die Terminologielehre ist der ‚Begriff' von zentraler Bedeutung. Es handelt sich dabei um eine „Denkeinheit, die aus einer Menge von Gegenständen unter Ermittlung der diesen Gegenständen gemeinsamen Eigenschaften mittels Abstraktion gebildet wird" (Norm DIN 2342 1992:1 zitiert in a.a.O.: 43). Für die Normung ist die Definition der Begriffe das Wichtigste: „erst wenn klar ist, worüber man spricht, ist es sinnvoll zu überlegen, wie man den betreffenden Begriff am zweckmäßigsten benennen kann" (a.a.O.: 42). Bei der absoluten Metapher ‚lebenslanges Lernen' verhält es sich genau umgekehrt: Worüber man spricht, ist keineswegs klar. Bei der Analyse des Datenmaterials lassen sich verschiedene Bedeutungskontexte bzw. Verständnisse rekonstruieren (siehe Kapitel 7.5.3), die alle mit dem Ausdruck ‚lebenslanges Lernen' bezeichnet werden. Nach de Haan (1991) sind absolute Metaphern wie die des lebenslangen Lernens „kein Restbestand uneigentlicher Rede, sondern sind ‚eigentliche' Sprache, resistent gegen die Ablösung durch einen Begriff. Ihre Funktion liegt gerade darin, Sicherheit zu schaffen, Erwartungen zu regulieren und Haltungen auszudrücken, also Bedürfnisse der Orientierung zu genügen, die sich begrifflich nicht gewinnen lassen" (de Haan 1991: 368).

91 In den Kapiteln 7 und 8 werden die analytischen Ergebnisse der Arbeit exemplarisch anhand von Interviewausschnitten belegt. Dabei geht die Verfasserin so vor, dass das erste angeführte Transkriptbeispiel, welches das empirische Phänomen beschreibt, unter Hinzuziehung der Begriffe der Argumentationsanalyse (siehe Kapitel 3.4) paraphrasierend wiedergegeben wird. Nachfolgende Interviewausschnitte werden dann in ihrer illustrierenden Funktion als Zitat in Klammern aufgeführt.

lich, vielmehr existiert eine praktische Bestimmung des Phänomens über eine Idee und wie diese genutzt werden soll (vgl. Blumenberg 1998: 12). In den nachfolgenden Zeilen erfolgt die Spezifizierung der Idee. Es wird Bezug genommen auf das Empfinden einer wirtschaftlichen, politischen und gesellschaftlichen Veränderungsdynamik. Dieser Bedeutungskontext (siehe hierzu auch Kapitel 7.5.3) – so die Konklusion der Interviewpartnerin – sei mit dem Schlagwort ‚lebenslanges Lernen' gekennzeichnet worden. Mit dem Verweis auf die Flexibilität wird schließlich dargelegt, wie die Idee genutzt werden kann. In dem dargelegten Bedeutungskontext kann die absolute Metapher ‚lebenslanges Lernen' die Funktion einer subjektbezogenen Handlungsstrategie einnehmen, um beispielsweise flexibel auf wirtschaftliche, politische und gesellschaftliche Veränderungsprozesse reagieren zu können.[92]

7.5.2 Austauschbarkeit der metaphorischen Anteile: lebenslang – lebenslänglich – lebensbegleitend

Ein weiteres Merkmal der theoretischen Unbestimmbarkeit liegt darin begründet, dass die metaphorischen Anteile der Wortgruppe ‚lebenslanges Lernen' austauschbar bzw. synonym verwendbar sind. So kann das Adjektiv ‚lebenslang' durch das Adjektiv ‚lebenslänglich' ersetzt werden („Und äh, da denke ich, ist eine andere Mentalität erforderlich, also auch ein stärkeres Bewusstsein für die Bedeutung des lebenslangen äh, des lebenslänglichen oder wie immer man das nennen will, äh Lernens." *Interview-Nr. 16, Herr Wolf, SEK, Z. 91-93*). Bei diesem Austausch der metaphorischen Komponenten ‚lebenslang' und ‚lebenslänglich' kann jedoch eine Verstärkung der beim lebenslangen Lernen mitschwingenden negativen Konnotation stattfinden, welche Geißler und Orthey (1998) beispielsweise als „die Determiniertheit – und damit die Entwertung – aller Lebensgegenwarten durch das Lernen" (Geißler & Orthey 1998: 28) bezeichnen. Im erziehungswissenschaftlichen Diskurs findet sich ein weiteres Sy-

---

92   Auch in der Fachliteratur finden sich immer wieder Hinweise darauf, dass der Ausdruck ‚lebenslanges Lernen' unterschiedlich typisiert und dementsprechend mit unterschiedlichen Bedeutungen verbunden wird. So wird beispielweise lebenslanges Lernen als gesellschafts- und bildungspolitisches Schlagwort oder bildungspolitische Strategie markiert (vgl. Kuhlenkamp 2010: 9-12). An anderer Stelle ist von der Bildungs- oder Lernidee ‚lebenslanges Lernen' die Rede (vgl. Gerlach 2000: 9-13). Kraus spricht von einem Konzept und einer Leitidee ‚lebenslanges Lernen' (vgl. Kraus 2001: 5-18). In der bildungspolitischen Programmatik wird beispielsweise der Ausdruck ‚lebensumspannendes Lernen' verwendet, um eine Differenzierung zwischen Zeit und Raum zu konstruieren: Lebenslanges Lernen tangiert die zeitliche Dimension, während das lebensumspannende Lernen die räumliche Ausdehnung des Lernens auf alle Lebensbereiche und Lebensphasen umfassen soll (vgl. Kommission der Europäischen Gemeinschaften 2000: 10).

nonym, nämlich das des lebensbegleitenden Lernens, welches scheinbar der soeben dargestellten negativen Konnotation bei der Verwendung des Ausdrucks ‚lebenslanges Lernen‘ entgegenwirken und eher auf ein lebensgeschichtliches Lernen und die Aneignung biografischen Wissens (vgl. Alheit & Hoerning 1989) fokussieren soll: „Dieses rekonstruktiv-reflexive Moment [bezogen auf das lebensgeschichtliche Lernen und das biografische Wissen, C.D.] transportiert der häufig synonym gebrauchte Ausdruck ‚lebensbegleitendes Lernen‘ wohl deutlicher als ‚lebenslanges Lernen‘“ (Brödel 2003: 129).[93]

7.5.3   Diachrone Veränderungen der Bedeutung des lebenslangen Lernens

Nach Blumenberg verfügen absolute Metaphern über eine Geschichte, die Auskunft über Veränderungen der Bedeutung des zugrunde liegenden Gegenstandes im zeitlichen Ablauf gibt (vgl. Blumenberg 1998: 25). Im Datenmaterial finden sich Hinweise auf derartige diachrone Veränderungen. Es wird thematisiert, dass das Verständnis des lebenslangen Lernens in seiner mittlerweile 40jährigen bildungspolitischen Ideengeschichte durch unterschiedliche Ideologien geprägt worden sei. Verdeutlicht wird dies anhand der Benennung bildungspolitischer Dokumente (z. B. Recurrent Education 1973) und damit einhergehende Veränderungen der Bedeutung des lebenslangen Lernens.

I: Mhm, ähm welche pädagogischen oder gesellschaftlichen Ideen liegen Ihrem beruflichen Verständnis von lebenslangem Lernen zugrunde?

E: Da gibt's bestimmte Wandlungen, ich habe angefangen im Bereich der Arbeiterbildung, habe darüber auch *eine wissenschaftliche Ausarbeitung* angefertigt über (*nennt das Thema*). Äh, bin dann äh mit verschiedenen Projekten an der Hochschule, an der ich *beruflich tätig* war, äh dieses weiterverfolgt und habe

---

93   Wie auch der Ausdruck ‚lebenslanges Lernen‘ wird auch die Akzentverschiebung ‚lebensbegleitendes Lernen‘ durchaus kritisch betrachtet. So konstatiert Gerlach (2000) in Bezug auf die Verwendung des Ausdrucks ‚lebensbegleitendes Lernen‘: „Hier scheint jedoch eher ein psychologischer Moment, denn eine neue differenzierende Terminologie begründet zu sein. Ein eventuell ‚beängstigender‘ Einfluss von der Vorstellung einer lebenslangen Eingebundenheit in Lernprozesse soll durch die Vorstellung eines begleitenden Charakters aufgehoben werden. Diese in gewisser Weise nachzuvollziehende Überlegung läuft jedoch gerade der aktuellen Forcierung des Verständnisses von ‚lifelong learning as an attitude‘, wie es in der OECD-Studie ‚Lifelong Learning for All‘ in prägnanter Formulierung verdeutlicht wird, entgegen. Lebenslanges Lernen symbolisiert in diesem Sinne ein internalisiertes Verständnis von Lernen als einer ‚natürlichen‘ Komponente des menschlichen Lebens, in einer bereichernden und menschliches Potential erweiternden Bedeutung“ (Gerlach 2000: 164-165). Interessant ist, unter der Berücksichtigung der Perspektive, dass es sich beim lebenslangen Lernen um eine absolute Metapher handelt, dass auch Gerlach bei ihren Erläuterungen zum Bedeutungshof des lebenslangen Lernens, diesen Ausdruck als Symbol beschreibt („Lebenslanges Lernen symbolisiert“).

jetzt eher einen (seufzt) Ansatz, der gezeichnet ist sowohl durch ökonomische Kategorien, also Employability und Human Capital, also das Unwort des Jahres.
(*Interview-Nr. 6: Herr Becker, Bildungspolitik Länderebene, Z. 38-45*)

Das Textbeispiel zeigt auf, dass Veränderungen im subjektiven Verständnis durch Veränderung des beruflichen Tätigkeitsfeldes evoziert werden können. Im Rahmen der Behauptungsaktivität werden zunächst Wandlungen im Verständnis des lebenslangen Lernens konstatiert. In der darauffolgenden Begründung werden in Rekurs auf berufsbiografische Stationen die Bezugspunkte zum lebenslangen Lernen dargelegt. Auch wenn in dem Beispiel keine expliziten Dokumente, Definitionen etc. benannt werden, kann aufgrund des Hinweises auf das Tätigkeitsfeld ‚Arbeiterbildung' die berufliche Auseinandersetzung mit diesem Teilbereich der Erwachsenenbildung im Kontext der Hochschulbildung sowie aufgrund des Alters des Informanten davon ausgegangen werden, dass sich der Akteur hier auf die Bedeutung des lebenslangen Lernens der ersten Generation bildungspolitischer Dokumente bezieht (Permanent Education des Europarats 1971, Faure-Report der UNESCO 1972, Recurrent Education der OECD 1973).[94] In der Fortführung der Begründung wird erläutert, dass das heutige Verständnis geprägt sei durch ökonomische Kategorien wie Employability und Human Capital. Aufgrund der aktuellen beruflichen Verortung des Experten in der Landespolitik liegt die Vermutung nahe, dass sein heutiges Verständnis des lebenslangen Lernens durch den aktuellen bildungspolitischen Diskurs geprägt ist.[95]

---

94   Der Faure-Report wird im erziehungswissenschaftlichen Diskurs als gesellschaftspolitisches Dokument eingestuft, in dessen Mittelpunkt die Entwicklung einer demokratischen und humanen Lerngesellschaft steht, „in der die Lernenden als Erwachsene in der Education Permanente selbstbestimmt und initiativ ihre Lernentscheidungen treffen und diesen durchaus auch selbstorganisiert nachgehen" (Kuhlenkamp 2010: 16). Die Recurrent Education der OECD „ist charakterisiert als ein Konzept, das die Streuung von Bildung und Ausbildung über die gesamte Lebensdauer der Individuen im periodischen Wechsel mit anderen Aufgaben und Aktivitäten des Lebens vorsieht, insbesondere mit dem Beruf. Das Konzept strebt in einem umfassenden Sinne Chancengleichheit in Bildung und Gesellschaft an. Es zielt auf die Gleichheit der Bildungschancen, die das herkömmliche Bildungssystem nicht erreichen könne, es versucht die Möglichkeiten der Individuen zu verbessern, ihre Fähigkeiten und Lebenschancen mit möglichst geringer Abhängigkeit von den Reglementierungen des Bildungssystems zu entwickeln und die Kluft von Bildungs- und Arbeitswelt zu verringern" (a.a.O.: 18).

95   Rothe (2011) stellt in der von ihr durchgeführten Diskursanalyse „Lebenslanges Lernen als Programm" fest, dass sich der deutsche bildungspolitische Diskurs ab Mitte der 1990er Jahre stark an den europäischen und internationalen bildungspolitischen Themen und Gegenständen orientiert. Es handelt sich dabei um Themen wie „Arbeitslosigkeit und Employability, gesellschaftlicher Wandel, Autonomie von Bildungseinrichtungen, Qualität und Evaluation, Finanzierung etc." (Rothe 2011: 265).

Neben dem Rekurs auf bildungspolitische Dokumente und damit verbundenen Ideologien lassen sich diachrone Veränderungen der Bedeutung lebenslangen Lernens auch in Form des Zeitvergleichs ‚früher – heute' in beruflichen Kontexten rekonstruieren („also früher hätte man wahrscheinlich unter lebenslangem Lernen verstanden dass einer wenn er dann sagen&wir&mal Schreiner oder meinetwegen auch Jurist oder irgendwas geworden ist er immer noch ein bisschen was dazu lernen muss(.) heute kriegt das eine ganz neue Dimension(') weil keiner mehr sicher sein kann ob er sein ganzes Leben lang Schreiner sein wird oder Jurist(.)" *Interview-Nr. 19, Frau Wagner, Sekundarbereich, Z. 63-69).*

Allen Hinweisen ist gemeinsam, dass sie hauptsächlich auf das Lernen Erwachsener in beruflichen Kontexten fokussieren. Während diachrone Veränderungen der Bedeutung lebenslangen Lernens in Rekurs auf den bildungspolitischen Diskurs von Vertreterinnen und Vertretern der Interviewgruppen ‚Erwachsenenbildung/Weiterbildung' sowie ‚Bildungspolitik' thematisiert werden, wird die Verdeutlichung von Veränderungen mittels des Zeitvergleichs ‚früher – heute' von Vertreterinnen und Vertretern des Sekundarbereichs vorgenommen. Die Expertinnen und Experten aus dem Sekundarbereich – konkret die Vertreter aus der Wissenschaft – konzentrieren sich bei dem Zeitvergleich ‚früher – heute' meist auf ihre eigenen beruflichen Erfahrungen in der Lehrerausbildung und -fortbildung.

7.5.4 Unterschiedliche Bedeutungskontexte des lebenslangen Lernens

Ein weiteres Merkmal der theoretischen Unbestimmbarkeit stellen die unterschiedlichen Verständnisse des lebenslangen Lernens dar, denen unterschiedliche Bedeutungskontexte zugrunde liegen. Die Analyse des Datenmaterials zeigt auf, dass ein Verständnis des lebenslangen Lernens auf der Basis mindestens eines Bedeutungskontextes oder auf der Basis der Kombination mehrerer Bedeutungskontexte formuliert werden kann. Ein Muster von Bedeutungskontexten, das z. B. typisch für eine Interviewgruppe wäre, konnte nicht identifiziert werden. Die Verständnisse stellen den persönlichen Bezug der Interviewten zum lebenslangen Lernen dar und ermöglichen einen Einblick in den Bedeutungshof, welcher der absoluten Metapher ‚lebenslanges Lernen' innewohnt. Mithilfe des Datenmaterials konnten folgende Bedeutungskontexte rekonstruiert werden, welche die Interviewpartner/-innen bei der Darlegung ihres jeweiligen Verständnisses des lebenslangen Lernens thematisieren:

Abbildung 9:   Bedeutungskontexte der absoluten Metapher ‚lebenslanges Lernen'

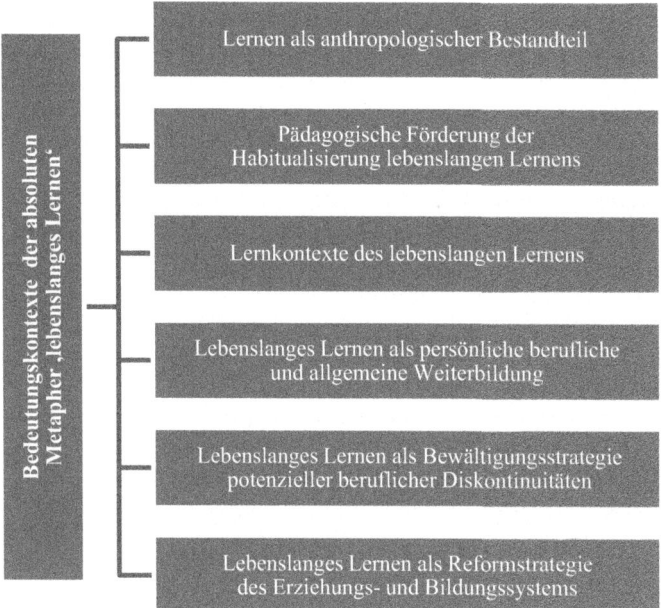

Die ersten drei Bedeutungskontexte beziehen sich auf die anthropologische Verankerung von Lernen und eine damit verbundene Lernvoraussetzung, auf die pädagogische Unterstützung zur Anbahnung von Lernprozessen sowie auf die Differenzierung von Lernprozessen in drei Lernkontexte.

Die letzten drei Bedeutungsebenen basieren auf unterschiedlichen Referenzebenen: Der vierte Bedeutungskontext umfasst die persönliche Referenzebene, auf der lebenslanges Lernen gleichgesetzt wird mit beruflicher und allgemeiner Weiterbildung auf freiwilliger Basis. Die letzten zwei Bedeutungskontexte hingegen veranschaulichen die pragmatische Funktion der absoluten Metapher ‚lebenslanges Lernen': Sie spiegeln Erwartungen wider, die mit dem lebenslangen Lernen verbunden werden. Dabei erfolgt eine Funktionalisierung des Ausdrucks ‚lebenslanges Lernen' in Form einer strategischen Verwendung. Auf der gesellschaftlichen Referenzebene wird lebenslanges Lernen als Notwendigkeit erachtet und erhält die Funktion einer Bewältigungsstrategie potenzieller beruflicher Diskontinuitäten. Auf der bildungspolitischen Referenzebene nimmt lebenslanges Lernen die Funktion einer Reformstrategie ein.

(a)   Lernen als anthropologischer Bestandteil

Bei der Darlegung ihres Verständnisses verweisen einige Informantinnen und Informanten auf das Lernen als Bestandteil des menschlichen Seins, das über die gesamte Lebensspanne hinweg stattfindet. Lernen wird hier als anthropologischer Bestandteil betrachtet.[96] Gehlen (1966)[97], einer der Hauptvertreter der Philosophischen Anthropologie, beschreibt den Menschen im Vergleich zum Tier zunächst als ‚Mängelwesen', um vor diesem eher negativen Gegenhorizont das eigentliche Spezifikum des Menschen hervorzuheben: Der Mensch als handelndes Wesen (vgl. Gehlen 1966: 28). Zur Überwindung der Mängel der menschlichen Konstitution, wie z. B. die Instinktreduktion (vgl. a.a.O.: 26) oder allgemeiner formuliert die physische Unangepasstheit, die Unspezialisiertheit sowie das Unentwickeltsein (immer im Vergleich zu Tieren und hier speziell zu höheren Säugern), und zur Sicherung der eigenen Lebensfähigkeit sei der Mensch gezwungen, selbsttätig zu handeln, sich seine Umwelt lernend anzueignen und so umzuformen, dass sie seinen ‚natürlichen' Ansprüchen entspricht (vgl. a.a.O.: 36-37). Ansonsten, „innerhalb *natürlicher,* urwüchsiger Bedingungen würde er als bodenlebend inmitten der gewandtesten Fluchttiere und der gefährlichsten Raubtiere schon längst ausgerottet sein" (a.a.O.: 33, Hervorhebung im Original). Dazu befähige ihn u. a. seine Weltoffenheit.[98] Vor dem Hin-

---

96   Anthropologie wird im weiteren Sinne definiert als „die Lehre bzw. Wissenschaft vom Menschen sowie das Wissen des Menschen um sich selbst. Im engeren Sinne ist sie der reflexive Versuch des Menschen, sein Selbstverständnis methodisch gesichert zu gewinnen und als systematisch geordnetes Wissen über den Menschen darzustellen. Anthropologie wird von anthropologisch relevanten Einzelwissenschaften aus (z. B. der Biologie, Medizin, Psychologie, Soziologie, Ethnologie, Pädagogik, Theologie) mit verschiedenen Fragestellungen und unterschiedlichen Methoden bearbeitet (...) Die Philosophische Anthropologie bemüht sich darum, das Gesamtwissen über den Menschen zu integrieren, die Teilaspekte im Gesamtzusammenhang als sinnhaft zu interpretieren sowie den Menschen in seiner jeweiligen Welt und geschichtlichen Situation zu verstehen" (Weber 2003: 20). Während die Philosophische Anthropologie auf den Menschsein an sich abzielt, setzt die Pädagogische Anthropologie im Vergleich dazu ihren Fokus auf den lernenden, den zu erziehenden und den erziehenden Menschen. Es wird von der Grundannahme ausgegangen, dass „Erziehung mit zwischenmenschlichen Interaktionen und Beeinflussungen zu tun hat, die es zu verstehen und zu verantworten gilt, [daher, C.D.] setzt alles pädagogische Denken und Handeln anthropologische Reflexion voraus" (a.a.O.: 25). Zu den Vertretern der Pädagogischen Anthropologie gehören u.a. Martinus J. Langefeld, Martin Rang, Theodor W. Adorno, Rudolf Lassahn, Otto Friedrich Bollnow, Andreas Flitner, Josef Derbolaw, Werner Loch, Heinrich Roth, Max Liedtke, Dietmar Kamper, Jürgen-Eckhardt Pleines, Hans Scheuerl (vgl. Wulf & Zirfas 1994).

97   Arnold Gehlen gehört neben Helmuth Plessner und Max Scheler zu den Hauptvertretern der Philosophischen Anthropologie.

98   Die menschliche Eigenschaft ‚Weltoffenheit' wird von Gehlen auch als Belastung bewertet: „Der Mensch unterliegt einer durchaus untierischen *Reizüberflutung,* der ‚unzweckmäßigen' Fülle einströmender Eindrücke, die er irgendwie zu bewältigen hat. Ihm steht nicht eine Um-

tergrund des Menschenbildes ‚der Mensch als handelndes Wesen' nimmt das Lernen eine zentrale Position ein.

Bei der Thematisierung der anthropologischen Komponente verwenden einige Akteurinnen und Akteure den Begriff ‚Lernen' und nicht den Ausdruck ‚lebenslanges Lernen'. Eine mögliche Begründung hierfür liefert die nachfolgende Aussage eines wissenschaftlichen Vertreters aus dem Sekundarbereich:

> E: also, grundlegend ist
> Lernen immer lebenslang. Äh, wir können nicht sagen, wir stoppen unser Ler-
> nen, sondern Lernen ist äh grundlegend für&für das, was wir sind und insofern
> ist das ein äh Pleonasmus. Lernen ist immer lebenslanges Lernen.
> *(Interview-Nr. 18, Herr Peters; Sekundarbereich, Z. 8-12)*

In Rahmen einer Konklusion wird zusammenfassend dargestellt, dass das Lernen ein grundlegender Bestandteil des menschlichen Seins sei und daher lebenslang stattfinde. Neben diesem Resümee wird aber auch noch die Bewertung des Ausdrucks ‚lebenslanges Lernen' als Pleonasmus vorgenommen. Der aus der Rhetorik stammende Begriff ist die Bezeichnung für „überflüssige inhaltliche Wiederholungen" (Plett 2001: 45). Aus Sicht des Informanten findet Lernen als anthropologischer Bestandteil in der gesamten Lebensspanne statt, wodurch die Betonung des Lernens mit dem Adjektiv ‚lebenslang' überflüssig sei.

Lernen als anthropologischer Bestandteil tritt im Datenmaterial aber auch unter dem Aspekt der intrinsischen Lernmotivation zu Tage („Die Bereitschaft sich immer wieder weiterzuentwickeln und die Motivation, die eigene dafür, sich mit neuen Dingen zu beschäftigen. Das wäre jetzt so in Kurz-, in der Kürze. Also, nicht nur bezogen auf Wissensstoff, sondern alle Bereiche." *Interview-Nr. 14, Frau Voigt, Elementarbereich, Z. 101-103).* Es handelt sich hierbei um eine Lernvoraussetzung, die Bezugspunkte zur Philosophischen Anthropologie beinhaltet. Die intrinsische Lernmotivation kann als Voraussetzung für die von Gehlen konstatierten menschlichen Eigenschaften der Weltoffenheit, Formbarkeit, Lernfähigkeit und Erfindungsgabe betrachtet werden.

Die Thematisierung des Lernens als Bestandteil des menschlichen Seins, das über die gesamte Lebensspanne hinweg stattfindet, wird von Akteurinnen und Akteuren der Erwachsenenbildung/Weiterbildung sowie des Sekundar-

---

welt instinktiv nahegebrachter Bedeutungsverteilung gegenüber, sondern eine Welt – richtig negativ ausgedrückt: ein *Überraschungsfeld* unvorhersehbarer Struktur, das erst in ‚Vorsicht' und ‚Vorsehung' durchgearbeitet, d. h. erfahren werden muß. Schon hier liegt eine Aufgabe physischer und lebenswichtiger Dringlichkeit: aus eigenen Mitteln und eigentätig muß der Mensch *sich entlasten, d. h. die Mängelbedingungen seiner Existenz eigentätig in Chancen seiner Lebensfristung umarbeiten"* (Gehlen 1966: 36, Hervorhebungen im Original).

bereichs, die einen persönlichen Bezug zur Wissenschaft haben, sei es in Form
der eigenen akademischen Qualifizierung oder in Form des beruflichen Tätigkeitsfeldes im Tertiärbereich vorgenommen. Lebenslanges Lernen als intrinsische Lernmotivation – dieser Bedeutungskontext ist innerhalb des Datensamples
breiter verteilt. Er wird sowohl von Vertreterinnen und Vertretern der Bildungspolitik, des Sekundarbereichs sowie des Elementarbereichs angeführt und überwiegend von Praktikerinnen und Praktikern thematisiert.

(b) Pädagogische Förderung der Habitualisierung lebenslangen Lernens

Einige Interviewpartner/-innen legen ihren Fokus auf einen transitiven Bezug
zum lebenslangen Lernen (vgl. Nittel & Schütz 2010: 140), indem sie auf die
Förderung der intrinsischen Lernmotivation bei ihrer jeweiligen Klientel rekurrieren:

> E: Also, äh, es ist schon mal ganz wichtig, dass die Kinder äh wach sind, dass sie
> viel fragen, dass sie motiviert sind zum Hinterfragen, immer wieder zu lernen,
> immer wieder auszuprobieren und äh das von Anfang an, wenn sie zu uns in
> die Einrichtung kommen. Das heißt, dass wir ihnen auch die Chance geben zu
> lernen, zu entdecken, zu hinterfragen, ganz viel auszuprobieren.
> *(Interview-Nr. 13, Frau Zimmermann, Elementarbereich, Z. 51-55)*

In dem Interviewausschnitt werden zunächst Beobachtungsmerkmale der intrinsischen Lernmotivation beim Kind beschrieben. Daraus wird in einer abschließenden Konklusion die pädagogische Aufgabe abgeleitet, eine entsprechende
Lernumgebung zu schaffen, in welcher die Kinder ihre intrinsische Lernmotivation ausleben können.

Dieser Bedeutungskontext wird hauptsächlich von Vertreterinnen und Vertretern des Elementar- und Sekundarbereichs vorgenommen und steht in enger
Verbindung mit dem Bedeutungskontext ‚Lernen als anthropologischer Bestandteil': Die Förderung der intrinsischen Lernmotivation als pädagogische Aufgabe
geht einher mit der Einstufung, dass die intrinsische Lernmotivation einen Teil-
aspekt der Anthropologie darstellt, der für die Interviewten als bedeutsam für die
Lernbiografie ihrer Klientel angesehen wird.

(c) Lernkontexte des lebenslangen Lernen

Einige Akteurinnen und Akteure nehmen bei der Erläuterung ihres Verständnisses des lebenslangen Lernens Bezug auf die Lernkontexte[99], d. h. sie definieren lebenslanges Lernen über das formale, non-formale und informelle Lernen:

> E: Äh&äh ja gut, lebenslanges Lernen, da hat man natürlich jetzt die europäische Definition, die kennen Sie ja.
> I: Ja.
> E: Und dann äh die Europäer, die Verteilung, unterteilen das in äh formale, non-formale, informelle Weiterbildung.
> *(Interview-Nr. 5, Herr Braun, berufliche Weiterbildung, Z. 13-17)*

In diesem Textbeispiel wird zur Vorbereitung der eigentlichen Behauptung auf die europäische Definition des lebenslangen Lernens hingewiesen.[100] In der an-

---

99   Die Verfasserin der vorliegenden Arbeit lehnt sich bei der Verwendung des Begriffs ,Lernkontexte' an das von Nittel und Seltrecht (2013) entwickelte erziehungswissenschaftliche Differenzschema zur wissenschaftlichen Beschreibung und Rekonstruktion biografischer Lernprozesse an. Die Autoren unterscheiden hierbei zwischen (1a) *strukturellen Lerndimensionen*, die Fragen nach dem ,Was' des Lernens verfolgen (Wissensaneignung, Verhaltensveränderung, Identitäts- und Persönlichkeitsveränderung), (1b) *prozessualen Lerndimensionen*, die Fragen nach dem ,Wann' des Lernens betreffen (zielgerichtetes, verwaltetes, leidvolles und schöpferisches Lernen), (2) *Lernmodi*, die Fragen nach dem Lernens beantworten (Neulernen, Umlernen, Verlernen und Nichtlernen) und (3) *Lernkontexten*, die Fragen nach dem ,Wo' des Lernens tangieren (formales, non-formales und informelles Lernen) (vgl. Nittel & Seltrecht 2013: 7).

100 Die Definition der Europäischen Kommission in der Mitteilung „Einen Europäischen Raum des lebenslangen Lernens schaffen" (2001) greift die Definition des „Memorandum zum Lebenslangen Lernen" (Kommission der Europäischen Gemeinschaften 2000) auf: *Lebenslanges Lernen* wird definiert als alles „Lernen während des gesamten Lebens, das der Verbesserung von Wissen, Qualifikationen und Kompetenzen dient und im Rahmen einer persönlichen, bürgergesellschaftlichen, sozialen, bzw. beschäftigungsbezogenen Perspektive erfolgt" (Europäische Kommission 2001: 34). Ferner wird spezifiziert, dass das *lebensumspannende Lernen als eine Dimension des lebenslangen Lernens* jede „formale, nichtformale oder informelle Lerntätigkeit in allen Lebensbereichen und -phasen" umfasst (ebd.). Dabei wird *formales Lernen* verstanden als „Lernen, das üblicherweise in einer Bildungs- oder Ausbildungseinrichtung stattfindet, (in Bezug auf Lernziele, Lernzeit oder Lernförderung) strukturiert ist und zur Zertifizierung führt. Formales Lernen ist aus der Sicht des Lernenden zielgerichtet" (a.a.O.: 33). *Non-formales Lernen* wird von der Europäischen Kommission definiert als „Lernen, das nicht in Bildungs- oder Berufsbildungseinrichtung stattfindet und üblicherweise nicht zur Zertifizierung führt. Gleichwohl ist es systematisch (in Bezug auf Lernziele, Lerndauer und Lernmittel). Aus Sicht der Lernenden ist es zielgerichtet" (a.a.O.: 35). Schließlich umfasse das *informelle Lernen* alles Lernen, „das im Alltag, am Arbeitsplatz, im Familienkreis oder in der Freizeit stattfindet. Es ist (in Bezug auf Lernziele, Lernzeit oder Lernförderung) nicht strukturiert und führt üblicherweise nicht zur Zertifizierung. Informelles Lernen kann zielgerichtet sein, ist jedoch in den meisten Fällen nichtintentional (oder ,inzidentell'/beiläufig)" (a.a.O.: 33). Diese drei-

schließenden Behauptung wird konstatiert, dass lebenslanges Lernen im Kontext der europäischen Definition in „formale, non-formale und informelle Weiterbildung" gegliedert sei. Dass der Akteur hier von formaler, non-formaler und informeller Weiterbildung anstelle von formalem, non-formalem und informellem Lernen spricht, kann der beruflichen Verortung des Experten in der beruflichen Weiterbildung geschuldet sein, auf die sein Antwortverhalten konsequent ausgerichtet ist. Die Interviewpassage zeigt aber auch bezeichnender Weise auf, wie ein Definitionsversuch auf bildungspolitischer Ebene eindimensional (nämlich bezogen auf einen Bildungsbereich) umgedeutet werden kann.

Die Lernkontexte werden von Vertreterinnen und Vertretern aus der Erwachsenenbildung/Weiterbildung angeführt, die eng mit der Bildungspolitik zusammenarbeiten.

(d)   Lebenslanges Lernen als persönliche berufliche und allgemeine
       Weiterbildung

Die Thematisierung dieses Bedeutungskontextes erfolgt unter reflexiver Bezugnahme auf das lebenslange Lernen (vgl. Nittel & Schütze 2010: 140). D. h. die Informantinnen und Informanten beziehen ihre Aussagen auf ihr eigenes Lernverhalten im Erwachsenenalter. Lebenslanges Lernen bedeutet hier die eigene berufliche und allgemeine Weiterbildung auf freiwilliger Basis.

> E: Ja, lebenslanges Lernen für mich heißt, dass man einmal in dem Bereich, in
>   dem man schon etwas gelernt hat, also ausgebildet ist, äh natürlich sich weiter-
>   entwickelt. Ähm, und dass man, wenn ich jetzt an mich selber denke, ich bin
>   ausgebildete Gymnasiallehrerin und bin jetzt seit 20 Jahren in der integrierten
>   Gesamtschule tätig und habe eigentlich äh erst in der beruflichen Praxis so viel
>   gelernt und lerne täglich dazu und entwickele mich weiter als Lehrerin, als

---

gliedrige Differenzierung des Lernens bzw. lebenslangen Lernens wird im erziehungswissenschaftlichen Fachdiskurs durchaus kritisch betrachtet. Overwien (2005) kritisiert, dass die Definition des non-formalen Lernens unpräzise sei, da z. B. in Einrichtungen der Erwachsenenbildung sowohl Kurse angeboten würden, „die zu einem Zertifikat führen und andere, bei denen das nicht der Fall ist" (Overwien 2005: 346), also formales und non-formales Lernen in Bildungseinrichtungen stattfinden kann. Seltrecht (2012) plädiert für eine zweigliedrige Differenzierung. Sie unterscheidet zwischen pädagogisch intendierten und nicht pädagogisch intendierten Lernprozessen. Durch diese Differenzierung würden auch jene Lernprozesse berücksichtigt, „die innerhalb pädagogischer Institutionen, aber außerhalb des pädagogisch geplanten Curriculums stattfinden (...) Damit wird auch die Gegenseite des Lernens, also sowohl Vermittlung als auch Aneignung bzw. Lehren und Lernen, berücksichtigt. Ob Lernprozesse pädagogisch intendiert sind, wird daran festgemacht, ob es sich bei (genuin oder nicht genuin) pädagogisch handelnden Personen um eine an die pädagogische Semantik anschließende Intentionalität handelt" (Seltrecht 2012: 537).

Schulleiterin, als Pädagogin. Das sehe ich so als den einen Strang lebenslangen Lernens, also in dem Bereich, in dem man schon ist, sich weiterzuentwickeln, sich weiter zu qualifizieren, auch Fortbildungen zu besuchen und natürlich sozusagen Learning by Doing auch in der, in der Praxis zu lernen. (..) Und darüber hinaus sehe ich lebenslanges Lernen so, wenn ich jetzt mal wieder von mir ausgehe, mein Traum war immer Klavier spielen zu lernen und als Kind war das nicht möglich. Und ich habe jetzt vor zwei Jahren angefangen Klavier zu lernen und sehe, wie schwierig das ist und wie ich als Schülerin, als Anfängerin, mit meinem Klavierlehrer mich durch leichte Noten durchkämpfe und merke, wenn ich mal nicht übe, was das für Folgen hat. Also, ich sehe, dass dann, das wäre der zweite Strang, sich eben in ganz anderen Bereichen auch richtig fortzubilden, ja, Neigungen oder Interessen zu vertiefen. Ja, das sind so die zwei Bereiche, die ich sehe.
(Interview-Nr. 20, Frau Jung, Sekundarbereich, Z. 27-45)

Die Beispielpassage wurde ausgewählt, da hier auf beide Komponenten – die berufliche als auch die allgemeine Weiterbildung – Bezug genommen wird. In der Behauptungsaktivität wird zunächst die berufliche Weiterbildung angeführt. Ausgehend von dem einst erlernten Beruf stelle die fachliche Weiterentwicklung eine Selbstverständlichkeit dar. Alle Interviewten, die diesen Bedeutungskontext vertreten, beschreiben die berufliche Weiterentwicklung und die damit einhergehenden Lernprozesse als eine Art Selbstverständlichkeit. In der nachfolgenden internen Belegbeschreibung wird die zunehmende Bedeutung des Lernens im beruflichen Kontext hervorgehoben. In der anschließenden Konklusion erfolgt der zusammenfassende Kommentar, dass die berufliche Weiterbildung einen Teilbereich des lebenslangen Lernens ausmache und in unterschiedlichen Lernkontexten, nämlich in pädagogisch intendierten und pädagogisch nicht intendierten Lernprozessen, stattfinde. Im Anschluss wird eine weitere interne Belegbeschreibung nachgeschoben, die sich auf die allgemeine Weiterbildung in Form eines lang gehegten Wunsches, Klavier spielen zu lernen, bezieht. In der abschließenden Konklusion verweist die Informantin darauf, dass die allgemeine Weiterbildung, in ihrer Funktion, persönliche Neigungen oder Interessen zu vertiefen, ebenfalls einen Teilbereich des lebenslangen Lernens darstelle.[101]

---

101 Zwar wird im Rahmen dieses Bedeutungskontextes die allgemeine Weiterbildung als Bestandteil des lebenslangen Lernens im Erwachsenenalter thematisiert, eine generell größere Relevanz wird jedoch der beruflichen Weiterbildung zugeschrieben. Diese Tendenz spiegelt sich auch in dem Adult Education Survey (AES) 2010 Trendbericht des Bundesministeriums für Bildung und Forschung wider. Im Jahr 2010 erfolgte zur Trendbeobachtung des Weiterbildungsverhaltens in Deutschland eine bundesweite repräsentative Erhebung. Befragt wurden 7.035 Personen im Alter zwischen 18 und 64 Jahren zur Teilnahme an Weiterbildungsveranstaltungen in den vergangenen zwölf Monaten. 81 % der Befragten gaben dabei an, dass sie hauptsächlich aus beruflichen Gründen an formalen Weiterbildungsangeboten teilgenommen haben (vgl. Bundesministerium für Bildung und Forschung 2010: 5; 16).

(e) Lebenslanges Lernen als Bewältigungsstrategie potenzieller beruflicher Diskontinuitäten

Dieser Bedeutungskontext lässt sich am häufigsten im Datenmaterial rekonstruieren. Er wird von Vertreterinnen und Vertretern der Praxis wie auch der Wissenschaft in allen Interviewgruppen – Elementarbereich, Sekundarbereich, Erwachsenenbildung/berufliche Weiterbildung und Bildungspolitik – angesprochen.[102] Im Mittelpunkt steht das Lernen Erwachsener in beruflichen Kontexten. Lebenslanges Lernen wird hier als Notwendigkeit beschrieben, deren Begründung auf gesellschaftliche und wirtschaftliche Veränderungsprozesse zurückgeführt wird. Die vor allem aufgrund von Globalisierung und technologischem Wandel hervorgerufenen Veränderungen in der Berufswelt erforderten eine ständige Anpassung der Qualifikationen und Kompetenzen. Lebenslanges Lernen scheint hier mit der Erwartung verbunden zu sein, zukünftige potenzielle berufliche Diskontinuitäten bewältigen zu können. („Ich halte zwar von dieser Formel der Halbwertzeit des Wissens äußerst wenig, das ist eine Metapher, dahinter steht nichts an Realität ähm, aber dennoch wird es in fast allen Berufen jetzt schon sein oder zukünftig so sein, dass mhm, ja, dass nach einer Erstausbildungsphase immer wieder Phasen des, des Weiterlernens hinzukommen müssen." *Interview-Nr. 11, Herr Koch, Elementarbereich, Z. 42-49*).

In diesem Bedeutungskontext wird die pragmatische Funktion der absoluten Metapher offenkundig: Lebenslanges Lernen übernimmt die Funktion einer Bearbeitungsstrategie zur Bewältigung potenzieller beruflicher Diskontinuitäten.[103] Dieser Bedeutungskontext ist nicht durch eine reflexive Bezugnahme (vgl. Nittel & Schütz 2010: 140) auf das lebenslange Lernen gekennzeichnet. D. h. die Akteurinnen und Akteure greifen bei ihren Erläuterungen nicht auf die Darstellung eigener Lernerfahrungen zurück, sondern verweisen mit einem distanzierten Duktus auf eine gesamtgesellschaftliche Relevanz dieser Bewältigungsstrategie hin. Dabei kann ein transitiver Bezug auf die eigene Klientel vorgenommen werden. Häufig verwendete Distanzierungsmarkierer sind das Indefinitpronomen ‚man' oder das Substantiv ‚Mensch'[104] sowie die Benennung von ursächlichen Bedingungen für die Entstehung der Notwendigkeit zum lebenslangen Lernen

---

102 Bei der Interviewgruppe ‚Elementarbereich' rekurriert lediglich ein Interviewpartner auf diesen Bedeutungskontext.

103 Auf diese Funktionalisierung weisen auch Andrzejewska u. a. (2012) hin: „Lebenslanges Lernen wird als eine Bewältigungsstrategie für wachsende Unübersichtlichkeiten, Unsicherheiten, Komplexitäten und Risiken im öffentlichen Raum, in Erwerbsarbeit sowie in der individuellen Lebenswelt verstanden (Andrzejewska u. a. 2012: 15).

104 Als Beispiel kann die folgende Interviewaussage angeführt werden: „Die Notwendigkeit, dass man nicht stehen bleiben kann, sondern dass man dauernd weiterlernen kann, einmal von den Anforderungen von außen" (*Interview-Nr. 6, Herr Becker, Bildungspolitik, Z. 7-11*).

(z. B. Globalisierung, technologischer Wandel, Veränderungen in der Berufs-welt).[105]

Hier wird der öffentliche, von der bildungspolitischen Programmatik geprägte Diskurs reproduziert. In der Handreichung „Die Erfassung des lebenslangen Lernens in einem kommunalen Bildungsmonitoring" vom Deutschen Institut für Internationale Bildungsforschung (Andrzejewska u. a. 2012) wird etwa konstatiert, dass mit dem lebenslangen Lernen unterschiedliche Erwartungen verbunden sind. So wird lebenslanges Lernen u. a. gesehen als

> „eine Strategie aktiver Arbeitsmarktpolitik, als Antwort auf den mit dem Wandel beruflicher Arbeit verbundenen Qualifikationsstrukturwandel gesehen, gekennzeichnet unter anderem durch Wissensintensivierung, Höherqualifizierung und die Notwendigkeit der ständigen Weiterbildung zum Zwecke des Erhalts der Beschäftigungsfähigkeit." (Andrzejewska u. a. 2012: 15)

In Rekurs auf die Entwicklung des Verständnisses lebenslangen Lernens in der EU, verweist Schemmann (2007) darauf, dass das lebenslange Lernen im Mittelpunkt der europäischen Bildungspolitik steht. Dabei werde in den aktuellen Dokumenten der Europäischen Kommission (2000; 2001) dem lebenslangen Lernen zwar eine politische und soziale Dimension im Hinblick auf aktive Staatsbürgerschaft zugesprochen, jedoch nehme die ökonomische Dimension eine dominantere Stellung ein (vgl. Schemmann 2007: 130-131). Schemmann betont, dass das Verständnis lebenslangen Lernens aufgrund der damit verbundenen bildungspolitischen Erwartung, „dass sich mit Bildung Probleme der Beschäftigung, Wettbewerbsfähigkeit oder des sozialen Zusammenhalts lösen lassen" (a.a.O.: 131), instrumentell und utilitaristisch ist.

Die zunehmende Bedeutung des lebenslangen Lernens, verstanden als Bewältigungsstrategie beruflicher Diskontinuitäten, wird innerhalb der Interviewgruppe ‚Sekundarbereich' unter transitiver Bezugnahme dargestellt. Die Hochschulprofessoren rekurrieren hierbei meist auf ihre Klientel in der Lehrerausbildung und -fortbildung. Dabei verwenden alle wissenschaftlichen Vertreter, die möglicherweise für den Sekundarbereich typische ‚Rucksackmetapher', um zu

---

105 Ein Beispiel mit einer transitiven Bezugnahme stellt das Folgende dar: „auf der anderen Seite aber ahm ich denke(') auch im Vergleich zu früher als ich selber noch zur Schule ging ahm notwendiger denn je weil ahm man sagt ja immer ahm mit diesem schönen Schlagwort die Halbwertzeit des Wissens wird immer kürzer(') also es gibt ahm unglaublich viele Neuerfindungen im Moment auf eine ah auch sehr beschleunigte Art und Weise zusammenhängend natürlich auch mit dem Prozess der Globalisierung und ahm das bedeutet dass ahm den heutigen Schülern in&ah&in ihrer späteren Arbeitswelt eine sehr sehr große Flexibilisierung ahm abverlangt wird(') ahm sie werden mit Sicherheit nicht wie noch unsere Eltern und teilweise auch wir ahm ein ganzes Leben lang den gleichen Beruf machen(.)" (*Interview-Nr. 19, Frau Wagner, Sekundarbereich, Z. 54-63*).

verdeutlichen, dass das in der Ausbildung erworbene Wissen, die erworbenen Qualifikationen und Kompetenzen für die Ausübung des Lehrerbrufs nicht aus- reichen würden und daher die berufsbezogene Weiterbildung an Bedeutung ge- winne („Ich habe das mal in einem Vortrag so geschrieben, dass ich gesagt habe, unsere Vorstellung war damals die, äh da wird jemand zur Lehrerin oder zum Lehrer ausgebildet und der kriegt jetzt einen Rucksack mit Qualifikationen. Und dieser Proviant, den er da hat, der muss reichen bis zur Pensionierung. Und spä- ter wird das dann ein bisschen vertieft, verfeinert, aber es ist gewissermaßen eine Qualifikation bis zum Ende seiner beruflichen Tätigkeit. Und ich habe das dann so formuliert, dass ich gesagt habe, jetzt ist es so, dass wir erkannt haben, der kriegt nur Proviant bis zum ersten Zwischenstopp. Und es ist noch sehr viel schlimmer, er muss dann nicht nur lernen, dass er dann wieder seinen Rucksack neu auffüllen muss, sondern dass er sich selber gewissermaßen kümmern muss." *Interview-Nr. 17, Herr König, Sekundarbereich, Z. 135-145)*. Die ausgewählte Passage demonstriert, dass für die Erläuterung der Bedeutung der absoluten Metapher ‚lebenslanges Lernen' für die Berufsgruppe der Lehrer/-innen auf wei- tere Metaphern zurückgegriffen wird, um die Erwartungen und die Notwendig- keit, die in diesem Zusammenhang mit dem lebenslangen Lernen verbunden werden, besser zu veranschaulichen.

(f)   Lebenslanges Lernen als Reformstrategie des Erziehungs- und
       Bildungssystems

Für diesen Bedeutungskontext ist charakteristisch, dass die Interviewten sich weder reflexiv noch transitiv auf das lebenslange Lernen beziehen. Die absolute Metapher wird hier in einem bildungspolitischen Zusammenhang betrachtet. Mit ihr wird die Erwartung verbunden, dass durch ihre Funktionalisierung als Leit- motiv, defizitär bewertete Strukturen des Erziehungs- und Bildungssystem ver- ändert werden können. Auch hier wird die pragmatische Funktion der absoluten Metapher deutlich: Lebenslanges Lernen erhält die Bedeutung einer Reformstra- tegie des Erziehungs- und Bildungssystems.

> E: Hm, ich sage, meine These ist, das lebenslange Lernen kann äh nur ähm als
>   Angebot äh aufgebaut und als äh Struktur bereitgestellt werden, wenn man die
>   äh bisherigen Bildungsbereiche, die Grenzen der bisherigen Bildungsbereiche
>   überwindet und äh eine bildungsbereichsübergreifende, neue Struktur schafft,
>   letzten Endes auch äh neue Institutionen schafft.
> *(Interview-Nr. 8, Herr Richter, Bildungspolitik, Länderebene, Z. 63-67)*

In der in diesem Textbeispiel angeführten Behauptung wird das lebenslange Lernen nicht mehr vorrangig als Lernphänomen, sondern als Strukturphänomen betrachtet. Im Kern scheint es hierbei um die Schaffung neuer Angebotsstrukturen zu gehen, die Lernprozesse in der Lebensspanne ermöglichen. Als Vision werden dabei die Auflösung der bestehenden Bildungsbereiche und die Schaffung neuer Organisations- oder Institutionsformen ventiliert. Diese Funktionalisierung des lebenslangen Lernens kann vor dem Hintergrund gedeutet werden, dass die bildungspolitisch geforderte Ausdehnung des Lernens in der Lebensspanne mit dem Begriff der Lern- oder Bildungsbiografie erfasst wird. Die Lern- oder Bildungsbiografie wird

> „als ein weitgehend berufszentriertes Phasenmodell des Lebensablaufs konstruiert (…) Dieses Phasenmodell tritt an die Stelle eines Ablaufmusters, das von der Abfolge von Bildungsinstitutionen bestimmt ist, und ermöglicht es, den ganzen Lebensverlauf einzubeziehen und jeder Lebensphase spezifische Anforderungen an die Organisation und Praxis des Lernens zuzuordnen" (Rothe 2011: 259).[106]

Vor diesem Hintergrund ist die in der Beispielpassage skizzierte Forderung einer neuen Bildungsstruktur, die der Verwirklichung der Lern- oder Bildungsbiografie dient und nicht durch die Zuständigkeit einzelner Bildungsbereiche, sondern durch die Schaffung neuer Organisationen (z. B. Haus des lebenslangen Lernens in Dreieich, vgl. Nittel 2006) gekennzeichnet ist, nachvollziehbar, auch wenn sich diese Auffassung auf der Ebene einer Vision bewegt.

Die Vertreterinnen und Vertreter, die diese pragmatische Funktion des lebenslangen Lernens vertreten, kommen aus der Interviewgruppe Erwachsenenbildung/Weiterbildung sowie der Bildungspolitik. Die Interviewten aus der Erwachsenenbildung/Weiterbildung arbeiten in ihrem Arbeitsfeld jeweils eng mit der bildungspolitischen Ebene zusammen. Alle Interviewten, die diesen Bedeutungskontext formulieren, thematisieren auf einem eher abstrakten Niveau unter Zuhilfenahme weiterer Metaphern angebliche Probleme des deutschen Bildungssystems[107]. In den jeweiligen Passagen wird metaphorisch von der ‚Versäulung

---

106 Rothe (2011) vollzieht ihre Diskursanalyse auf der Basis von bildungspolitischen Dokumenten in der Zeitspanne von 1996 bis 2004. Sie unterteilt den Datenkorpus in drei Phasen: bildungspolitische Dokumente der Phase 1 von 1996 bis 2001, der Phase 2 von 2001 bis 2002 und Phase 3 von 2003 bis 2004. Das Zitat bezieht sich auf die Analyse von Dokumenten der dritten Phase.

107 Im erziehungswissenschaftlichen Diskurs existieren bzgl. der Perspektive, lebenslanges Lernen als Reformstrategie für Strukturprobleme des Bildungswesens zu betrachten, durchaus andere Sichtweisen. Beispielsweise konstatiert Rothe (2011): „Kennzeichnend für die Diskussion Lebenslanges Lernen auf internationaler und besonders deutlich auf europäischer Ebene ist der Versuch, gesellschaftliche Probleme als Bildungs- oder Lernprobleme zu reformulieren (…) Das heißt, die diskursive Formation Lebenslanges Lernen reagiert nicht auf Probleme des Bil-

des Bildungssystems', der Notwendigkeit des ‚Durchbrechens der Bildungssäulen' sowie der ‚Schaffung von Durchlässigkeit zwischen den Bildungsbereichen' gesprochen. Die Metaphern werden hier simplifizierend angewendet. Die Akteurinnen und Akteure verwenden sie in Form von im bildungspolitischen Diskurs durchaus gängigen Schlagwörtern, die keiner weiteren Erläuterungen bedürfen. Die hinter den Metaphern steckende Komplexität wird somit auf einen Ausdruck reduziert. In den Argumentationen der Expertinnen und Experten stellt das lebenslange Lernen als Reformstrategie die Lösung der lediglich angedeuteten Probleme dar.

7.6 Zusammenfassung

Die Bezeichnung der Kernkategorie beruht auf der Übernahme eines wissenschaftlichen Konzepts. Daher erfolgte in diesem Kapitel zu Beginn die Auseinandersetzung mit dem wissenschaftlichen Konzept ‚absolute Metapher'.

Begonnen wurde damit, den Metaphernbegriff aus linguistischer Perspektive zu betrachten (vgl. Kapitel 7.1). Metaphern lassen sich nach unterschiedlichen Merkmalen, wie ihrer Funktionalität oder ihrer Kombinatorik typisieren. Bei der Fokussierung der Gebräuchlichkeit kann zwischen lexikalisierten und neuen Metaphern unterschieden werden. Metaphern werden im kommunikativen Handeln häufig intentional eingesetzt, um bestimmte Effekte wie Erkenntnisförderung, Überzeugung, Bewertungen oder Emotionen zu evozieren.

Metaphern sind Bestandteil des pädagogischen Denkens (vgl. Kapitel 7.2). Ihre Anwendung stellt eine Bearbeitungsstrategie dar, um die Vielfältigkeit und Vieldeutigkeit von Erziehungs- und Bildungsphänomenen zu beschreiben, zu erklären und zu vermitteln. Die Anwendung von Metaphern scheint daher unumgänglich. Sie ist jedoch mit dem Appell verbunden, dass eine verantwortliche Übernahme von Metaphern in den Sprachgebrauch unter Reflexion des metaphorischen Gehalts erfolgen sollte, damit negative Folgen der Habitualisierung, wie die Verschleierung oder Simplifizierung komplexer Wirklichkeiten von Erziehung und Bildung, vermieden werden.

Absolute Metaphern (Blumenberg 1998) bezeichnen eine besondere Form der Metapher (vgl. Kapitel 7.3). Sie stellen Grundbestände der Sprache dar und bezeichnen Phänomene, die nicht begrifflich, sondern nur metaphorisch zu erfassen sind. Sie nehmen eine pragmatische Funktion ein, d. h. sie dienen nicht der theoretischen, sondern der pragmatischen Bestimmung eines Phänomens. Abso-

---

dungswesens, wie es etwa bei der Diskussion im Anschluss an die PISA-Ergebnisse mindestens teilweise der Fall ist, sondern auf andere gesellschaftliche Probleme, die zunächst in Lern- und Bildungsprobleme übersetzt werden" (Rothe 2011: 397).

lute Metaphern zeigen auf, wie etwas gesehen und gebraucht werden soll. Ferner
verfügen sie über eine Geschichte. Durch ihre Rekonstruktion wird deutlich, wie
das zugrundeliegende Phänomen in einer Epoche diskutiert wurde.
Zu den absoluten Metaphern wird das lebenslange Lernen gezählt. Gerhard
de Haan hat diese Zuschreibung erstmals vorgenommen (vgl. Kapitel 7.4). Den
metaphorischen Gehalt erlangt der Ausdruck durch das Adjektiv ‚lebenslang', da
sowohl das Leben als auch die Zeit nicht in Gänze fassbar sind. Trotz des Status
einer absoluten Metapher konstatiert de Haan, dass das lebenslange Lernen eine
Orientierungsfunktion in pädagogischen Handlungsfeldern und der Erziehungswissenschaft eingenommen hat.

Bei den Merkmalen, die aus der empirischen Analyse des zugrundeliegen-
den Datenmaterials herausgearbeitet wurden, kann zuerst zwischen unterschiedlichen Typisierungen des lebenslangen Lernens unterschieden werden (Kapitel
7.5.1). Bezeichnungen des lebenslangen Lernens als Konstrukt, abstrakte Idee,
Schlagwort oder Grundhaltung verweisen darauf, dass der Ausdruck ‚lebenslanges Lernen' nicht dem terminologischen Anspruch genügt.

Ein weiteres Merkmal stellt die Austauschbarkeit der metaphorischen Anteile des Ausdrucks ‚lebenslanges Lernen' dar (vgl. Kapitel 7.5.2). Das Adjektiv
‚lebenslang' kann ausgetauscht werden durch die Adjektive ‚lebenslänglich' und
‚lebensbegleitend'. Die Ausdrücke ‚lebenslängliches Lernen' und ‚lebensbegleitendes Lernen' werden oftmals synonym für den Ausdruck ‚lebenslanges
Lernen' verwendet. Mit der Veränderung der Kombinatorik der absoluten Metapher sind allerdings unterschiedliche Bedeutungen verbunden. Diese werden
jedoch nicht unbedingt im sprachlichen Gebrauch reflektiert.

Die Aussagen der Akteurinnen und Akteure weisen auf eine geschichtliche
Entwicklung der Bedeutung des lebenslangen Lernens hin, indem auf unterschiedliche bildungspolitische Dokumente und die darin enthaltenen Ideologien
rekurriert wird (vgl. Kapitel 7.5.3). Ferner werden Zeitvergleiche in der Form
‚früher – heute' vorgenommen, die aufzeigen, dass sich das Verständnis lebenslangen Lernens im beruflichen Kontext verändert hat.

Der größte empirische Merkmalsbereich wird durch die rekonstruierten Bedeutungskontexte des lebenslangen Lernens gestellt (vgl. Kapitel 7.5.4). Im Datenmaterial konnten sechs Bedeutungskontexte identifiziert werden. Ein Verständnis des lebenslangen Lernens wird von den Interviewten auf der Basis mindestens eines Bedeutungskontextes oder auf Basis der Kombination mehrerer
Bedeutungskontexte formuliert.

Der erste Bedeutungskontext beinhaltet die Auffassung, dass das Lernen
Bestandteil des menschlichen Seins ist, das über die gesamte Lebensspanne hinweg stattfindet. Als wichtige Lernvoraussetzung wird hierbei die Lernmotivation

thematisiert. Vor dem Hintergrund dieses Verständnisses kann der Ausdruck ‚lebenslanges Lernen' als Pleonasmus bewertet werden.

Der zweite Bedeutungskontext erfolgt mit einer transitiven Bezugnahme auf das lebenslange Lernen, indem die pädagogische Förderung der intrinsischen Lernmotivation bei der jeweiligen Klientel thematisiert wird.

Der dritte Bedeutungskontext umfasst die Lernkontexte lebenslangen Lernens. Die Interviewten definieren lebenslanges Lernen als pädagogisch intendierte und nicht pädagogisch intendierte Lernprozesse.

Im Mittelpunkt des vierten Bedeutungskontextes wird von den Akteurinnen und Akteuren reflexiv auf das lebenslange Lernen Bezug genommen. Für die Informantinnen und Informanten bedeutet lebenslanges Lernen die eigene berufliche und allgemeine Weiterbildung auf freiwilliger Basis.

Die letzten beiden Bedeutungskontexte ‚Lebenslanges Lernen als Bewältigungsstrategie potenzieller beruflicher Diskontinuitäten' sowie ‚lebenslanges Lernen als Reformstrategie des Erziehungs- und Bildungssystems' beinhalten die pragmatische Funktion der absoluten Metapher.

Dem lebenslangen Lernen als Bewältigungsstrategie wird von den Expertinnen und Experten eine gesamtgesellschaftliche Relevanz zugesprochen. Mit dem lebenslangen Lernen wird hier die Erwartung einer ständigen Anpassung von Qualifikationen und Kompetenzen an die Veränderungen der Berufswelt verbunden.

Die Bedeutung ‚Lebenslanges Lernen als Reformstrategie' wird in einem bildungspolitischen Zusammenhang betrachtet. Hier geht es darum, die bestehende Struktur des Bildungssystems so zu verändern, dass im Sinne der Verwirklichung von Lern- bzw. Bildungsbiografien lebenslanges Lernen institutionalisiert wird und neue Bildungsorganisationen aufgebaut werden. Bei beiden Strategien werden zur weiteren Erläuterung Metaphern verwendet.

Betrachtet man die sechs Bedeutungskontexte, so können die ersten vier Bedeutungskontexte im Prinzip losgelöst von der absoluten Metapher ‚lebenslanges Lernen' Bestand haben, da sie sich auf Lernprozesse im Allgemeinen beziehen. Dennoch stellen sie für die jeweiligen interviewten Vertreter/-innen wichtige Bestandteile des lebenslangen Lernens dar. Erst die letzten beiden Bedeutungskontexte, die die Funktionalisierung des lebenslangen Lernens als Bewältigungsstrategie und Reformstrategie umfassen, zeigen die pragmatische Funktion der absoluten Metapher auf.

8 Kontextgebundene Definitionsversuche im Umgang mit der absoluten Metapher ‚lebenslanges Lernen'

Nachdem in Kapitel 7 die Kernkategorie ‚lebenslanges Lernen – eine absolute Metapher' mit ihrer empirischen Dimensionalisierung vorgestellt wurde, erfolgt in diesem Kapitel nun die Darlegung der bereichsspezifischen Theorie ‚Kontextspezifischer Umgang mit der absoluten Metapher lebenslanges Lernen' (vgl. zur Thematik ‚Bereichsbezogene versus formale Theorie' Strauss & Corbin 1996: 145-147), indem das zugrundeliegende Handlungsproblem erläutert und unter Anwendung der Bedingungsmatrix (vgl. Strauss & Corbin 1996: 132-147) der jeweilige Umgang mit dem Handlungsproblem beschrieben wird. Mittels der generierten Bedingungspfade kann offengelegt werden, welche Bedingungen zu welchem Umgang mit der absoluten Metapher ‚lebenslanges Lernen' führen und welche Konsequenzen daraus resultieren (vgl. Kapitel 3.2).

Das Datenmaterial zeigt auf, dass die im bildungspolitischen Diskurs geforderte bildungsbereichsübergreifende Umsetzung des lebenslangen Lernens (vgl. BLK 2004; BMBF 2008) und daraus möglicherweise hervorgehende Institutionalisierungsformen, wie z. B. Kooperationen zwischen Einrichtungen verschiedener Bildungsbereiche, bei den interviewten Expertengruppen von unterschiedlicher handlungspraktischer Relevanz ist. Während die Vertreterinnen und Vertreter aus der Erwachsenenbildung (Praxis und Wissenschaft) sowie dem Elementarbereich (Praxis und Wissenschaft) und der bildungspolitischen Ebene mit dieser Forderung und dem diesbezüglichen Sprachgebrauch vertraut sind, existieren vonseiten der Akteurinnen und Akteure der beruflichen Bildung (Praxis) sowie des Sekundarbereichs (Praxis und Wissenschaft) Verständnisprobleme.

Mögliche Ursachen für einen eher vertrauten Umgang mit der bildungspolitischen Programmatik und Rhetorik bei den interviewten Akteurinnen und Akteuren aus der Erwachsenenbildung können u. a. in der Geschichte der deutschen Erwachsenenbildung begründet liegen. Im Zuge der Bildungsreform in den 1960er und 1970er Jahren wurde die Erwachsenenbildung, mit der Volkshochschule als institutionellen Kern, zu einem Teil des öffentlichen Bildungswesens. Einen entscheidenden Beitrag für eine stärkere gesellschaftliche Anerkennung der Erwachsenenbildung und einer damit einhergehenden zunehmenden Institutionalisierung wird der internationale Diskussion um das lebenslange Lernen in den 1970er Jahren beigemessen (vgl. Kade, Nittel & Seitter 2007: 55-59).[108] Ferner gehört die öffentliche Erwachsenenbildung mit zu dem Adressatenkreis verschiedener bildungspolitischer Förderprogramme der letzten zwölf Jahre (z. B. „Lernende Regionen – Förderung von Netzwerken" sowie „Lernen vor Ort" des Bundesministeriums für Bildung und Forschung, „Lebenslanges Lernen" der Bund-Länder-Kommission oder „Hessencampus" des Landes Hessen), wodurch die entsprechende Programmatik und Rhetorik des lebenslangen Lernens Einzug in das Handlungsfeld der öffentlichen Erwachsenenbildung und damit auch in die routinisierten Modi der Verständigung der pädagogisch Tätigen gehalten hat.

Das Wissen um eine bildungsbereichsübergreifende Institutionalisierung lebenslangen Lernens bei den Interviewten im Elementarbereich erklärt sich möglicherweise durch eine in den vergangenen zehn Jahren angestrebte Intensivierung der bildungsbereichsübergreifenden Kooperation zwischen Kindergärten/Kindertagesstätten und Grundschulen infolge der Entwicklung neuer Bildungs- und Erziehungspläne.

Die beiden Interviewten aus der beruflichen Weiterbildung vertreten in ihren Argumentationen sehr stark die betriebliche Weiterbildung. Beide Personen versuchen zwar die Frage zu beantworten, wie eine bildungsbereichsübergreifende Umsetzung lebenslangen Lernens aus der Sicht der betrieblichen Weiterbildung aussehen könnte. Es gelingt ihnen jedoch nicht, einen Bezug zu weiteren Bildungsbereichen herzustellen. Während die eine Informantin auf das erwerbstätige lernende Individuum abzielt und dabei auf eine lebenslange Anpassung von Fachkompetenzen rekurriert, reduziert der zweite Interviewpartner die bildungsbereichsübergreifende Umsetzung des lebenslangen Lernens auf eine Segmentierung der betrieblichen Bildung unter ökonomischen Gesichtspunkten (vgl. Kapitel 8.3).

Interessant ist, dass alle Vertreter/-innen des Sekundarbereichs, also sowohl die Praktikerinnen als auch die Wissenschaftler, von sich aus behaupten, nicht zu wissen, was eine bildungsbereichsübergreifende Umsetzung des lebenslangen Lernens bedeutet. Während sich die Akteurinnen und Akteure aus den anderen

---

108   Kade, Nittel und Seitter (2007) konstatieren: „Beide supranationalen Vereinigungen [UNESCO und OECD, C.D.] forcierten – abgestützt durch eigene Forschungsarbeiten und intensiven internationalen Austausch – in je unterschiedlicher Akzentuierung grundlegende erwachsenenbildnerische Konzepte wie *lifelong learning* oder *recurrent education* und plädierten in bildungsökonomischer (Humankapital-Konzept), demokratietheoretischer (Recht auf Bildung, Grundbildung für alle) und lernpsychologischer (Lernfähigkeit im Erwachsenenalter) Hinsicht für eine stärkere gesellschaftspolitische Aufwertung der Erwachsenenbildung" (Kade, Nittel & Seitter 2007: 59, Hervorhebungen im Original).

Interviewgruppen (Elementarbereich, Erwachsenenbildung/Weiterbildung, Bildungspolitik) zu dieser Frage positionieren können, scheint dieses Thema bei der Interviewgruppe des Sekundarbereichs keine handlungspraktische Relevanz für die berufliche Tätigkeit zu haben bzw. die eigene berufliche Praxis wurde bisher kaum vor dem Hintergrund der bildungspolitischen Programmatik des lebenslangen Lernens reflektiert. Erst durch Hilfestellung der Interviewerin wird die Interviewsituation genutzt, um die Bedeutung einer bildungsbereichsübergreifenden Umsetzung lebenslangen Lernens für das eigene Handlungsfeld zu reflektieren.

Trotz der unterschiedlichen handlungspraktischen Relevanz unternehmen die Informantinnen und Informanten Versuche, eine bildungsbereichsübergreifende Umsetzung lebenslangen Lernens für das eigene berufliche Handlungsfeld zu definieren. Dabei zeichnet sich in der Interviewsituation ein den Akteurinnen und Akteuren nicht unbedingt bewusstes Problem ab: Die bisherigen Analyseergebnisse zeigen auf, dass es sich bei dem Konstrukt ‚lebenslanges Lernen‘ um eine absolute Metapher mit heterogenen Bedeutungskontexten handelt (vgl. Kapitel 7.5). Unter der Bedingung, dass lebenslanges Lernen eine absolute Metapher ist, sollen sich die Interviewten nun dazu äußern, wie eine bildungsbereichsübergreifende Umsetzung des lebenslangen Lernens für ihr Handlungsfeld aussehen könnte. Die Informantinnen und Informanten reagieren darauf, indem sie kontextgebundene Definitionsversuche entwickeln (vgl. Abb. 10, S. 182).

Abbildung 10:   *Kontextgebundene Definitionsversuche als Handlungsstrategie im Umgang mit der absoluten Metapher ‚lebenslanges Lernen'*

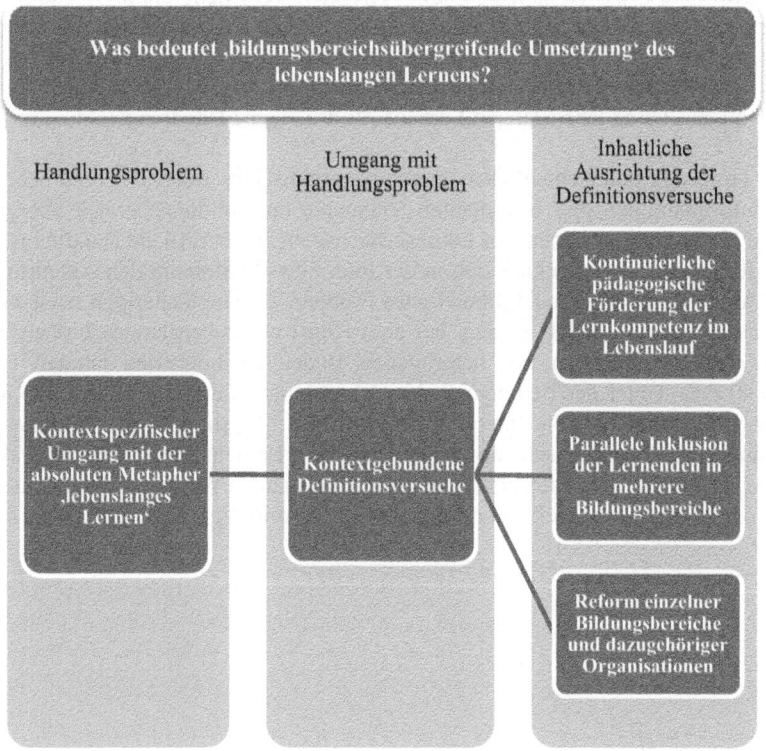

In den folgenden Teilkapiteln werden die inhaltlichen Ausrichtungen der Definitionsversuche näher beleuchtet, indem jeweils zunächst (1) das entsprechende Phänomen vorgestellt und weiter erörtert wird, um anschließend – gemäß der Anwendung der Bedingungsmatrix bei der Generierung einer Grounded Theory (vgl. Strauss & Corbin 1996: 132-147; Kapitel 3.2 der vorliegenden Arbeit) – (2) die Bedingungen, welche die jeweilige inhaltliche Ausrichtung beeinflussen, vorzustellen und abschließend (3) die diskursiven Praktiken der Diskurs(re)produktion als Konsequenzen der jeweiligen inhaltlichen Ausrichtung darzulegen.

    Die Bedingungen, die zu den drei Definitionsversuchen führen, sind in der Bedingungsmatrix auf der organisatorischen und institutionellen Ebene, auf der

Ebene von Kollektiv, Gruppe und Individuum sowie auf der Ebene der Interaktion angesiedelt. Abbildung 11 stellt dar, welche Bedingungen, auf welcher Ebene die Formulierung der kontextabhängigen Definitionsversuche beeinflussen:

Abbildung 11: Bedingungsmatrix der kontextgebundenen Definitionsversuche zur bildungsbereichsübergreifenden Institutionalisierung lebenslangen Lernens

Bedingungsmatrix

Handlung	• Kontextgebundene Definitionsversuche zur bildungsbereichsübergreifenden Institutionalisierung lebenslangen Lernens
Interaktion in der Interviewsituation	• Selbstinszenierung • Argumentative Praktiken
Kollektiv, Gruppe, Individuum	• Sprecherrolle (relevanter Bedeutungskontext des lebenslangen Lernens, (berufs-) biographischer Bezug/beruflicher Bezug zum lebenslangen Lernen)
Organisatorische und institutionelle Ebene	• Sprecherposition (selbstinitiiert und extern anerkannt, von (Bildungs-)Organisation auferlegt oder vonseiten der Forscherin zugeschrieben) • wissenschaftliche/praxisbezogene Perspektive

Unter dem Begriff ‚Sprecherposition' werden in der wissenssoziologischen Diskursforschung „*Positionen in institutionellen bzw. organisatorischen Settings und daran geknüpfte Rollenkomplexe* [verstanden, C.D.]. Soziale Akteure sind dann Rollenspieler, die solche Positionen einnehmen" (Keller 2005: 212, Hervorhebungen im Original). Die Akteurinnen und Akteure wurden als Bildungs-

expertinnen und -experten für ihren Zuständigkeitsbereich, in welchem sie lang-
jährig tätig sind, angesprochen (siehe Überblick Datensample in Abb. 6), um ihr
Erfahrungswissen zum lebenslangen Lernen und zu dessen bildungsbereichsübergreifender Umsetzung im jeweiligen Handlungsfeld darzulegen. Sie sollten
sich also zu einem bestimmten Thema äußern, das sich im Rahmen des Auswertungsprozesses als absolute Metapher mit heterogenen Bedeutungskontexten
(vgl. Kapitel 7.5.4) herausgestellt hat. Die Anwendung des Status der Exper-
tin/des Experten im Kontext des Themas ‚lebenslanges Lernen', d. h. von Expertinnen und Experten des lebenslangen Lernens zu sprechen, ist vor dem Hintergrund, dass das Konstrukt ‚lebenslanges Lernen' eine absolute Metapher darstellt, nicht haltbar. Während in den Einzelfallanalysen – also im Prozess der
Theorieentwicklung – noch generell von Expertenstatus und Expertenrolle die
Rede gewesen ist, wird diese Unterscheidung in der entstandenen Theorie entsprechend modifiziert, indem mit dem Erkenntnisprozess angemessenen Begriffen ‚Sprecherposition' und ‚Sprecherrolle' operiert wird. Die Bildungsexpertinnen und -experten nehmen somit eine Sprecherposition im Diskurs über das
lebenslange Lernen ein. Diese kann selbstinitiiert und extern anerkannt, von der
jeweiligen (Bildungs-)Organisation auferlegt oder vonseiten der Forscherin auf
der Basis von Recherchetätigkeiten zugeschrieben sein. Ist die Sprecherposition
selbstinitiiert und extern anerkannt, handelt es sich um Akteurinnen und Akteure,
die im wissenschaftlichen und bildungspolitischen Diskurs bekannt sind. D. h.,
dass sie z. B. zum Thema ‚lebenslanges Lernen' publizieren, aufgrund ihres
fachlichen Engagements im Bereich des lebenslangen Lernens in der Fachöffentlichkeit anerkannt sind und als Referentinnen und Referenten für Fachveranstaltungen angefragt werden. Ist die Sprecherposition von der jeweiligen (Bildungs-)
Organisation auferlegt, bedeutet dies, dass die Organisation, in der die Informantin oder der Informant beruflich tätig ist, die Sprecherposition dem Zuständigkeitsbereich der betreffenden Person zuweist, die sich dann in das Thema einar-
beiten muss. Die Zuschreibung der Sprecherposition vonseiten der Forscherin
erfolgte auf Basis von Empfehlungen und Recherchen über Internetauftritte von
Bildungseinrichtungen, die Konzepte im Bereich des lebenslangen Lernens umsetzen. Kontaktiert wurden dann die zuständigen Ansprechpartner/-innen.

Die Sprecherrolle beinhaltet die individuelle Ausübung der Sprecherposition durch das kommunikative Handeln der Akteurin/des Akteurs in der Interviewsituation. Mit dem soeben dargestellten Fokuswechsel von der Einzelfallanalyse zur Theoriegenerierung wird einerseits der wissenssoziologischen Diskursanalyse als Forschungsperspektive Rechnung getragen, indem die Begriffe
‚Sprecherposition' und ‚Sprecherrolle' zur Anwendung kommen. Andererseits
wird der Status der Interviewten als Bildungsexpertinnen und -experten durch

die Übernahme der Sprecherposition im Diskurs über das lebenslange Lernen und die Ausübung der Sprecherrolle nicht eingeschränkt.

Im Zuge der komparativen Analyse wird ferner deutlich, dass sich eine bestimmte kontextuelle Bedingung auf der Ebene des Individuums für die Ausdifferenzierung des jeweiligen Definitionsversuchs verantwortlich zeigt. Es handelt sich dabei um die in Kapitel 7.5.4 vorgestellten Bedeutungskontexte des lebenslangen Lernens. Drei der dort angeführten Bedeutungskontexte führen zu den drei Definitionsversuchen. Die Konstituierung der Sprecherposition (selbstinitiiert und extern anerkannt, von der jeweiligen (Bildungs-)Organisation auferlegt oder vonseiten der Forscherin zugeschrieben) beeinflusst die Sprecherrolle und die Interaktion in der Interviewsituation.

Als Konsequenzen aus den Definitionsversuchen werden diskursive Praktiken der Diskurs(re)produktion angewendet, die sich in der Formulierung von diversen Voraussetzungen zur Realisierung einer bildungsbereichsübergreifenden Institutionalisierung lebenslangen Lernens äußern. Es handelt sich hierbei ebenfalls um einen Begriff aus der wissenssoziologischen Diskursforschung:

„Diskursive Praktiken sind beobachtbare und beschreibbare typische Handlungsweisen der Kommunikation, deren Ausführung als konkrete Handlung – ähnlich wie im Verhältnis zwischen typisierbarer Aussage und konkret-singulärer Äußerung – *der interpretativen Kompetenz sozialer Akteure bedarf und von letzteren aktiv gestaltet wird.*" (Keller 2005: 223, Hervorhebungen im Original)

Folgende diskursive Praktiken lassen sich als Konsequenzen aus den kontextgebundenen Definitionsversuchen rekonstruieren:

Abbildung 12: *Diskursive Praktiken der Diskurs(re)produktion als Konsequenzen aus den kontextgebundenen Definitionsversuchen*

8.1 Kontinuierliche pädagogische Förderung der Lernkompetenz im Lebenslauf

8.1.1 Darstellung des Phänomens

Hinweise auf förderungswürdige Kompetenzen

Der Kern dieses Definitionsversuchs stellt die pädagogische Förderung bestimmter, für die Befähigung zum Lernen im Lebenslauf bedeutsamer Kompetenzen bei der jeweiligen Klientel der interviewten Akteurinnen und Akteure dar. Es ist hier von einem Definitionsversuch die Rede, da die Informantinnen und Informanten in der Interviewsituation auf Basis ihrer eigenen beruflichen Erfahrungen zu einem Reflexionsprozess angeleitet werden und die daraus resultierenden Aussagen eher handlungspraktischer, denn wissenschaftlich elaborierter Natur sind. Diesbezügliche Aussagen werden meist nur für das eigene berufliche Handlungsfeld formuliert, auch wenn einige Akteurinnen und Akteure auf bestimmte Kompetenzen verweisen, die über die jeweils spezifischen pädagogischen Einrichtungen der verschiedenen Bildungsbereiche hinaus gefördert werden müssten. Vergleicht man die Aussagen der Sprecher/-innen, so wird meist auf die pädagogische Förderung von Lernmotivation sowie Lernfähigkeit bzw. Lernkompetenz rekurriert, wie der folgende Textausschnitt aufzeigt[109]:

I: Mhm, ähm, was verstehen Sie unter bildungsbereichsübergreifender Umsetzung des lebenslangen Lernens?

E: Wenn (atmet aus) wir wissen aus der Forschung und wir wissen aus Erfahrungen, dass lebenslanges Lernen umso besser funktioniert, wenn es frühzeitig begonnen wird. Das heißt, also auch schon, wenn im frühkindlichen Bereich die Voraussetzungen dafür gelernt werden, das Lernen zu lernen, die entsprechenden Motivationen zu erzeugen, weiterhin neugierig zu sein, zu lernen. Und deshalb kann dieses nur über den Beginn in der frühkindlichen Erziehung, dann über die Schule und die Universität so angelegt sein, dass dieses lebenslange Lernen erfüllt werden kann. Von daher ist es absolut notwendig, sowohl mit den Bildungsbereichen, also Ressort übergreifend, aber auch eben mit anderen Bereichen, mit äh Arbeitsmarktpolitik, mit der Sozialpolitik, mit der Umweltpolitik äh, mit der Innenpolitik, also mit diesen Ressortaufgaben einer

---

109   Hier bestehen Anknüpfungspunkte an den wissenschaftlichen Diskurs des lebenslangen Lernens in der Pädagogischen Psychologie. Beispielsweise konstatieren Mandl und Krause (2001): „Für ein lebenslanges Lernen in der Wissensgesellschaft brauchen Individuen also Lernmotivation als generelle Orientierung sowie als tätigkeits- und gegenstandsspezifisches Interesse, außerdem Vorwissen und Lernkompetenz" (Mandl & Krause 2001: 10).

Landesregierung zusammenzuarbeiten. Das tun wir auch, wir haben Quer-schnitts-AGs, wo wir diese Fragestellungen gemeinsam erörtern. *(Interview-Nr. 6, Herr Becker, Bildungspolitik Länderebene, Z. 54-68)*

Der Vertreter aus der Bildungspolitik beginnt seine Argumentation mit einer Behauptung. In Rekurs auf wissenschaftliche und auf Erfahrung beruhende Er-kenntnisse weist der Informant auf einen seines Erachtens notwendigen, die Lernbiografie betreffenden frühen Beginn des lebenslangen Lernens hin. Er spezifiziert diese recht allgemeine Behauptung, indem er ausführt, dass bereits im frühkindlichen Alter die Voraussetzungen für das lebenslange Lernen, wie die Förderung von Lernmotivation und die Fähigkeit das Lernen zu lernen, geschaf-fen werden müssten. In einer abschließenden Konklusion, die die handlungsprak-tische Funktion einer zweigeteilten Forderung einnimmt, fordert er einerseits in Bezug auf das Erziehungs- und Bildungssystem eine kontinuierliche Förderung der Lernkompetenz in den pädagogischen Einrichtungen der verschiedenen Bil-dungsbereiche (Kindergarten/Kindertagesstätte, Schule, Universität). Anderer-seits sei es vonseiten einer Landesregierung notwendig, dass die verschiedenen Ministerien auf Landesebene in Bezug auf das Thema ‚lebenslanges Lernen‘ zusammenarbeiten. Er beendet seine Konklusion mit einer kurzen Evaluation, dass diese interministerielle Zusammenarbeit durch entsprechende Arbeitsgremi-en gewährleistet sei. Während die Notwendigkeit einer kontinuierlichen Förde-rung der Lernkompetenz in der pädagogischen Praxis eine in die Zukunft gerich-tete Forderung zu sein scheint, scheint die interministerielle Zusammenarbeit eine Forderung zu sein, der bereits nachgegangen wird.

In diesem Textbeispiel wendet der Interviewte die häufig im bildungspoliti-schen Diskurs verwendete Formel ‚das Lernen des Lernens‘ (vgl. Europäische Kommission 2000: 13; Europäische Kommission 2001: 23; Rothe 2011: 326) an, wenn es um die Schaffung von Voraussetzungen für das lebenslange Lernen geht. Zu diesen Voraussetzungen werden Motivation, Lernkompetenz (Lernen des Lernens) sowie Steuerungskompetenz gezählt, die jeweils in der Person der Lernenden verortet sind und ein in der pädagogischen Psychologie verankertes Lernverständnis zugrunde legen (vgl. Rothe 2011: 326). Vor diesem Hintergrund wird Lernen als eine

„spezifische Tätigkeit [verstanden, C.D.], für die eine bestimmte *Disposition* (Moti-vation) vorhanden sein muss und abhängig von einem bestimmten *Können* ist. Min-destens drei Facetten dieses Könnens sind erkennbar, eine *eher allgemeine* ‚*Lernkompetenz*‘ sowie die Kompetenzen, Lernprozesse zu *organisieren* (‚Lernorganisationskompetenz‘) und selbst zu *steuern*.“ (ebd., Hervorhebungen im Original)

In der pädagogischen Psychologie wird in diesem Kontext auch von der Förderung der Metakognitionen als Grundelemente der Lernkompetenz gesprochen. Bei Metakognitionen handelt es sich um

> „Kompetenzen zum Wissensmanagement sowie die Beherrschung von Lernstrategien, also Fähigkeiten zum reflexiven Umgang mit Wissen und zur bewussten Steuerung von Lernprozessen (zum Beispiel Techniken des Speicherns und Memorierens von Kenntnissen)." (Achtenhagen & Lempert 2000: 12)

Mandl und Krause (2001) legen zunächst ihr Verständnis von Kompetenz dar, um anschließend Lernkompetenz zu definieren. ‚Kompetenz' verstehen sie „als ein System von Voraussetzungen für erfolgreiches Handeln, also für Leistung" (Mandl & Krause 2001: 7). Kompetenz beinhaltet kognitive wie auch motivationale Aspekte und kann innerhalb von Lernsituationen gefördert werden (vgl. ebd.). Vor dem Hintergrund dieses Kompetenzverständnisses kann Lernkompetenz als „die Fähigkeit zum erfolgreichen Lern-Handeln, die Fähigkeit eine Lernleistung zu erbringen" (a.a.O.: 8) definiert werden. Da es sich bei der Lernkompetenz um eine Fähigkeit handelt, die unabhängig von bestimmten Inhalten ist, wird sie auch als Metakompetenz bezeichnet (vgl. Weinert 1999). Mandl und Krause stellen bei der Definition von Lernkompetenz drei Teilkompetenzen als bedeutend heraus: (1) Selbststeuerungskompetenz (Lernen vorbereiten, Lernhandlung durchführen, Lernen mittels Kontrollmechanismen überwachen, Lernleistungen bewerten und Motivation und Konzentration aufrechterhalten), (2) Kooperationskompetenz (kommunikative Strategien, wie z. B. gezieltes Nachfragen, Rückmeldungen geben sowie aktives Zuhören; Fähigkeit zur Interaktion, beispielsweise Formulieren und Einhalten von Spielregeln oder Strategien zur gemeinsamen Problemanalyse; teamorientierte Wertehaltungen, z. B. wertschätzender Umgang mit anderen, Verantwortungsbewusstsein oder Toleranz; Konfliktmanagementstrategien, z. B. Kontrolle der eigenen Erregung oder Herstellung von Vertrauen) sowie (3) Medienkompetenz (Mediennutzung sowohl von alten als auch neuen Medien; Informationsbewertung im Sinne von Informationen selegieren, reflektieren und bewerten; Fähigkeit zum verantwortungsvollen Umgang und zur kritischen Auseinandersetzung) (vgl. Mandl & Krause 2001: 10-14).

Der oben angeführte Interviewausschnitt verweist auf eine mögliche inhaltliche Ausrichtung der bildungsbereichsübergreifenden Umsetzung lebenslangen Lernens, nämlich die kontinuierliche Förderung der Lernmotivation und Lernkompetenz durch die pädagogischen Einrichtungen der verschiedenen Bildungsbereiche. Erläuterungen zu diesbezüglichen konkreten pädagogischen Maßnahmen werden von dem Interviewpartner nicht getätigt.

In Bezug auf personale Kompetenzen und Metakognitionen scheint in der frühkindlichen Phase auch die Förderung eines positiven Selbstkonzepts (vgl. Oerter & Montada 2008: 680) sowie die Förderung von Selbstregulation (vgl. Kanfer 1987: 286-299) bei der Klientel von Bedeutung zu sein, die es nicht nur im Kindergarten/in der Kindertagesstätte, sondern auch in der Grundschule weiter zu fördern gilt („wir meinen(') dass die Kompetenzen(') die wir verfolgen(') nicht ah innerhalb einer Institution sich entwickeln und etablieren(') sondern über die Institutionen hinweg gesehen werden müssen(.) zum Beispiel Entwickeln des Selbstkonzeptes(') es ist nicht eine Aufgabe nur des vorschulischen Alters(') sondern sie ist genauso relevant im Schulalter(') wenn ich dem Kind Selbstregulation vermittle(') kann ich das im Kindergarten tun(') ich kann es auch in der in der Grundschule oder ich mu:ss das auch in der Grundschule fortsetzen(.)" *Interview-Nr. 12, Herr Bauer, Elementarbereich, Z. 155-164)*. Auch bei diesem Beispiel wird eine inhaltliche Ausrichtung der pädagogischen Förderung auf personale Kompetenzen und Metakognitionen formuliert, Erläuterungen zur konkreten Umsetzung in der pädagogischen Praxis bleiben ebenfalls aus.

Hinweise auf pädagogische Maßnahmen zur Förderung von (metakognitiven) Kompetenzen

Im Datenkorpus lassen sich auch Hinweise auf pädagogische Maßnahmen zur Förderung von (metakognitiven) Kompetenzen finden. Zur Illustration wird hier auf die Aussage einer Praktikerin aus dem Sekundarbereich zurückgegriffen. Durch eine neue Unterrichtskonzeption, die die Ermöglichung selbstorganisierter Lernprozesse zum Ziel hat, werden die Schüler/-innen in die Lage versetzt, sich Lernmethoden und -techniken (z. B. Techniken der Wissenserschließung) anzueignen und diese zu trainieren („die Schule kann das selbstorganisierte Lernen überhaupt initiieren(') also das ist ein ganz zentraler Punkt bei uns(') wir machen sehr sehr viel selbstorganisiertes Lernen und versuchen das jetzt auch noch auszuweiten ahm also ich denke(') dass das ein ganz ahm zentraler Punkt ist ein zentrales Element der Schule sein müsste(') Schüler dahin zu bringen(') denn das was ich vorhin angedeutet habe mit&mit Strategien zum ahm zum lebenslangen Lernen davon ist selbstorganisiertes Lernen also ein extrem wichtiger Punkt(.) also wenn ich weiß wie ich mir ahm wie ich an ahm .. an Informationen ran komme(') wenn ich weiß wie ich Recherchen machen kann(') wenn ich weiß wie ich ahm ahm mir ahm Themen erschließen kann sowohl strukturell als auch was Informationsbeschaffung angeht(') dann kann ich das auch weiterhin später im Leben tun(.)" *Interview-Nr. 19, Frau Wagner, Sekundarbereich, Z. 155-167)*. Selbstorganisiertes Lernen kann in diesem Kontext verstanden werden als eine

Lernpraktik (vgl. Rothe 2011: 354). Sembill (2000) unterscheidet neun Merk-
malsbereiche selbstorganisierter Lernprozesse, die sich auf den drei Ebenen
Lernzielsetzung/Planung, Problemlösung/Durchführung sowie Kontrolle einord-
nen lassen (vgl. Sembill 2000: 67-69). Er konstatiert, dass selbstorganisierte
Lernprozesse in jeder Unterrichtsform stattfinden. Wie auch das Interview
‚Wagner' (vgl. Einzelfallanalyse Kapitel 6 in der vorliegenden Arbeit) aufzeigt,

> „unterstützen verschiedene Lernorganisationsmöglichkeiten und Lernumgebungen
> in sehr unterschiedlicher Weise die mitzudenkenden Zielbildungs- und Kontrollpro-
> zesse sowie die aktive Auseinandersetzung mit inhaltlicher und personaler Komple-
> xität" (Sembill 2000: 75).

Die Fähigkeit zum selbstorganisierten Lernen wird im Datensample durchgängig
als bedeutend für das lebenslange Lernen bewertet.

Ein weiteres anschauliches Beispiel für eine konkrete Maßnahme zur Kom-
petenzförderung im Lebenslauf wird von einer Leiterin einer Kindertagesstätte
formuliert. Im Mittelpunkt steht dabei die Förderung der Sprachkompetenz bei
Kindern in Zusammenarbeit mit der Grundschule („Und wir [Erzieherinnen und
Grundschullehrer/-innen, C.D.] haben das dann so gemacht, dass wir a erst mal
äh zusammengetragen haben, wo es Gemeinsamkeiten gibt, was wir gleich machen. Und dann kamen wir schon auf den Bereich der Fingerspiele und Lieder.
Und da erschien es uns sinnvoll mal so ein gemeinsames Handbuch zu erstellen,
wo wir Lieder und Spiele zusammengetragen haben, die wir hier im Kindergarten machen, die dann die Grundschule fortführt. Dann können die schon mal auf
etwas aufbauen, was die Kinder kannten." *Interview-Nr. 13, Frau Zimmermann,*
Elementarbereich, Z. 118-125). Das Beispiel demonstriert, dass durch die Erarbeitung und den Einsatz gemeinsamer Arbeitsmaterialien eine bildungsbereichsübergreifende Förderung der Sprachkompetenz bei der Klientel stattfinden kann.
Aufgrund der Nutzung des gemeinsam erstellten Materials haben die Grund-
schullehrer/-innen einen Überblick, welche Förderung bereits stattgefunden hat
und können darauf aufbauend die Förderung im Schulunterricht fortführen.

Kontinuierliche pädagogische Förderung der Lernkompetenz im Lebenslauf

Das Datenmaterial zeigt auf, dass die Akteurinnen und Akteure bei der Reflexion
darüber, was eine bildungsbereichsübergreifende Umsetzung lebenslangen Lernens für ihren Bereich bedeuten könnte, den Fokus ihrer Definition auf eine
kontinuierliche pädagogische Förderung von Lernmotivation und Lernkompetenz legen. Lernmotivation und Lernkompetenz werden als Voraussetzungen für
lebenslanges Lernen betrachtet, deren Entwicklung es in den verschiedenen am

Lebenslauf orientierten pädagogischen Einrichtungen zu unterstützen gilt. Dieser im Datensample am häufigsten rekonstruierte Definitionsversuch ist anschlussfähig an den erziehungswissenschaftlichen sowie bildungspolitischen Diskurs über die Kompetenzentwicklung im Lebenslauf (vgl. Tippelt 2003; Achtenhagen & Lempert 2000; Dohmen (2001); Brödel & Kreimeyer 2004), wenn auch hier sich der Fokus nicht nur auf den Erwerb von Lernkompetenz beschränkt, wie die nachfolgenden Ausführungen aufzeigen.

Trotz der weithin geteilten Meinung, dass der Kompetenzbegriff sich der Definierbarkeit und genauen Messbarkeit entzieht (vgl. Bolder 2010; Faulstich 1997; Edelmann & Tippelt 2004) existiert in der Fachliteratur der Konsens, dass ‚Kompetenz' ein ganzheitliches Konstrukt „individuell geformter ‚Handlungskompetenz'" (Vogel & Wörner 2002: 83) darstellt, das fachliche, soziale und persönliche Aspekte beinhaltet. Hof (2002) betrachtet Kompetenz als einen relationalen Begriff zwischen Person und Umwelt, der sich auf situationsbezogene Handlungsfähigkeit bezieht, die an konkrete Bedingungen und Erwartungen der Umwelt gebunden ist (vgl. Hof 2002: 85):

> „Er [der Kompetenzbegriff, C.D] stellt eine Beziehung her zwischen den individuell vorhandenen Kenntnissen (deklaratives Wissen), den Fähigkeiten und Fertigkeiten (Können) und den Motiven und Interessen (Wollen) auf der einen Seite und den Möglichkeiten, Anforderungen und Restriktionen der Umwelt auf der anderen Seite." (a.a.O.:86)

Nach Tippelt (2003) haben sich die folgenden Kompetenzbegriffe im bildungspolitischen Diskurs etabliert, die im Rahmen einer Kompetenzentwicklung im Lebenslauf eine Rolle spielen können:

Abbildung 13:   Übersicht Kompetenzbegriffe (Tippelt 2003: 36)

Fachkompetenzen	• domänenspezifisches Wissen • besondere sensomotorische Fertigkeiten • fachliche Urteilsfähigkeit
Methodische und instrumentelle Kompetenzen	• Kulturtechniken (gute Fremdsprachenkenntnisse, klassische Kulturtechniken) • kreatives Potenzial • Technikverständnis • Umgang mit Informationstechniken (Kenntnis moderner Medien, Beherrschung von Programmen, gezieltes Suchen und Auswählen von Informationen)
Personale Kompetenzen	• Persönliches Erfahrungswissen • Selbstbewusstsein • Identität • Selbstmanagement • Strukturierungsfähigkeit • Umgang mit Gefühlen • Erfahrungen von sozialer Zugehörigkeit • religiöse und ethische Basis • persönliche Fähigkeiten im Umgang mit Wissen (wie Neugier, Offenheit, kritische Auseinandersetzung, Reflexionsfähigkeit) • Urteilsvermögen
Soziale und kommunikative Kompetenzen	• sprachliche Ausdrucksfähigkeit • Teamfähigkeit • Moderation • Selbstdarstellung • Empathie • soziale Verantwortung (Toleranz, Verantwortungsbereitschaft, Solidarität, prosoziales Verhalten)
Inhaltliche Basiskompetenzen	• (naturwissenschaftliches, sozialwissenschaftliches, ethisches Basiswissen) aus den Bereichen Geschichte, Religion, Literatur, Pädagogik, Soziologie, Politik, Philosophie, Mathematik, Technik, Biologie etc.

Bezüglich der Kompetenzentwicklung im Lebenslauf konstatiert Tippelt, dass das lebenslange Lernen die Verknüpfung von „Kompetenzen in ihren kognitiven, sensomotorischen und sozial-emotionalen Dimensionen in einem vertikal (altersbezogenen) gegliederten Bildungssystem in den verschiedenen Institutionen"

(Tippelt 2003: 36) voraussetzt. Bei der individuellen Kompetenzentwicklung bestünden Berührungspunkte zu dem Konzept der Kompetenzbiografie von Erpenbeck und Heyse (2007), die unter diesem Begriff die „qualitative und quantitative Entfaltung menschlicher Handlungskompetenz als komplexes, selbstorganisiertes Netzwerk fachlicher, methodischer, sozialer und personaler Einzelkompetenzen in der stets einzigartigen, lebenslangen real-biographischen Entwicklung" (Erpenbeck & Heyse 2007: 22) verstehen. Auch wenn der Erwerb und die Weiterentwicklung von Kompetenzen im Verantwortungsbereich des individuellen Kompetenzmanagements eines jeden Einzelnen liegen, können Bildungseinrichtungen entsprechende Lernprozesse positiv wie auch negativ beeinflussen (vgl. Tippelt 2003: 38-39). Beispielsweise können im Sinne des interorganisationalen Kompetenzmanagements (vgl. a.a.O.: 36-37) durch eine engere Zusammenarbeit zwischen Bildungseinrichtungen verschiedener Bildungsbereiche (siehe Aussage Interview ‚Zimmermann', Interview-Nr. 13, bzgl. der Erarbeitung und Nutzung von Arbeitsmaterialien in Kindergarten und Grundschule) Synergien im Rahmen einer gezielten Förderung von Kompetenzen bei der Klientel erreicht werden. Bei dem Definitionsversuch einer kontinuierlichen pädagogischen Förderung der Lernkompetenz im Lebenslauf findet eine Verschiebung der pädagogischen Aufgabe statt: Anstelle der lehrzielorientierten Wissensvermittlung rückt die subjektorientierte Kompetenzentwicklung (vgl. Hof 2009: 83).

8.1.2 Bedingungskontexte des Definitionsversuchs

Handlungsrelevante kontextuelle Bedingung

Alle Akteurinnen und Akteure, die eine bildungsbereichsübergreifende Umsetzung lebenslangen Lernens im Sinne einer kontinuierlichen pädagogischen Förderung der Lernkompetenz im Lebenslauf thematisieren, weisen ein und dieselbe kontextuelle Bedingung auf: Bei der Darlegung ihres Verständnisses des lebenslangen Lernens formulieren sie den Bedeutungskontext ‚pädagogische Förderung der Habitualisierung lebenslangen Lernens' (siehe hierzu Kapitel 7.5.4). In jeder Interviewgruppe (Elementarbereich, Sekundarbereich, Erwachsenenbildung/ Weiterbildung, Bildungspolitik) findet sich mindestens eine Sprecherin bzw. ein Sprecher, die bzw. der diesen Definitionsversuch formuliert. Auffallend ist, dass alle Interviewten aus der Interviewgruppe ‚Elementarbereich' und ein Großteil der Interviewten aus der Interviewgruppe ‚Sekundarbereich' diesen Definitionsversuch vertreten. Eine mögliche Ursache hierfür kann in der mehrjährigen Begleitung der Klientel liegen. Im Kindergarten/in der Kindertagesstätte verbleiben die Kinder im Durchschnitt drei Jahre, während die Kinder und Jugendlichen in der Sekundarstufe im Normalfall (ohne Klassenwiederholung oder Klassenüberspringen) sechs Jahre verbringen. Hier scheinen sowohl die Praktikerinnen als auch die Wissenschaftler eine direkte pädagogische Zuständigkeit für die Förderung von Lernmotivation und Lernkompetenz zu sehen, die es dann im weitergeführten Sinne im „vertikal (altersbezogenen) gegliederten Bildungssystem" (Tippelt 2003: 36) fortzuführen gilt.[110]

Sprecherposition: selbstinitiiert und extern anerkannt

Jene Akteurinnen und Akteure, die eine selbstinitiierte und extern anerkannte Sprecherposition einnehmen und den Definitionsversuch einer kontinuierlichen pädagogischen Förderung der Lernkompetenz im Lebenslauf vertreten, stammen sowohl aus der Wissenschaft als auch aus der Praxis, wobei die Wissenschaftler/-innen – ohne quantifizierende Aussagen treffen zu wollen – hierbei stärker vertreten sind. Bezogen auf die Sprecherrolle haben fast alle sowohl einen berufsbiografischen als auch beruflichen Bezug zum lebenslangen Lernen. Im folgenden Beispiel wird der berufsbiografische Bezug thematisiert:

> E   Also, seitdem ich meine Schule beendet habe, bin ich permanent dabei mich
> weiterzubilden. Also, lebenslanges Lernen ist gewissermaßen mein Arbeitsbereich. Also, ich habe lange Zeit als wissenschaftlicher Mitarbeiter in Projekten
> gearbeitet, äh, äh Professur für (*benennt die Professur*) und jetzt hier (*benennt*
> *die aktuelle Professur*). Also, ich bin permanent lebenslang, ich würde hier sogar eher den anderen Begriff nennen, lebenslänglich am Lernen.
> *(Interview-Nr. 11, Herr Koch, Elementarbereich, Z. 33-39)*

Zu Beginn der Argumentation formuliert der Akteur zwei Behauptungen. Zum einen weist er auf fortlaufende Weiterbildungsaktivitäten nach seinem Schulabschluss hin. Zum anderen bezeichnet er das lebenslange Lernen als seinen Arbeitsbereich. In der anschließenden Begründungsaktivität unter dem Zugzwang des Differenzierens und Respezifizierens wird deutlich, was er mit seiner zweiten Behauptung meint. Aufgrund seiner Hochschullaufbahn musste er sich permanent weiterbilden, erst im Rahmen von Hochschulprojekten als wissenschaftlicher Mitarbeiter, dann durch die Übernahme seiner ersten Professur und schließlich durch die Übernahme der aktuellen Professur, die in einer anderen erziehungswissenschaftlichen Teildisziplin verortet ist als die erste. Mit einer

---

110 Die beiden Akteure aus der Erwachsenenbildung und Bildungspolitik, die diese inhaltliche
Ausrichtung der Handlungsstrategie verfolgen, beschäftigen sich seit vielen Jahren mit dem
Thema ‚Kompetenzentwicklung' im Rahmen ihrer beruflichen Tätigkeit.

abschließenden Konklusion, welche die handlungspraktische Funktion einer Bewertung einnimmt, konstatiert er, dass in seinem Fall eher der Begriff ‚lebenslängliches Lernen‘[111] passen würde. Während beim berufsbiografischen Bezug lebenslanges Lernen reflexiv auf das eigene Lernverhalten im Kontext der Berufsbiografie bezogen wird, stellt das lebenslange Lernen beim beruflichen Bezug einen Themenbereich des beruflichen Aufgabengebiets dar („und ahm ah das heißt lebenslanges Lernen bedeutet für mich ganz zentral sich zu überlegen(‘) wie kann Schule sich darauf einstellen und wie kann sie sozusagen ahm auf der einen Seite die natürliche Neugier ahm der Schüler aufrechterhalten(‘) auf der anderen Seite sie eben auch für dieses sie erwartende Arbeitsleben qualifizieren(.)" *Interview-Nr. 19, Frau Wagner, Sekundarbereich, Z. 69-73).*

Die selbstinitiierte und extern anerkannte Sprecherposition scheint eine positive Wirkung auf die Erfüllung der Sprecherrolle zu haben. Die betreffenden Akteurinnen und Akteure inszenieren sich in ihrer Sprecherrolle als aktive Gestalter/-innen im Bereich des lebenslangen Lernens. Dies kommt einerseits zum Ausdruck, wenn sie ihr berufliches Tätigkeitsfeld thematisieren und damit ihren Beitrag zum Spezialdiskurs (im Elementarbereich, Sekundarbereich, Erwachsenenbildung) oder zum öffentlichen Diskurs (Bildungspolitik) zum Ausdruck bringen („Beruflich bin ich äh im Moment der Leiter der Abteilung Lehrerbildung, Landesprüfungsamt und Weiterbildung und damit also mit diesen Themen direkt beruflich äh verbunden. Ich war bis vor einem Jahr der äh Vorsitzende des Ausschusses (*nennt die Bezeichnung des Ausschusses*). Und ich bin jetzt noch immer der Leiter des äh, der Koordinator, der Leiter *eines Förderprogramms* und eben da eine Reihe von Programme laufen lassen in, im äh Europa-Kontext, der länderseitige Koordinator für lebenslanges Lernen und könnte Ihnen jetzt noch eine Reihe von sonstigen Aktivitäten bis hin zu Lernenden Regionen und dergleichen mehr mitteilen, wo ich überall dann tätig war." *Interview-Nr. 6, Herr Becker, Bildungspolitik Länderebene, Z. 21-30).* Zum anderen beziehen die Informantinnen und Informanten lebenslanges Lernen reflexiv auf ihre eigene Berufsbiografie und zeigen auf, welche Konsequenzen das selbst praktizierte lebenslange Lernen auf die eigene berufliche Weiterentwicklung hat. Hier steht die aktive Gestaltung der eigenen Berufsbiografie unter dem Postulat des lebenslangen Lernens im Vordergrund („und dann habe ich versucht eine neue, offene Schule zu gründen. Das war damals in *x-Stadt* zunächst und dann später *y-Stadt*. (..) Und zwar war das ganz einfach äh, ohne einen einzigen Lehrer, eine Schule ohne Lehrer, ohne Gebäude, nur von einem, mit einem Mentor und den Schülern. (…) Bin aber dann kurz danach äh *zur Einrichtung für Selbstlernen*, habe das (*nennt den Namen der Einrichtung*) gegründet damals, war Gründungsdirek-

---

111   Vgl. hierzu Kapitel 7.5.2 „Austauschbarkeit der metaphorischen Anteile: lebenslang – lebenslänglich – lebensbegleitend".

tor. Habe das 12 Jahre geleitet, auch eine andere Form des Lernens. Angeleitetes Selbststudium." *Interview-Nr. 4, Herr Weber, Erwachsenenbildung, Z. 133-138, Z. 189-190).*

Bei den Akteurinnen und Akteuren, die den Definitionsversuch ‚Kontinuierliche pädagogische Förderung der Lernkompetenz im Lebenslauf' vertreten und eine selbstinitiierte und extern anerkannte Sprecherposition einnehmen, können bei der Rekonstruktion der argumentativen Praktiken in der konkreten Interviewsituation Gemeinsamkeiten festgestellt werden. Es handelt sich zum einen um die Anwendung routinisierter Modi der Verständigung im Zuge abkürzender Argumentationspraktiken. Diese äußern sich in der Übernahme und Nutzung von Fachbegriffen in den eigenen Sprachgebrauch, die im kommunikativen Handeln schlagwortartig angeführt und nicht erläutert werden. Damit scheint eine zum Teil kontrafaktische Unterstellung eines gemeinsam geteilten Hintergrundwissens zwischen Interviewten und Interviewerin einherzugehen. In der sozialen Welt (vgl. Strauss 1990) der Akteurinnen und Akteure wird bei der Verwendung von Fachbegriffen scheinbar davon ausgegangen, dass die Zuhörenden das Gleiche unter den Fachbegriffen verstehen, wie die/der Sprechende selbst. Im konkreten Interaktionsgeschehen könnte man an diesen Stellen auch von einer Stichwort- oder Schlagwortkommunikation sprechen. Diese kann als Abkürzungsstrategie vor dem Hintergrund knapper zeitlicher Ressourcen sowie als Strategie der Selbstpräsentation gedeutet werden. Durch die schlagwortartige Verwendung von Fachbegriffen wird der Eindruck erweckt, als hätte das Gesagte einen sinnhaften Zusammenhang. Dem Gegenüber wird suggeriert, dass er Bescheid wissen müsse. Als Beispiel für die Anwendung routinisierter Modi der Verständigung kann die folgende Aussage eines Interviewpartners aus dem Elementarbereich angeführt werden. Sie ist Bestandteil einer Begründungsaktivität im Zuge der Darstellung der pädagogischen Förderung der Lernkompetenz im Lebenslauf:

E: zum Beispiel Entwickeln des
I: (gz) mhm(')
E: Selbstkonzeptes(') es ist nicht eine Aufgabe nur des vorschulischen Alters(')
       sondern sie ist genauso relevant im Schulalter(') wenn ich dem Kind
I: (gz) mhm(')
E: Selbstregulation vermittle(') kann ich das im Kindergarten tun(') ich kann es
       auch in der in der Grundschule oder ich mu:ss das auch in der Grundschule
       fortsetzen(.) wenn ich sage lernmethodische Kompetenzen(') wo&woher ist
       keine Kompetenz(') die reserviert ist für eine Bildungsstufe(') sondern sie geht
       über die Stufen hinweg(.)"
(Interview-Nr. 12, Herr Bauer, Elementarbereich, Z. 157-166)

Der Interviewpartner führt in dieser Begründungsaktivität unterschiedliche Elemente an, die es vonseiten der pädagogischen Einrichtungen (hier speziell Einrichtungen des Elementar- und Primarbereichs) zu fördern gelte. Er verbleibt hierbei auf der Ebene der Stichwortkommunikation, da er nicht weiter erläutert, was konkret die Entwicklung des Selbstkonzepts, die Förderung von Selbstregulation und lernmethodischen Kompetenzen bedeutet und welche pädagogischen Maßnahmen damit verbunden sein könnten.

Das Textbeispiel weist zum anderen auf eine weitere Gemeinsamkeit hinsichtlich argumentativer Praktiken im Zusammenhang von Behauptungen, Begründungen und Belegen hin. Alle Sprecherinnen und Sprecher binden wissenschaftliches Wissen in ihre Argumentationen und hier vorwiegend in ihre Begründungs- und Belegaktivitäten ein, welche dann in den routinisierten Modi der Verständigung zum Ausdruck kommen. Der doch auffällige Einbezug von wissenschaftlichem Wissen mag darin begründet liegen, dass die meisten Vertreter/-innen aus der Wissenschaft stammen.

Sprecherposition: vonseiten der Forscherin zugeschrieben

Der Definitionsversuch einer kontinuierlichen pädagogischen Förderung der Lernkompetenz im Lebenslauf wird auch von Informantinnen und Informanten formuliert, deren Sprecherposition vonseiten der Forscherin zugeschrieben wurde. Die handlungsrelevante kontextuelle Bedingung ‚Pädagogische Förderung der Habitualisierung lebenslangen Lernens' als Grundvoraussetzung für die Formulierung dieses Definitionsversuchs kommt auch bei diesen Sprecherinnen und Sprechern zum Tragen. In dieser Sprecherposition ist sowohl die praxisbezogene Perspektive durch die Praktikerinnen aus dem Elementarbereich wie auch die wissenschaftliche Perspektive durch die Professoren aus dem Sekundarbereich vertreten.

Wie die Interviewpartnerinnen und Interviewpartner mit einer selbstinitiierten und extern anerkannten Sprecherposition werden von den Informantinnen und Informanten mit der zugeschriebenen Sprecherposition in der Ausübung ihrer Sprecherrolle sowohl ein berufsbiografischer als auch ein beruflicher Bezug zum lebenslangen Lernen thematisiert.

Eine Differenz zur selbstinitiierten und extern anerkannten Sprecherposition lässt sich aus der Interaktion in der konkreten Interviewsituation rekonstruieren. Zunächst kann im Vergleich zur selbstinitiierten und extern anerkannten Sprecherposition festgehalten werden, dass hier keine Selbstinszenierung als Gestalter/-in stattfindet. Stattdessen erhält der Umgang mit Nichtwissen mehr Gewicht. Dieses Phänomen tritt vor allem bei der Frage, wie eine bildungsbereichsübergreifende Umsetzung des lebenslangen Lernens aussehen könnte, auf.

Sowohl die Praktikerinnen aus dem Elementarbereich als auch die Wissenschaftler aus dem Sekundarbereich beziehen sich in ihren Antworten auf ihr jeweiliges
Tätigkeitsfeld (Elementarbereich, Sekundarbereich). Dabei erfährt die Sprecherrolle seitens der Praktikerinnen eine leichte Begrenzung im Kontext der sprachlichen Performanz. Sie verbleiben in ihrem Antwortverhalten im konkreten beruflichen Handlungskontext und weisen im Vergleich zu den wissenschaftlichen
Vertretern aus dem Sekundarbereich ein geringeres Abstraktionsvermögen hinsichtlich ihrer Ausführungen zur bildungsbereichsübergreifenden Umsetzung
lebenslangen Lernens auf. Beispielsweise rekurrieren die Praktikerinnen auf
konkrete berufliche Praxisbeschreibungen der Zusammenarbeit mit der Grundschule („Dann äh haben wir als Projekt geplant, dass die Grundschule in den
Kindergarten kommt mit Erstklässlern und Kindergarten vor, also Erstklässler
lesen im Kindergarten vor und äh die Kindergartenkinder malen dazu Bilder,
also zu dem, was sie gehört haben, zu der Geschichte. Diese Bilder werden dann
bei einem Besuch der Kindergartenkinder in der Schule wieder mitgebracht."
Interview-Nr. 13, Frau Zimmermann, Elementarbereich, Z. 130-135). Die wissenschaftlichen Vertreter aus dem Sekundarbereich bekunden in der Interviewsituation offen, dass sie eine bildungsbereichsübergreifende Umsetzung lebenslangen Lernens vor dem Hintergrund ihres Tätigkeitsfeldes bisher noch nicht reflektiert hätten, versuchen aber an bestehenden Erfahrungen anknüpfend, eine bildungsbereichsübergreifende Umsetzung in ihrem Sinne zu erörtern. Während die
Praktikerinnen aus dem Elementarbereich bei ihren Ausführungen die bildungsbereichsübergreifende Kooperation zwischen Kindergarten/Kindertagesstätte und
Grundschule thematisieren, beziehen sich die wissenschaftlichen Vertreter aus
dem Sekundarbereich einerseits auf die Förderung der Kompetenzentwicklung
bei Schülerinnen und Schülern und damit einhergehende Veränderungen von
Schulstrukturen („Also, dass sozusagen die Schule sich&sich neben diesem Bereich der sozusagen systematischen Kompetenzentwicklung im deklarativen
Lernbereich äh&äh, dass es da, äh, dass die Schule sich öffnet für die Lebenswelt
der Kinder." *Interview-Nr. 16, Herr Wolf, Sekundarbereich, Z. 367-370).* Andererseits wird unter dem Aspekt einer kontinuierlichen Förderung der Lernkompetenz bei den pädagogischen Fachkräften im Schulsystem die bildungsbereichsübergreifende Umsetzung lebenslangen Lernens auf die verschiedenen Phasen
der Lehrerausbildung und Lehrerfortbildung bezogen, die es besser aufeinander
abzustimmen gelte („Und jetzt versuchen wir zu überlegen, was ist denn das
Gemeinsame unserer Ausbildung, zum Beispiel im schulpraktischen Bereich,
und wo liegen die Unterschiede zwischen erster und zweiter Phase? Und wenn
ich das generalisiere, dann würde ich sagen, es wäre wichtig wahrscheinlich sich
überhaupt mal klarzumachen, was wollen diese verschiedenen Bereiche, was
sind ihre eigenen äh, äh Ziele oder ihre eigenen äh, wo liegt der Sinn, wo liegen

die Zielsetzungen, wo liegt das Besondere dieser Phasen und was haben sie gemeinsam. Und ich glaube nur, wenn man das überlegt hat, dann kann man, wäre der nächste Schritt dieses Kontinuum etwas stärker äh im Auge haben. Und das würde heißen, Kontinuum heißt dann, dass wenn wir jetzt anfangen, dass wir immer eigentlich schon ein bisschen auch im Auge haben, was geschieht dann in der zweiten und in der dritten Phase und was ändert sich dann und das wir das laufend auch natürlich überprüfen. Und damit haben wir jetzt angefangen in der Lehrerbildung, sind aber ganz am Anfang damit." *Interview-Nr. 17, Herr König, Sekundarbereich, Z. 294-308).* Die Zusammenarbeit der Schule mit Bildungseinrichtungen aus anderen Bildungsbereichen wird dabei nicht eigenständig thematisiert. Eine mögliche Ursache hierfür könnte im gesellschaftlichen Mandat des Schulsystems liegen. Hauptauftrag ist es, die Schülerinnen und Schüler zu einem Schulabschluss zu führen. Kooperationen zu pädagogischen Einrichtungen anderer Bildungsbereiche sind zur Erfüllung des gesellschaftlichen Mandats nicht zwingend erforderlich und finden eher im Kontext der Übergangsgestaltung zwischen Grundschulen und weiterführenden Schulen des Sekundarbereichs I statt.

Hinsichtlich der argumentativen Praktiken im Zusammenhang von Behauptungen, Begründungen und Belegen ist anzumerken, dass die Praktikerinnen aus dem Elementarbereich im Vergleich zu den wissenschaftlichen Vertretern aus dem Sekundarbereich im Rahmen ihrer Argumentationen keinen Bezug zu wissenschaftlichen Wissen herstellen, sondern, wie bereits weiter oben beschrieben, in der Darlegung ihrer konkreten beruflichen Tätigkeit verbleiben.

8.1.3 Diskursive Praktiken: Formulierung von Voraussetzungen für eine bildungsbereichsübergreifende Institutionalisierung lebenslangen Lernens

Da der Definitionsversuch ‚kontinuierliche pädagogische Förderung der Lernkompetenz im Lebenslauf' zum größten Teil von den Informantinnen und Informanten aus dem Elementarbereich und dem Sekundarbereich formuliert wird, beziehen sich vor allem die geäußerten organisationalen und berufsgruppenbezogenen Voraussetzungen auf die Einrichtungen Kindergarten/Kindertagesstätte und Schule. Eine organisationale Grundvoraussetzung seitens des Kindergartens zur Realisierung der oben genannten Definition ist beispielsweise, dass dieser sich als Bildungseinrichtung versteht und die Erzieherinnen und Erzieher als Bildungsbegleiter/ -innen agieren, wie die nachfolgende Passage aufzeigt:

E: Also, äh es findet ja im Moment eine Neuorientierung des Selbstverständnisses statt. Ähm, das, also äh auf den oberen Ebenen wird gesagt Kindergarten als

Bildungsinstitutionen und Selbstverständnis wie auch bei Lehrern als Bildungsbegleiter. Äh, obwohl ich betonen möchte, das sind Akzentverschiebungen. So etwas haben auch in den letzten 30, 40 Jahren, äh Erzieherinnen sind ja nicht welche, die mit Kindern gespielt haben, der Bildungsgedanke war bei denen immer da, nur jetzt in der momentanen Gewichtung geht die Waage mehr in Richtung dieser, in Richtung dieser Förderung. *(Interview-Nr. 11, Herr Koch, Elementarbereich, Z. 591-599).*

Der Informant weist im Rahmen der Behauptungsaktivität darauf hin, dass eine Neuorientierung des Selbstverständnisses stattfindet. Diese Neuorientierung wird im Rahmen einer Spezifizierung näher erläutert, wobei nicht ersichtlich ist, was der Interviewte unter „obere Ebene" meint. Eventuell handelt es sich hier um die politische Ebene, die eine Neuorientierung des Selbstverständnisses des Kindergartens von einer Betreuungseinrichtung zu einer Bildungseinrichtung und des Selbstverständnisses der Erzieher/-innen in Richtung Bildungsbegleiter/-innen forciert. Im Anschluss an diese Spezifizierungsaktivität erfolgt eine kurze Bezweiflungsaktivität, in welcher der Interviewpartner darauf verweist, dass es sich nicht wirklich um eine Neuorientierung, sondern eher um eine Akzentverschiebung handeln würde. In der anschließenden Begründungsaktivität unter dem Zugzwang des Berücksichtigen und Abwägens, wird erklärt, dass der Bildungsgedanke schon immer ein Grundgedanke der Elementarpädagogik gewesen sei, im aktuellen politischen Diskurs aber wieder eine stärke Gewichtung erlangt habe.

Als organisationale Grundvoraussetzung seitens der Schule zur Realisierung des oben angeführten Definitionsversuchs wird die Förderung der Lernmotivation und des selbstorgansierten Lernens betrachtet. Um dieser Aufgabe nachzukommen, bedarf es wiederum Veränderungen auf der strukturellen Ebene sowie auf der Ebene der Makro- und Mikrodidaktik („Ich würde aber gleichwohl, um das noch mal zu sagen, daran festhalten, dass das die Schule sein könnte, aber eine anders strukturierte Schule, wo es nicht heißt, Jahrgangsklasse äh und ein Schritt nach dem anderen und äh 45 Minuten und wenn die Lehrerin kommt, geht es los und wenn es klingelt, ist der Prozess zu Ende, sondern wo so was, so etwas alles viel offener äh organisiert ist, wo die Schule viele Lernangebote hat, Bildungsmöglichkeiten hat, Lernlandschaften hat und dergleichen mehr." *Interview-Nr. 16, Herr Wolf, Sekundarbereich, Z. 470-477).*

In der Erwachsenenbildung/Weiterbildung werden organisationale Voraussetzungen eher im Aufbau von Supportstrukturen, wie Bildungsberatung und Datenbanksysteme, zur Gewährleistung von Transparenz des Weiterbildungsmarktes gesehen.

Eine häufig formulierte berufsgruppenbezogene Voraussetzung in diesem Kontext ist, dass sich die pädagogisch Tätigen im Elementar- und Sekundarbereich als Lern- oder Bildungsberater verstehen sollten. Hierzu werde der Besuch von Fortbildungen notwendig, in deren Mittelpunkt die Förderung von Lernmotivation und Lernkompetenz stehe.

Die soeben angeführten organisationalen und berufsgruppenspezifischen Voraussetzungen können ein Grund für die des Öfteren im Datenmaterial formulierte berufspolitische Forderung sein, die Förderung von Lernmotivation und Lernkompetenz in die (akademische) Ausbildung und Fortbildung der pädagogischen Fachkräfte aufzunehmen („Wenn wir die Untersuchungen uns anschauen und aus den Erfahrungen reflektieren, sind die (-) Lehrkräfte an Schulen, Kindertagesstätten und Hochschulen, aber auch Weiterbildungseinrichtungen, äh nicht so gebildet worden in der Primärausbildung wie es diese neueren äh Entwicklungen eigentlich verlangen würden. Also, was heißt das? Du musst anfangen in der zukünftigen Ausbildung das stärker zu berücksichtigen. Ich habe es eben deutlich gemacht an der Lehrerausbildung, aber das gilt natürlich für Erzieherinnenausbildung und äh für, in gewisser Weise für im Rahmen der, der, der Hochschuldidaktik auch für die Hochschulen. Bei den Weiterbildungseinrichtungen würde das natürlich für die Studiengänge Erwachsenbildung äh gelten, aber wie wir wissen äh, ist das Personal in den Weiterbildungseinrichtungen nicht nur aus solchen Studiengängen heraus erwachsen, sondern ja auch aus äh (..) anderen Berufserfahrungen. Also, sprich überall, in allen Bereichen, erwarten uns besondere Ansprüche an Fortbildungen." *Interview-Nr. 7, Herr Becker, Bildungspolitik Länderebene, Z. 335-350).*

8.2 Parallele Inklusion der Lernenden in Einrichtungen mehrerer Bildungsbereiche des Bildungssystems

8.2.1 Darstellung des Phänomens

Im Mittelpunkt des zweiten Definitionsversuchs steht die Ermöglichung vielfältiger institutioneller Zugänge zum Lernen im Bildungssystem. Dabei wird zur Erreichung eines bestimmten Lern- oder Bildungsziels durch den Aufbau von bildungsbereichsübergreifenden Kooperationen eine parallele Inklusion der Lernenden in Bildungseinrichtungen verschiedener Bildungsbereiche angestrebt, wie die folgende Aussage eines Vertreters der bildungspolitischen Ebene aufzeigt:

E: Wenn wir von letzterem Bereich, äh von letzterem reden, also Bereich als institutionell verstanden, äh dann äh sehe ich da den äh, also dann sehe ich bei einem bereichsübergreifenden Ansatz das Potenzial, das darin liegt, dass äh bestimmte Bereiche, die institutionell getrennt sind, durchaus äh einmal mit gemeinsamem Modul arbeiten könnten. Also, dass es Themenbereiche gibt, die in einer Universität oder in einer Weiterbildungseinrichtung, in einer Industrie- und Handelskammer oder bei einem Großunternehmen, die dort angeboten sind, dass da durchaus kooperiert werden kann. Etwa aus der beruflichen Erstausbildung kennen wir so was ja, wir reden vom dualen System, aber das ist in der Regel nicht mehr ein System mit zwei Lernorten. Also, viele Auszubildende lernen im Betrieb, lernen in der Schule und lernen in der überbetrieblichen Ausbildungsstätte, weil ein bestimmter Betrieb bestimmte Qualifikationssegmente nicht mehr abdeckt. Ein Maler, der sich nur noch auf Außenwandanstriche spezialisiert hat, kann seinem Lehrling nicht mehr beibringen, wie man tapeziert oder so. Also, das ist so ein, so ein Beispiel, das ja nicht nur (Martinshorn im Hintergrund) für die Erstausbildung gilt, sondern auch für die Zweitausbildung gilt, dass man halt dann sagt, wir arbeiten an einem gemeinsamen äh Bildungsziel, das man definiert und Teilbereiche, Teilmodule oder Module werden an verschiedenen, in verschiedenen Bereichen angeboten.

(Interview-Nr. 9, Herr Hahn, Bildungspolitik Beratung, Z. 170-189)

In dieser Passage legt der Akteur sein Verständnis einer bildungsbereichsübergreifenden Umsetzung lebenslangen Lernens dar. Im Zuge der Behauptungsaktivität konstatiert der Informant zunächst, dass Bildungseinrichtungen aus unterschiedlichen Bildungsbereichen im Rahmen eines gemeinsam zu entwickelnden Bildungsangebotes miteinander kooperieren könnten. Damit markiert er, dass er seine nachfolgenden Ausführungen auf der Basis von theoretischen Überlegungen und nicht auf bestehenden Kooperationserfahrungen formuliert. Sie stellen sozusagen eine potenzielle Möglichkeit der bildungsbereichsübergreifenden Umsetzung lebenslangen Lernens dar, aber keine Notwendigkeit. Er spezifiziert diese Behauptung, indem er auf eine Voraussetzung verweist, nämlich, dass es gemeinsame Themenbereiche geben müsste, auf deren Basis eine Zusammenarbeit zwischen Einrichtungen unterschiedlicher Bildungsbereiche aufgebaut werden könnte. Es folgt ein kurzer Beleg, indem er auf die duale Ausbildung rekurriert, die diese Art der Kooperation darstelle. In einer weiteren Behauptung weist er daraufhin, dass der Ausdruck ,dual' nicht immer passend sei. Unter dem Zugzwang des Differenzierens und Respezifizierens begründet er, dass in der Berufsausbildung mittlerweile nicht nur die berufsbildende Schule und der Betrieb als Lernorte vertreten seien, sondern, aufgrund der z. T. stärker werdenden Spezialisierung der Ausbildungsbetriebe auf bestimmte handwerkliche Tätigkeiten, die Hinzuziehung weiterer Lernorte, wie überbetriebliche Ausbildungsstätten, für die Ausbildung eines Berufs notwendig seien. Es schließt eine Belegbeschreibung an, in welcher der Sprecher diese Entwicklung anhand des Malerberufs beispielhaft skizziert. Der Informant beendet seine Argumentation mit der Konklusion, dass diese Lernortkooperation in der Erstausbildung auch denkbar sei für die Zweitausbildung, indem Bildungseinrichtungen, die an einem gemeinsamen Bildungsziel arbeiteten, das entsprechende Bildungsangebot dem Lernenden modularisiert zur Verfügung stellten.

Wie auch diese Textpassage aufzeigt, wird der Definitionsversuch einer parallelen Inklusion der Lernenden in Einrichtungen verschiedener Bildungsbereiche oftmals auf die berufliche Aus- und Weiterbildung bezogen. Durch Lernortkooperationen wie beispielsweise zwischen Unternehmen und Einrichtungen des Tertiärbereichs sollen den Lernenden neue Zugänge zu Bildungsmöglichkeiten eröffnet werden.[112] Denkbar ist, dass die Interviewpartner/-innen, die diesen Definitionsversuch verfolgen, mit ihren Überlegungen bzw. konkreten Projektvorhaben an die aus dem internationalen bildungspolitischen Diskurs stammende Forderung nach einer „Durchlässigkeit aufeinander folgender Bildungsstufen oder -sequenzen, indem institutionell vorgegebene und verfestigte Bildungswege nach einem starren berechtigungsbasierten Laufbahnmodell aufgelöst werden" (Wolter 2010: 56), anknüpfen. Ferner bestehen hier Berührungspunkte zu der Forderung nach Vernetzung von Bildungseinrichtungen, um vielfältige Zugänge zu Lernangeboten und Lernmöglichkeiten zu schaffen (vgl. z. B. BLK 2004; BMBF 2008), indem sie bei ihrem Definitionsversuch auf interorganisationale Kooperationen rekurrieren, die häufig auf bilaterale Beziehungen basieren und durch aktivierende Beziehungsstrukturen gekennzeichnet sind (vgl. Strobel, Reupold & Tippelt 2010: 3-4).

Im Datenmaterial gibt es auch Hinweise für den Aufbau von bildungsbereichsübergreifenden Kooperationen zwischen Einrichtungen der Erwachsenenbildung/Weiterbildung und Schulen im Bereich der Zertifizierung von Fremdsprachenkenntnissen. Dabei stellt die Weiterbildungseinrichtung Zertifikate und Prüfungssysteme bereit, die von der Schule genutzt werden können („und eins meiner Ziele(') an dem ich jetzt langsam aber stetig arbeite(') ist ah in die .. den Referenzrahmen [Gemeinsamer europäischer Referenzrahmen für Sprachen des Europarats[113] , C.D.] und seine Standardisierungsmöglichkeiten für die Schule im Kontext lebenslangen Lernens in die Schule zu implementieren(') nicht dass wir da jetzt unbedingt hingehen(') und den Lehrern sagen(') macht es besser(') sondern den Rahmen vorstellen(') und ahm gleichzeitig das Angebot machen(') dass die Schüler&einen Piloten haben wir laufen(') da läuft an anderen *Weiterbildungseinrichtungen* sicherlich schon mehr(') aber wir haben gerade erst angefangen(') damit den Schülern klar ist(') wenn ich jetzt schon ein Sprachenzertifikat mache(') bin ich im Referenzrahmen(') Sie kennen den(?) der ist so zwischen

---

112   Ein Beispiel für die Kooperation von betrieblicher Ausbildung und Hochschule stellen beispielsweise duale Studiengänge als Institutionalisierungsformen von Ausbildungskooperationen zwischen Unternehmen und Hochschulen dar (vgl. Purz 2011; Wolter 2010: 65).

113   Nähere Informationen zum Gemeinsamen europäischen Referenzrahmen für Sprachen unter URL http://www.goethe.de/z/50/commeuro/deindex.htm [Zugriff am 02.04.2013].

A eins und C zwei aufgeteilt(')das ist ein Instrument(') wo man die Sprachkenntnisse auf Europa&auf europäischen Niveau (unverständlich) durch den Europarat(') einschätzen kann(.) A eins A zwei B eins B zwei C eins C zwei und wenn also ein Lehrer dann in einer freiwilligen AG beispielsweise auf eine internationale Sprachprüfung(') Spanisch (unverständlich) oder irgendetwas vorbereitet und die Schüler hinterher die Prüfung ablegen(') kann er ihnen sagen(') jetzt habt ihr Niveau A zwei(') wenn ihr weiter machen wollt(') ist als nächstes B eins angesagt(') dann B zwei und so weiter und so fort und das ist ein ideales Instrument für lebenslanges Lernen(') denn sie lernen selten in der Schule eine Sprache perfekt(') aber wollen sie vielleicht später mal berufsbegleitend anwenden(.)" *Interview-Nr. 3, Frau Fischer, Z. 334-361*)

Die im Datenmaterial befindlichen Überlegungen und Projektdarstellungen zu einer parallelen Inklusion der Lernenden in Bildungseinrichtungen verschiedener Bildungsbereiche thematisieren weniger „supportive Kooperationen" (Tippelt 2003: 42) im Sinne der Bereitstellung und Nutzung von gemeinsamen Supportstrukturen wie Bildungsberatung, Fortbildungen des pädagogischen Personals oder Räume, sondern streben durch die gemeinsame Erarbeitung von Lernangeboten eher eine „integrative Kooperation" (a.a.O.: 43) an.

8.2.2 Bedingungskontexte des Definitionsversuchs

Handlungsrelevante kontextuelle Bedingung

Die Personen, die eine bildungsbereichsübergreifende Umsetzung lebenslangen Lernens im Sinne einer parallelen Inklusion der Lernenden in Bildungseinrichtungen mehrerer Bildungsbereiche verstehen, gehören der Expertengruppen ‚Erwachsenenbildung/Weiterbildung' sowie ‚Bildungspolitik' an. Bei der Formulierung des Definitionsversuchs kommt bei allen eine bestimmte handlungsrelevante kontextuelle Bedingung zum Tragen: Bei der Darlegung ihres Verständnisses des lebenslangen Lernens formulieren sie den Bedeutungskontext ‚Lebenslanges Lernen als Bewältigungsstrategie potenzieller beruflicher Diskontinuitäten' (vgl. Kapitel 7.5.4). Im Mittelpunkt dieses Bedeutungskontextes steht eine zunehmende Gewichtung des Lernens Erwachsener in beruflichen Kontexten, aufgrund von Globalisierung und technologischem Wandel hervorgerufener Veränderungen in der Berufswelt. Das Lernen Erwachsener in beruflichen bzw. für berufliche Kontexte wird bei der Darlegung dieses Definitionsversuchs ebenfalls überwiegend thematisiert (vgl. Kapitel 8.2.1).[114] Der Definitionsversuch der parallelen Inklusion der Lernenden in Einrichtungen mehrerer Bildungsbereiche zielt darauf ab, vor dem Hintergrund der kontextuellen Bedingung, dass das lebenslange Lernen eine Bewältigungsstrategie für potenzielle berufliche Diskontinuitäten darstellt, neue Zugänge zu Lern- und Bildungsangeboten durch interorganisationale Kooperationen zu eröffnen.

Sprecherpositionen: vonseiten der Forscherin zugeschrieben und vonseiten (Bildungs-)Organisation auferlegt

Dieser Definitionsversuch wird von Akteurinnen und Akteuren aus der Interviewgruppe ‚Erwachsenenbildung/Weiterbildung' sowie ‚Bildungspolitik' vertreten. Dabei weisen die meisten Informantinnen und Informanten eine vonseiten der Forscherin zugeschriebene Sprecherposition auf. Sie vereinen sowohl die wissenschaftliche als auch die praxisbezogene Perspektive. Lediglich die Sprecherposition eines Interviewpartners aus der Erwachsenenbildung wurde vonseiten der Organisation, in welcher er tätig ist, auferlegt. Diese Person vertritt aufgrund seines intermediären beruflichen Tätigkeitfeldes sowohl die praxisbezogene als auch die wissenschaftliche Perspektive. Da diese Sprecherposition bei diesem Definitionsversuch nur einmal auftritt, werden die beiden Sprecherpositionen hier gemeinsam erörtert und auf jeweilige Besonderheiten in Bezug auf Sprecherrolle und Interaktion an entsprechender Stelle hingewiesen.

Bei dem Interviewpartner mit einer vonseiten der Organisation auferlegten Sprecherposition war der Forscherin dieser Sachverhalt bei der Kontaktaufnahme nicht bekannt. Vielmehr ging sie von einer selbstinitiierten und extern anerkannten Sprecherposition aus. Erst in der konkreten Interviewsituation thematisiert der Akteur im Kontext der Beantwortung der Einstiegsfrage zu seinem Verständnis des lebenslangen Lernens die Besonderheit seiner Sprecherposition:

> E: (4 sek.) (atmet ein) ja(') vielleicht ah(-) kann ich so anfangen(') dass ich ahm in das .. das ah Projekt lebenslanges Lernen gewissermaßen über ne Berufsbio-grafie hinein .. ahm beordert wurde(') .. weil *die Einrichtung* ahm sehr plötz-lich einen Auftrag bekommen hatte *im Bereich lebenslanges Lernen* und ahm dann waren Mittel da und&musste schnell jemand gesucht werden(,) as&und ahm übern Markt ah jemanden neu einzukaufen ging nich und dann ist *die Ein-richtung* auf mich zurückgekommen(-)
> *(Interview-Nr. 1, Herr Müller, Erwachsenenbildung, Z. 37-43)*

---

114 Die Ausrichtung des Lernens auf berufliche Kontexte wird ebenfalls in dem Kooperationsbei-spiel der Informantin aus der Erwachsenenbildung thematisiert, wenn sie auf die Relevanz von Fremdsprachen im Berufsleben zu sprechen kommt.

Die Textpassage beginnt mit einer Planungsphase, die darauf verweist, dass die Einstiegsfrage der Interviewerin nicht ohne Weiteres von dem Informanten beantwortet werden kann. In dieser Planungsphase scheint er zu beschließen, zunächst das Zustandekommen seiner Sprecherposition im Diskurs über das lebenslange Lernen darzustellen. In seiner anschließenden Behauptungsaktivität weist er darauf hin, dass sein Arbeitgeber die mit dem Thema ‚lebenslanges Lernen' verbundene Aufgabe an ihn herangetragen habe. Unter dem Zugzwang des Explizierens führt er dann die Gründe hierfür an.

Die Passage verdeutlicht, dass die auferlegte Sprecherposition einen aufoktroyierten Charakter aufweisen kann, d. h. es existieren institutionelle Rahmenbedingungen, die es eigentlich nicht zulassen, eine Aufgabe und eine damit verbundene Sprecherposition abzulehnen. Im vorliegenden Fall ermöglichte diese Vorgehensweise, die sofortige Bearbeitung eines Auftrags sowie eine möglichst schnelle institutionelle Positionierung im öffentlichen Diskurs über das lebenslange Lernen. Diese Form der auferlegten Sprecherposition hat Auswirkungen auf die Sprecherrolle und die Interaktion in der Interviewsituation (siehe Ausführungen weiter unten).

Unabhängig davon, ob die Sprecherposition vonseiten der Organisation auferlegt oder vonseiten der Forscherin zugeschrieben wurde, formulieren fast alle Interviewte, die diesen Definitionsversuch vertreten, in der Ausübung ihrer Sprecherrolle einen beruflichen Bezug zum lebenslangen Lernen. Lediglich eine Vertreterin aus der Erwachsenenbildung thematisiert sowohl ihren berufsbiografischen als auch ihren beruflichen Bezug.

Im Vergleich zu den Akteurinnen und Akteuren mit einer vonseiten der Forscherin zugeschriebenen Sprecherposition, präsentiert sich der Informant mit der auferlegten Sprecherposition in der Ausübung seiner Sprecherrolle als Novize im Bereich des lebenslangen Lernens („und *in der Einrichtung* mir über lange Zeit ne (räuspert sich) Position als ah Experte der *xy-Bildung* ah&der außerschulischen *xy-Bildung* ahm zu&zu sein(') ich bin dort ahm ne anerkannte Kapazität(') hatte n hohes Standing im Ministerium(') mit den engsten Leuten und mit&mit der *xy-Stiftung*(') die ja&viel .. Geld hat und bin aus dieser Situation heraus in ein Neuland katapultiert worden(') Laie im lebenslangen Lernen(') auch in den damit verbundenen Feldern berufliche Bildung und ah was alles dazu zählt(') ahm(-) so dass ich mich zu Beginn eigentlich dann auch etwas unglücklich gefühlt habe und auch <u>völlig</u> überlastet den Problemen(') die da auf mich zukamen gerecht zu werden(')" *Interview-Nr. 1, Herr Müller, Erwachsenenbildung, Z. 43-56*). Die Selbstdarstellung als Novize könnte eine Strategie sein, um die Erwartungen der Interviewerin an die Sprecherrolle des Akteurs zu reduzieren.

Hinsichtlich der argumentativen Praktiken, die in der Interviewsituation angewendet werden, fällt auf, dass die Vertreter/-innen aus der Erwachsenenbildung, unabhängig davon, ob sie eine vonseiten der Organisation auferlegte oder vonseiten der Forscherin zugeschriebene Sprecherposition innehaben, die abkürzende Praktik der metaphorischen Wendung ‚Versäulung des Bildungssystems' verwenden:

> E: also da&es gibt ja immer diesen schönen Satz(') der Versäulung des Bildungswesens entgegenwirken und da zwischen Hochschule und Weiterbildung noch produktive Bündnisse zu schließen(') das&da seh ich eine große Herausforderung drin(.)
> *(Interview-Nr. 3, Frau Fischer, Erwachsenenbildung, Z. 439-442)*

In dieser Behauptung reproduziert die Expertin den öffentlichen Diskurs, indem sie sich auf die häufig im bildungspolitischen Diskurs formulierte Metapher der ‚Versäulung des Bildungssystems' bezieht. Sie wendet diese auf den Tertiär- und Weiterbildungsbereich an, um auf einen ihres Erachtens vorhandenen Handlungsbedarf hinsichtlich tragfähiger Lernortkooperationen zwischen den beiden Bildungsbereichen hinzuweisen. Die Metapher bezieht sich auf die Bildungsbereiche (Elementarbereich, Primarbereich, Sekundarbereich I und II, Tertiärbereich und Weiterbildung) als tragende Elemente (Säulen) des deutschen Erziehungs- und Bildungssystems. Durch die Beschreibung ‚Versäulung' werden die Bildungsbereiche als voneinander unabhängige starre, statische Gebilde gesehen. Daran anknüpfend passt die zum Teil formulierte metaphorische Zuschreibung ‚Tanker' für Bildungsinstitutionen wie Schule und Universität, um eine angebliche Schwerfälligkeit bei Veränderungsprozessen zu verdeutlichen. Die Bildungsbereiche als starre, statische Gebilde gilt es durch wie auch immer gelagerte bildungsbereichsübergreifende Kooperationen miteinander zu verbinden, wie die metaphorischen Beschreibungen ‚der Versäulung des Bildungswesens entgegenwirken', ‚Entsäulung des Bildungssystems' oder ‚Durchbrechen der Säulen' demonstrieren. Um diese Prozesse zu beschreiben, kommen wiederum mechanische Metaphern wie z. B. ‚gut verzahnt' oder ‚miteinander verzahnt sein' zum Einsatz. Die ‚Versäulung des Bildungssystems' bildet somit den negativen Gegenhorizont zur bildungspolitischen Forderung der – ebenfalls wie auch immer gelagerten – Durchlässigkeit zwischen den nacheinander folgenden Bildungsbereichen. Die soeben skizzierten Überlegungen zeigen auf, dass die zu einer bildungspolitischen Reformrhetorik gehörende Metapher im ersten Moment – gemäß der Natur von Metaphern – einleuchtend wirkt, bei näherer Betrachtung aber viele Fragen offen lässt. Mögliche hinter der Metapher verborgen liegende komplexe Reformprozesse werden negiert bzw. durch die metaphorische Beschreibung vereinfacht dargestellt.

Hinsichtlich der argumentativen Praktiken im Zusammenhang von Behauptungen, Begründungen und Belegen können Gemeinsamkeiten bei den Akteurinnen und Akteuren aus der Praxis mit einer vonseiten der Forscherin zugeschriebenen Sprecherposition konstatiert werden. Sie wenden in ihren Argumentationen vielfältige Belegbeispiele aus ihrer Berufsbiografie und der beruflichen Tätigkeit an, während der wissenschaftliche Vertreter der Interviewgruppe ‚Bildungspolitik' auf wissenschaftliche Beobachtungen und Erkenntnisse rekurriert.

8.2.3 Diskursive Praktiken: Formulierung von Voraussetzungen für eine bildungsbereichsübergreifende Institutionalisierung lebenslangen Lernens

Die Akteurinnen und Akteure, die eine bildungsbereichsübergreifende Institutionalisierung lebenslangen Lernens im Sinne einer parallelen Inklusion der Lernenden in Bildungseinrichtungen verschiedener Bildungsreiche durch den Aufbau von interorganisationalen Kooperationsbeziehungen definieren, formulieren auf der Ebene der diskursiven Praktiken der Diskurs(re)produktion hauptsächlich organisationale sowie weitere Realisierungs- und Gelingensbedingungen.

Als organisationale Voraussetzung wird eine positive Grundhaltung gegenüber interorganisationalen Kooperationen gesehen, die aus Sicht der Interviewpartner/-innen nicht immer gegeben zu sein scheint („Ähm, wenn ich mal den schulischen Prozess nehme, also eine, eine ganz wesentliche Forderung ist, und die ist ja auch hier in *der Stadt* in vielen Fällen schon ansatzweise und auch etwas weiterführend umgesetzt, dass ich, wenn ich mal vom schulischen Bereich ausgehe, dass sich die Schulen öffnen müssen, dass sich die Schulen öffnen müssen für die externen Bereiche. Das muss jetzt nicht äh, jetzt im Vordergrund sehe ich jetzt nicht die Eltern, sondern für die Unterstützer, die letztlich äh Angebote in die Schule transferieren können. Es darf zukünftig nicht nur so sein, dass die Schule als isolierter Punkt stehen bleibt." *Interview-Nr. 10, Herr Meyer, kommunalpolitische Ebene, Z. 396-404).*

Kooperationsbereitschaft als organisationale Voraussetzung zur parallelen Inklusion der Lernenden in Bildungseinrichtungen unterschiedlicher Bildungsbereiche scheint in enger Verbindung mit einer weiteren Realisierungs- und Gelingensbedingung zu stehen. Diese wird mit der unter 8.2.2 erläuterten Metapher ‚Durchbrechen der Säulen' beschrieben und z. T. als Hauptschwierigkeit bei der bildungsbereichsübergreifenden interorganisationalen Kooperation betrachtet. Faktoren, die ein Zustandekommen von Kooperationen verhindern, werden von den Interviewten beispielsweise in verschiedenen Interessen und Funktionen der beteiligten Einrichtungen gesehen („also in der Lehrlingsausbildung(') die ahm muss dann auch ah wenn das Training on the Job ist(') dann wieso sollen die was mit Schulen oder mit der Uni was machen(?)" *Interview-Nr. 1, Herr Müller, Erwachsenenbildung, Z. 565-567).* Aber auch Konkurrenzdenken der beteiligten Einrichtungen wird als Grund für eine Kooperationsverhinderung thematisiert („ahm (4 sek.) meine andere Zielrichtung geht immer ein Stückchen in Richtung Hochschule(') das ist aber viel schwieriger(') weil ich denke(') da kommt es erst mal darauf an ahm Vorurteile abzubauen(') die sicherlich da sind und zweitens zu einer vernünftigen Aufgabenteilung zu kommen(.)" *Interview-Nr. 3, Frau Fischer, Erwachsenenbildung, Z. 399-402).* Schließlich wird ein zusätzlicher Arbeitsaufwand für die Mitarbeiter/-innen als Faktor, der eine Kooperation verhindert, dargelegt.

Aus der Realisierungs- und Gelingensbedingung ‚Durchbrechen der Säulen' und den damit verbundenen Schwierigkeiten kann eine weitere von den Interviewten formulierte Realisierungs- und Gelingensbedingung abgeleitet werden: Bildungsbereichsübergreifende Kooperationen müssen auf der Basis gemeinsamer Themen und Interessen aufgebaut werden. Dies kann der Fall sein, wenn ein gemeinsames Bildungsziel für eine gemeinsame Zielgruppe angestrebt wird, das seine Realisierung in einem gemeinsamen Bildungsangebot findet. Hier schließt sich dann die nächste Bedingung der Durchführung einer Potenzialanalyse zu Beginn einer interorganisationalen Kooperationsbeziehung an, damit eine realistische Einschätzung möglich wird, ob notwendige Kooperationsleistung zur Verwirklichung des gemeinsamen Vorhabens erbracht werden können oder nicht („Äh, Potenzialanalyse, also äh meine Beobachtung ist, dass äh häufig die Institutionen selbst nicht genau von sich wissen, was sie können und schon gar nicht die anderen Institutionen. Und äh bevor man jetzt sagt, wir koppeln diese mit jenen zusammen, äh müssten beide Seiten (..) äh in einer Basisanalyse eine Potenzialanalyse auf den Tisch legen, wobei es hilfreich ist, wenn die nicht von mir selbst stammt äh, weil sonst äh Leistungserwartungen geweckt werden, Ansprüche geweckt werden, die äh, die dann im, im (?Vollzug) nicht zu decken sind und das führt dann eher zu einem Rückschlag als zu einer, zu einer Weiterentwicklung." *Interview-Nr. 5, Herr Hahn, Bildungspolitik, wissenschaftliche Beratung, Z. 224-233).*

Im Vergleich der diskursiven Praktiken, die von den Interviewten bei dem Definitionsversuch der kontinuierlichen pädagogischen Förderung von Lernkompetenz im Lebenslauf angeführt werden und sich hauptsächlich auf organisationale und berufsgruppenbezogene Voraussetzungen sowie berufspolitische Forderungen konzentrieren, stehen bei dem Definitionsversuch der parallelen Inklusion der Lernenden in Einrichtungen mehrerer Bildungsbereiche insbesondere Realisierungs- und Gelingensbedingungen im Mittelpunkt. Hier scheint eine Bedingung die nächste Bedingung hervorzurufen. Das Zustandekommen interorganisationaler Kooperationen scheint vor diesem Hintergrund mit vielfältigen Voraussetzungen verbunden zu sein.

8.3 Reform einzelner Bildungsbereiche und dazugehöriger Organisationen

8.3.1 Darstellung des Phänomens

Kennzeichnend für diesen dritten Definitionsversuch ist, dass die Interviewpartner/-innen hier ganz unterschiedliche Strukturveränderungen einzelner Bildungsbereiche thematisieren, wie die nachfolgenden Beispiele aufzeigen.

Ein Informant thematisiert in Rekurs auf die bildungsbereichsübergreifende Umsetzung lebenslangen Lernens die Segmentierung der betrieblichen Bildung unter ökonomischen Gesichtspunkten. Demnach setze sich die betriebliche Bildung zusammen aus individueller beruflicher Weiterbildung (Arbeitnehmer/-in zahlt Weiterbildung selbst), betrieblicher Weiterbildung (Betrieb bezahlt berufliche Weiterbildung) und die Weiterbildung von Arbeitslosen (Arbeitsmarktpolitische Förderprogramme finanzieren die berufliche Weiterbildung). Der Informant knüpft bei seinen Ausführungen an die Typologie von Übergangsmärkten nach Günther Schmid (2002: 230-233) an.[115] Vor diesem theoretischen Hintergrund versteht der Interviewpartner unter einer bildungsbereichsübergreifenden Institutionalisierung lebenslangen Lernens die Gestaltung verschiedener Lebensübergänge (z. B. Rückkehr von familiären Tätigkeiten in den Arbeitsmarkt, Rückkehr von Arbeitslosigkeit in den Arbeitsmarkt, Rückkehr von Berufs- und Erwerbsunfähigkeit in den Arbeitsmarkt) durch die noch zu entwickelnde systematische Bereitstellung adäquater beruflicher und betrieblicher Weiterbildungsmaßnahmen („Immer, diese Brücken findet <u>immer</u> im Re-Training-Bereich und im Training-Bereich statt. Education ist es ja klar, aber sonst bei Retirement gibt's dann wieder äh Re-Training, um wieder in den Arbeitsmarkt zu kommen. Und äh bei&bei Frauen, die rausgehen oder dann wieder reingehen, ist Re-Training. Bei Arbeitslosigkeit ist auch wieder Re-Training, um wieder reinzukommen. Und äh, das sind eben diese Brücken", *Interview-Nr. 5, Herr Braun, berufliche Weiterbildung, Z. 211-216).*

---

115 Hierauf verweist der Experte selbst: „Und da ist der, .. der Übergang vor allem wichtig, diese Durchlässigkeit zwischen den Systemen. .. Und ähm … (7 sek.) wenn man's ganz kurz sagt, wie löst man das Problem .. für Deutschland, .. dann muss ich vielleicht n bisschen was, etwas theoretisch machen. Ich weiß nicht, ob Sie Günther Schmid .. vom Wissenschaftszentrum Berlin kennen. Der hat eine Theorie über Transitional Labour Markets gemacht. Das ist n altes, äh altes, der hat das schon vor 15 Jahren gemacht." (*Interview-Nr. 5, Herr Braun, berufliche Weiterbildung, Z. 81-87).*

Ein anderer Akteur problematisiert die Öffnung des Hochschulzugangs:

E   .. ah ... es gibt nach wie vor(') .. ah ein Problem(') bei der Öffnung der Hoch-
     schulen für Absolventen der beruflichen Bildung(.)
I: mhm(')
E: ah ... okay es gibt bei den Ländern ein paar Ansätze sehr unterschiedlicher
     Art(') aber das ist .. nicht transparent(')
I: mhm(')
E: das ist ah .. eigentlich mit zusätzlichen Hürden verbunden(') .. ah zum Beispiel
     Aufnahmeprüfung(')
(Interview-Nr. 7, Herr Köhler, Bildungspolitik, Bundesebene, Z. 204-211)

In diesem Interviewausschnitt wird die Behauptung aufgestellt, dass es immer noch ein Problem mit der Hochschulzugangsberechtigung für „non-traditional students" (Schütze & Wolter 2003) gebe. Indem der Informant die Formulierung ‚Absolventen der beruflichen Bildung' verwendet, besteht im ersten Moment der Eindruck, es werde eine bildungsbereichsübergreifende Umsetzung des lebenslangen Lernens zwischen der beruflichen Weiterbildung und dem Tertiärbereich thematisiert. Es geht jedoch vielmehr um Erwachsene mit einer abgeschlossenen Berufsausbildung, die ohne Abitur an einer Hochschule studieren möchten. In der nachfolgenden Begründung unter dem Zugzwang des Berücksichtigens und Abwägens erklärt der Akteur, dass zwar bundeslandspezifische Regelungen existierten, die Zugangsberechtigung aber sei beispielsweise mit Prüfungen verbunden. Der Sprecher schließt mit seiner Argumentation an die Forderungen im Kontext der Erklärungen des Bologna-Prozesses an, die sich unter anderem auf die Anrechnung von Kompetenzen auf den Hochschulzugang, den Ausbau des nicht-traditionellen Hochschulzugangs[116] sowie den Ausbau flexibler Lernwege, wie Teilzeitstudium und berufsbegleitende Studiengänge, beziehen (vgl. Banscherus 2010: 224; Wolter 2010: 58). Dementsprechend wird in diesem Definitionsversuch der hochschulpolitische Reformdiskurs reproduziert.

Ein weiterer Interviewpartner formuliert einen Reformansatz, der die Überwindung der bisherigen Bildungsstruktur und die Schaffung einer neuen Struktur, deren Kern eine neue funktionsübergreifende Bildungseinrichtung darstellt, propagiert („und ähm (..) da äh kommt, muss man aus meiner Sicht einmal über die bisherigen Bildungsbereiche hinausgehen. Das ist das eine und das andere, man wird auf die Dauer nur über sie hinauskommen, wenn man eine neue Struktur schafft und das heißt auch letzten Endes eine neue Institution schafft." *Interview-Nr. 8, Herr Richter, Bildungspolitik, Landesebene, Z. 108-111)*. Folgt man

---

116 Unter dem nicht-traditionellen Hochschulzugang ist in Deutschland vor allem der Hochschulzugang ohne Abitur zu verstehen, der auch ‚Dritter Bildungsweg' genannt wird (vgl. Banscherus 2010: 227).

den weiteren Ausführungen des Interviewpartners zu diesem Reformansatz, so wird ein erster Umsetzungsversuch auf der Ebene der interorganisationalen Kooperation zwischen Einrichtungen der beruflichen Bildung und Erwachsenenbildung, d. h. zwischen beruflichen Schulen, Schulen für Erwachsene und Volkshochschulen durchgeführt. Der Ansatz bezieht sich im Anfangsstadium auf eine Reform des Weiterbildungsbereichs.

8.3.2 Bedingungskontexte des Definitionsversuchs

Handlungsrelevante kontextuelle Bedingung

Die Sprecher, die diesen Definitionsversuch formulieren, gehören der beruflichen Bildung und der Bildungspolitik an. Auch bei diesem Definitionsversuch konnte eine handlungsrelevante kontextuelle Bedingung identifiziert werden: Alle hier vertretenen Informanten benennen bei ihrem Verständnis des lebenslangen Lernens den Bedeutungskontext ‚Lebenslanges Lernen als Reformstrategie' (vgl. Kapitel 7.5.4). Hierbei erhält lebenslanges Lernen die Bedeutung eines Strukturphänomens, d. h. der absoluten Metapher ‚lebenslanges Lernen' wird die pragmatische Funktion der Strukturveränderung des Bildungssystems zugeschrieben.

Sprecherpositionen: selbstinitiiert und extern anerkannt sowie vonseiten der Forscherin zugeschrieben

Die beiden bildungspolitischen Vertreter weisen eine selbstinitiierte und extern anerkannte Sprecherposition mit einer praxisbezogenen Perspektive auf. Der Informant aus der beruflichen Bildung verfügt über eine vonseiten der Forscherin zugeschriebene Sprecherposition und vereint aufgrund der intermediären Funktion der Organisation, in welcher er beruflich tätig ist, sowohl eine wissenschaftliche als auch eine praxisbezogene Perspektive. Alle drei Interviewpartner, die die Reform einzelner Bildungsbereiche und dazugehöriger Bildungseinrichtungen als Definitionsversuch formulieren, haben hauptsächlich einen beruflichen Bezug zum lebenslangen Lernen. Bei der Darlegung ihres Verständnisses des lebenslangen Lernens ist der Bedeutungskontext ‚Lebenslanges Lernen als Reformstrategie' der dominanteste bzw. bei einem Vertreter der einzige thematisierte Bedeutungskontext.

In ihrer Sprecherrolle präsentieren sich die Interviewten mit der selbstinitiierten und extern anerkannten Sprecherposition unterschiedlich: Der bildungspolitische Akteur auf Landesebene präsentiert sich als (Mit-)Gestalter einer neuen Bildungsstruktur im Bereich der Erwachsenenbildung/Weiterbildung und setzt sich für den Aufbau einer neuartigen Bildungsorganisation ein („der integrierte Bildungsdienstleister, der das [die Angebotsstruktur für das Lernen Erwachsener, C.D.] vielleicht alles mal neu ordnet und sortiert und anbietet und&und nutzer-orientierter gestaltet" *Interview-Nr. 8, Herr Richter, Bildungspolitik Länderebene, Z. 261-263*). Der bildungspolitische Informant auf Bundesebene hingegen präsentiert sich während des Interviews nicht als Gestalter eines speziellen Reformansatzes, weist aber eine euphemistische Grundhaltung zum lebenslangen Lernen auf, die sich wie ein roter Faden durch das Interview zieht. Dabei wird der in der absoluten Metapher ‚lebenslanges Lernen' durchaus innewohnende Zwangscharakter (vgl. Geißler & Orthey 1998) negiert und der Slogan ‚(lebenslanges) Lernen macht Spaß' propagiert („aber bei einem Beitrag [im Rahmen einer Fachtagung, C.D.] war ich ja dann relativ unhöflich nämlich ah da wo gesagt wurde .. ah .. d&wo&wo das lebenslange Lernen mit Zwang ah ich bin schon der Auffassung dass man über parteipolitischen Grenzen gruppenspezifischen ah&ah Interessen hinaus ah den Menschen schon vermitteln muss .. dass lebenslanges Lernen Spaß machen kann(.) und das ist mir auch aus der eigenen Erfahrung irgendwo ah .. ah ein Anliegen geworden und wenn wir das nicht tun .. wer bitte schön soll das eigentlich machen(?) wer soll das leisten(?)" *Interview-Nr. 7, Herr Köhler, Bildungspolitik, Bundesebene, Z. 37-47*). Der Vertreter aus der beruflichen Bildung nimmt keine auffallende Selbstinszenierung vor.

Die Mächtigkeit der institutionellen Zugehörigkeit wirkt sich auf das Antwortverhalten des Vertreters aus der beruflichen Bildung und des Vertreters aus der Bildungspolitik auf Bundesebene aus. Bei dem Informanten aus der beruflichen Bildung macht sich dies bemerkbar, indem er die spezifische Sichtweise der Organisation, die sich in einer unter ökonomischen Gesichtspunkten vollzogenen Segmentierung der beruflichen Weiterbildung in individuelle Weiterbildung, betriebliche Weiterbildung und Weiterbildung für Arbeitslose äußert, als Basis für seinen Definitionsversuch übernimmt. Bei dem bildungspolitischen Vertreter hingegen äußert sich die Mächtigkeit der institutionellen Zugehörigkeit in einer angedeuteten Divergenz zwischen offizieller (Position der Organisation) und persönlicher (Position des Akteurs) Meinung („ah ... ja was (schmunzelt) jetzt muss ich mal zurückfragen(.) wollen Sie die offizielle Meinung oder die persönliche Meinung(?) (lacht)" *Interview-Nr. 7, Herr Köhler, Bildungspolitik Bundesebene, Z. 288-289*). Diese Divergenz wird auch in der Verwendung diplomatischer Formulierungen offenkundig („also jetzt muss ich leider Gottes sehr förmlich werden(')" *Interview-Nr. 7, Herr Köhler, Bildungspolitik Bundesebene, Z. 509*).

Betrachtet man die argumentativen Praktiken, so wird bei diesem Definitionsversuch – wie auch bei dem Definitionsversuch der parallelen Inklusion der
Lernenden in Bildungseinrichtungen mehrerer Bildungsbereiche – die abkürzende Praktik der metaphorischen Wendungen genutzt. Dabei handelt es sich um die
aus der bildungspolitischen Rhetorik stammenden metaphorischen Beschreibungen ‚Durchlässigkeit zwischen den Systemen', ‚Aufbrechen der Strukturen' sowie ‚Versäulung des Bildungswesens', die bereits in den Kapiteln 7.5.4 und 8.2.2
erläutert wurden.

Bei den argumentativen Praktiken im Zusammenhang von Behauptungen,
Begründungen und Belegen fällt im Vergleich zu den anderen Definitionsversu-
chen die Verwendung von „positiven und negativen Gegenhorizonten"
(Bohnsack 1989: 27-28; 346-347) auf. Um defizitäre Strukturen im deutschen
Bildungssystem zu verdeutlichen, wird häufig auf europäische Beispiele mit
Vorbildfunktion als positiver Gegenhorizont rekurriert („.. da gibt's international
gesehen ja n paar Beispiele. Zum Beispiel, was ich gesagt habe in Holland äh ..
die sogenannte tarifliche Weiterbildungspolitik, was ne Rahmenbedingung ist.
Das heißt äh So, Sozialpartner haben Tarifverträge, wo die. sowohl die Ausbildung als die Weiterbildung finanzieren über einen Fonds. Und da sind, fast alle
Beschäftigen in Holland sind da äh, fallen in&in den Bereich dieser Fonds und
der verschiedenen Branchen. Also, das ist ein Branchenfonds. Das ist zum Beispiel eine Möglichkeit der Institutionalisierung." *Interview-Nr. 5, Herr Braun,
berufliche Weiterbildung, Z. 150-157*). Im Vergleich dazu werden negative Gegenhorizonte angewendet, um die eigenen Reformüberlegungen positiv abzuhe-
ben. Als negative Gegenhorizonte fungieren hier die von den Interviewten negativ dargestellten Bildungsstrukturen. Die gehäufte Anwendung von positiven und
negativen Gegenhorizonten im Kontext dieses Definitionsversuchs mag darin
begründet liegen, dass die Interviewten einen Legitimationsdruck verspüren, die
Notwendigkeit ihres Reformansatzes begründen und belegen zu müssen.

Während die bildungspolitischen Vertreter eher praxisbezogenes Wissen in
Form von Praxisbeispielen in ihre Argumentation einbeziehen, rekurriert der
Informant aus der beruflichen Bildung aufgrund seiner wissenschaftlichen Per-
spektive häufig auf Ergebnisse aus wissenschaftlichen Studien.

8.3.3 Diskursive Praktiken: Formulierung von Voraussetzungen für eine bildungsbereichsübergreifende Institutionalisierung lebenslangen Lernens

Da die Reformansätze, die bei diesem Definitionsversuch thematisiert werden, sehr unterschiedlich gelagert sind (von partieller Strukturveränderung einzelner Bildungsbereiche und Bildungsorganisation bis hin zur Schaffung einer neuen Struktur im Weiterbildungsbereich mit der Gründung einer neuen Bildungseinrichtung) können in den diskursiven Praktiken der Interviewpartner kaum Gemeinsamkeiten identifiziert werden. Lediglich die Akteure aus der Bildungspolitik sind sich – gemäß des bildungspolitischen Mainstreams (vgl. BLK 2004, BMBF 2008) – bei den organisationalen Voraussetzung einig, dass der Ausbau von Beratungssystemen, wie z. B. der Bildungsberatung, bei der bildungsbereichsübergreifenden Institutionalisierung lebenslangen Lernens von Bedeutung sei. Ferner formulieren beide die berufspolitische Forderung nach einem Fortbildungsangebot zur Umsetzung des lebenslangen Lernens für pädagogisch Tätige, wobei keinerlei Aussagen über nähere inhaltliche Ausrichtungen geäußert werden.

Der bildungspolitische Akteur, der eine neue Bildungsstruktur für den Weiterbildungsbereich anstrebt, formuliert hauptsächlich Realisierungs- und Gelingensbedingungen wie z. B. die Entwicklung einer ‚neuen Pädagogik', die für die Umsetzung der neuen Bildungsstruktur notwendig sei. Wie diese auszusehen hat, wird nicht erläutert.

Der Vertreter aus der Bildungspolitik auf Bundesebene thematisiert hingegen zeitintensive Aushandlungsprozesse bei der interministeriellen ressortübergreifenden Zusammenarbeit zur Umsetzung lebenslangen Lernens.

Der Interviewpartner aus dem beruflichen Bildungsbereich benennt spezifische organisationale und berufsgruppenbezogene Voraussetzungen: Unter der Perspektive des lebenslangen Lernens müsse die gängige Praxis kurzfristiger Anpassungsmaßnahmen seitens der betrieblichen Bildung verändert werden und die Trainer/-innen müssten an das Thema ‚lebenslanges Lernen' herangeführt werden.

Bei den angeführten Beispielen handelt es sich um eine deskriptive Wiedergabe von Einzelaussagen. Muster, die allgemeingültigere Rückschlüsse zulassen würden, konnten bei diesem Definitionsversuch nicht festgestellt werden, da die inhaltliche Ausrichtung des Definitionsversuchs zu unterschiedlich ist.

8.4 Zusammenfassung

In diesem Kapitel erfolgte die Darlegung der bereichsspezifischen Theorie ‚Kontextspezifischer Umgang mit der absoluten Metapher lebenslanges Lernen', indem das zugrundeliegende Handlungsproblem erläutert und unter Anwendung der Bedingungsmatrix der jeweilige Umgang mit dem Handlungsproblem herausgearbeitet wurde. Mittels der generierten Bedingungspfade wurde aufgezeigt, welche Bedingungen zu welchem Umgang mit der absoluten Metapher ‚lebenslanges Lernen' führen und welche Konsequenzen daraus resultieren.

Im Zuge der komparativen Analyse wurde offenkundig, dass sich in den Interviews ein den Informantinnen und Informanten nicht unbedingt bewusstes Handlungsproblem abzeichnet: Unter der Bedingung, dass lebenslanges Lernen eine absolute Metapher ist, werden sie aufgefordert, das lebenslange Lernen in einem bestimmten Kontext, nämlich der bildungsbereichsübergreifenden Umsetzung im jeweiligen beruflichen Handlungsfeld der Akteurinnen und Akteure, zu reflektieren. Darauf reagieren diese mit unterschiedlichen Definitionsversuchen.

Vor dem Hintergrund einer Sprecherposition äußern sich die Bildungsexpertinnen und -experten zum Thema ‚lebenslanges Lernen'. Diese Sprecherposition kann im Datensample selbstinitiiert und extern anerkannt, vonseiten der (Bildungs-)Organisation auferlegt oder vonseiten der Forscherin zugeschrieben sein.

Die komparative Analyse zeigt auf, dass sich eine bestimmte kontextuelle Bedingung für die Ausdifferenzierung der Handlungsstrategie verantwortlich zeigt. Es handelt sich dabei um die Bedeutungskontexte des lebenslangen Lernens (vgl. Kapitel 7.5.4). Die drei Definitionsversuche fußen auf drei unterschiedlichen Bedeutungskontexten.

Aus den Definitionsversuchen resultieren jeweils spezifische diskursive Praktiken der Diskurs(re)produktion, die sich in der Formulierung von diversen Voraussetzungen (organisationale und berufsgruppenbezogene Voraussetzungen, weitere Realisierungs- und Gelingensbedingungen, bildungs- und berufspolitische Forderungen sowie Aushandlungsprozesse) zur Verwirklichung einer bildungsbereichsübergreifenden Institutionalisierung lebenslangen Lernens manifestieren.

Im Datensample konnten die folgenden Definitionsversuche rekonstruiert werden:

- Kontinuierliche pädagogische Förderung der Lernkompetenz im Lebenslauf
- Parallele Inklusion der Lernenden in Einrichtungen mehrerer Bildungsbereiche des Bildungssystems

▪ Reform einzelner Bildungsbereiche und dazugehöriger Organisationen

Definitionsversuch: Kontinuierliche pädagogische Förderung der Lernkompetenz im Lebenslauf (Kapitel 8.1)

Der Kern des Definitionsversuchs ‚Kontinuierliche pädagogische Förderung der Lernkompetenz im Lebenslauf' fokussiert auf die pädagogische Unterstützung bestimmter, für die Befähigung zum lebenslangen Lernen als bedeutsam erachteter Kompetenzen bei der jeweiligen Klientel der interviewten Akteurinnen und Akteure (vgl. Kapitel 8.1.1). Dabei findet eine Fokussierung auf Lernmotivation und Lernkompetenz statt, deren Förderung als Aufgabe der pädagogischen Einrichtungen im „vertikal (altersbezogenen) gegliederten Bildungssystems" (Tippelt 2003: 36) betrachtet wird.

Die handlungsrelevante kontextuelle Bedingung zur Formulierung dieses Definitionsversuchs stellt der Bedeutungskontext ‚Pädagogische Förderung der Habitualisierung lebenslangen Lernens' der absoluten Metapher ‚lebenslanges Lernen' dar (vgl. Kapitel 8.1.2) dar. Alle Expertengruppen (vgl. Abb. 3) sind bei diesem Definitionsversuch vertreten. Dabei fällt auf, dass alle Vertreter/-innen der Expertengruppe ‚Elementarbereich' sowie ein Großteil der Expertengruppe ‚Sekundarbereich' diesen Definitionsversuch formulieren.

Diesen Definitionsversuch formulieren Akteurinnen und Akteure sowohl mit einer selbstinitiierten und anerkannten als auch mit einer vonseiten der Forscherin zugeschriebenen Sprecherposition (vgl. Kapitel 8.1.2).

Die selbstinitiierte und extern anerkannte Sprecherposition wird stärker von den Wissenschaftlerinnen und Wissenschaftlern aus der Erwachsenenbildung/ Weiterbildung und dem Elementarbereich vertreten. Fast alle weisen einen berufsbiografischen und beruflichen Bezug zum Thema ‚lebenslanges Lernen' auf. In der konkreten Interviewsituation präsentieren sie sich meist als Gestalter/-innen eigener und fremder institutionalisierter Lernprozesse. Hinsichtlich der argumentativen Praktiken verwenden die Sprecher/-innen routinisierte Modi der Verständigung als abkürzende Argumentationspraktiken. Diese äußern sich in der Übernahme und Nutzung von Fachbegriffen in den eigenen Sprachgebrauch, die im kommunikativen Handeln schlagwortartig angeführt und nicht erläutert werden.

Die vonseiten der Forscherin zugeschriebene Sprecherposition wird überwiegend von Praktikerinnen aus dem Elementarbereich und den Wissenschaftlern aus dem Sekundarbereich vertreten. Auch hier wird in der Ausübung der Sprecherrolle sowohl ein berufsbiografischer als auch ein beruflicher Bezug dargestellt. Eine Selbstinszenierung als Gestalter/-in findet bei dieser Sprecherposition nicht statt. Der Umgang mit Nichtwissen erhält stattdessen sowohl bei den Praktikerinnen als auch bei den Wissenschaftlern mehr Gewicht. Bei den argumentativen Praktiken ist auffallend, dass die Praktikerinnen im Vergleich zu den Wissenschaftlern keinen Bezug zu wissenschaftlichem Wissen herstellen, sondern in der Darlegung ihrer konkreten beruflichen Tätigkeit verbleiben.

Sowohl von den Vertreterinnen und Vertretern mit einer selbstinitiierten und extern anerkannten als auch mit einer vonseiten der Forscherin zugeschriebenen Sprecherposition werden bei diesem Definitionsversuch hauptsächlich organisationale und berufsgruppenbezogene Voraussetzungen sowie berufspolitische Forderungen formuliert (vgl. Kapitel 8.1.3).

Definitionsversuch: Parallele Inklusion der Lernenden in Einrichtungen mehrerer Bildungsbereiche des Bildungssystems (vgl. Kapitel 8.2)

Bei diesem Definitionsversuch geht es darum, dass für die Erreichung von Lern- und Bildungszielen Einrichtungen unterschiedlicher Bildungsbereiche punktuell zusammenarbeiten und kooperative Lern- bzw. Bildungsangebote unterbreiten. Dieser Definitionsversuch wird im Datenmaterial häufig auf die berufliche Aus- und Weiterbildung bezogen (8.2.1).

Die handlungsrelevante kontextuelle Bedingung stellt hier der Bedeutungskontext ‚Lebenslanges Lernen als Bewältigungsstrategie potenzieller beruflicher Diskontinuitäten' der absoluten Metapher ‚lebenslanges Lernen' dar (vgl. Kapitel 8.2.2).

Interviewte mit einer vonseiten der Forscherin zugeschriebenen Sprecherposition wie auch Interviewte mit einer vonseiten der (Bildungs-)Organisation auferlegten Sprecherposition vertreten diesen Definitionsversuch (vgl. Kapitel 8.2.2). Die Akteurinnen und Akteure stammen aus dem Bereich Erwachsenenbildung und Bildungspolitik und vereinen die wissenschaftliche und praxisbezogene Perspektive. In der Ausübung ihrer Sprecherrolle formulieren sie hauptsächlich einen beruflichen Bezug zum lebenslangen Lernen. Auffälligkeiten in der Inszenierung ihrer Sprecherrolle lassen sich nur bei der vonseiten der Bildungsorganisation auferlegten Sprecherposition erkennen. Der betreffende Informant präsentiert sich als Novize zum Thema ‚lebenslanges Lernen'.

Bei der Anwendung argumentativer Praktiken sticht hervor, dass die Sprecher/-innen aus der Erwachsenenbildung die abkürzende Praktik der metaphorischen Wendungen, wie z. B. ‚Versäulung des Bildungssystems' verwenden und damit den öffentlichen Diskurs in der Interviewsituation reproduzieren. Ferner wenden die Praktikerinnen und Praktiker vielfältige Belegbeispiele aus ihrer Berufsbiografie und der betrieblichen Tätigkeit an, während der wissenschaftliche Vertreter aus der Interviewgruppe ‚Bildungspolitik' auf wissenschaftliche Beobachtungen und Erkenntnisse rekurriert (vgl. Kapitel 8.2.2).

Hinsichtlich der diskursiven Praktiken formulieren die Interviewten hauptsächlich organisationale Voraussetzungen sowie weitere Realisierungs- und Gelingensbedingungen. Die Aneinanderreihung von Realisierungs- und Gelingensbedingungen deutet an, dass das Zustandekommen interorganisationaler Kooperationen mit vielfältigen Voraussetzungen verbunden zu sein scheint (vgl. Kapitel 8.2.3).

Definitionsversuch: Reform einzelner Bildungsbereiche und dazugehöriger Organisationen (vgl. Kapitel 8.3)

Die Interviewpartner/-innen, die diesen Definitionsversuch artikulieren, thematisieren ganz unterschiedliche Strukturveränderungen einzelner Bildungsbereiche (vgl. Kapitel 8.3.1)

Als handlungsrelevante kontextuelle Bedingung kommt hier der Bedeutungskontext ‚Lebenslanges Lernen als Reformstrategie' der absoluten Metapher ‚lebenslanges Lernen' zum Tragen (vgl. Kapitel 8.3.2).

Dieser Definitionsversuch wird sowohl von Informantinnen und Informanten mit einer selbstinitiierten und extern anerkannten Sprecherposition als auch von Interviewpartnerinnen und Interviewpartnern mit einer vonseiten der Forscherin zugeschriebenen Sprecherposition vorgenommen. Sie gehören hauptsächlich der Expertengruppe ‚Bildungspolitik', aber auch der Expertengruppe ‚Erwachsenenbildung/Weiterbildung' an, vereinen sowohl die wissenschaftliche als auch die praxisbezogene Perspektive und thematisieren in der Ausübung ihrer Sprecherrolle hauptsächlich einen beruflichen Bezug zum lebenslangen Lernen (vgl. Kapitel 8.3.2). Auffallend bei dieser Gruppe ist, dass die institutionelle Zugehörigkeit das Antwortverhalten einiger Vertreter beeinflusst: Dies äußert sich einerseits darin, dass die sehr spezifische Sichtweise der Organisation als die eigene übernommen und reproduziert wird oder, im Gegensatz dazu, eine angedeutete Divergenz zwischen offizieller (Organisationsperspektive) und persönlicher Meinung offenkundig wird.

Bezüglich der argumentativen Praktiken kommt auch hier wieder die abkürzende Praktik der metaphorischen Wendungen zum Einsatz. Im Vergleich zu den verwendeten Praktiken im Kontext der Formulierung der beiden anderen Definitionen fällt hier der häufige Einsatz von positiven und negativen Gegenhorizonten auf, um den jeweiligen Reformansatz zu legitimieren (vgl. Kapitel 8.3.2).

Da die formulierten Reformansätze sehr unterschiedlicher Art sind, konnten bezüglich der diskursiven Praktiken keine Muster identifiziert werden. Es lassen sich organisationale und berufsgruppenbezogene Voraussetzungen, berufspolitische Forderungen, Realisierungs- und Gelingensbedingungen sowie Aushandlungsprozesse erkennen (vgl. 8.3.3).

9 Fazit

Die vorliegende Arbeit untersucht aus einer diskursanalytischen Perspektive, wie das Wissen über die bildungsbereichsübergreifende Umsetzung lebenslangen Lernens von Bildungsexpertinnen und -experten aus dem Elementarbereich, dem Sekundarbereich I und der Erwachsenenbildung/Weiterbildung sowie Entscheidungsträgerinnen und -trägern aus der Bildungspolitik ausgehandelt, kodifiziert und tradiert wird. Ziel dabei ist es, auf der Grundlage von Experteninterviews den Diskurs über die bildungsbereichsübergreifende Umsetzung lebenslangen Lernens näher zu bestimmen und einen Beitrag zur Klärung der im Diskurs enthaltenen unterschiedlichen Vorstellungen und Intentionen zu leisten.

Die Untersuchung hat drei zentrale Ergebnisse hervorgebracht. Ein Ergebnis ist auf der methodologischen Ebene verortet, zwei Ergebnisse sind wissenstheoretischer Natur:

- Weiterentwicklung des Argumentationsschemas von Fritz Schütze und dessen Anwendung im Rahmen der Auswertung von Experteninterviews
- Empirische Dimensionalisierung der absoluten Metapher ‚lebenslanges Lernen'
- Kontextgebundene Definitionsversuche im Umgang mit der absoluten Metapher ‚lebenslanges Lernen'.

Weiterentwicklung des Argumentationsschemas von Fritz Schütze und dessen Anwendung im Rahmen der Auswertung von Experteninterviews

Im Kontext der Einzelfallanalysen wurde schnell der Bedarf einer Auswertungsmethode offenkundig, die durch die Rekonstruktion der formalen Struktur die Erschließung der inhaltlichen Aussagen erleichtert. Die Wahl fiel auf das Argumentationsschema von Fritz Schütze (1978), welches er im Rahmen von spezifischen Gerichtsverhandlungen entwickelt hat (vgl. Kapitel 3.4). In der konkreten Anwendung des Argumentationsschemas auf Experteninterviews konnten die von Schütze entwickelten Grundaktivitäten des Argumentierens (Behaupten, Begründen, Belegen, Bezweifeln und Bestreiten) unter der Bedingung der Anwendung im Rahmen der Analyse von Experteninterviews weiter erörtert und um zwei neue Aktivitäten erweitert werden. Dabei handelt es sich um das Spezifizieren der Behauptung sowie das Formulieren einer Konklusion (vgl. Kapitel 3.4). Das erweiterte Argumentationsschema wurde im Rahmen der Untersuchung erprobt und hat sich als tragfähiges Auswertungsinstrument der Feinanalyse von Argumentationen im kommunikativen Handeln bewährt.[117]

Empirische Dimensionalisierung der absoluten Metapher ‚lebenslanges Lernen‘

Das im Rahmen der Untersuchung erhobene Datenmaterial zeigt auf, dass die dem Diskurs über das lebenslange Lernen immanente Diffusität, hervorgerufen durch die Vermischung unterschiedlicher Perspektiven und Handlungslogiken, wie beispielsweise die des Individuums, der Politik und der Organisation (vgl. Nittel 2006: 254), durch die Informantinnen und Informanten in der Interviewsituation reproduziert wird. Die Sprecher/-innen thematisieren zum lebenslangen Lernen und dessen bildungsbereichsübergreifender Umsetzung ihr ganz individuelles Verständnis, wodurch ein sehr heterogenes Datenmaterial erzeugt wurde. Hierbei ist anzumerken, dass durch das Forschungskonzept der vorliegenden Arbeit diese Heterogenität bestärkt wird: Um einer bildungsbereichsübergreifenden Perspektive gerecht zu werden und unter der Annahme, dass die Befragten sich bei ihren Äußerungen hauptsächlich auf ihr originäres Handlungsfeld beziehen, wurden einerseits Akteurinnen und Akteure aus drei unterschiedlichen Bildungsbereichen sowie aus der Bildungspolitik in das Datenkorpus aufgenommen. In den jeweiligen Interviewgruppen wurde nochmals zwischen Wissenschaftler/-innen und Praktiker/-innen differenziert.

Indem das Konstrukt ‚lebenslanges Lernen‘ als absolute Metapher verstanden wird, erweist sich die im Datenmaterial abzeichnende Heterogenität in den Verständnissen und Intentionen als nachvollziehbar; sie verkörpert nun kein außergewöhnliches Phänomen mehr, sondern ist vielmehr Ausdruck einer Normalität. Die absolute Metapher ‚lebenslanges Lernen‘ ermöglicht es, dass unabhängig vom Zustandekommen der Sprecherposition (selbstinitiiert, vonseiten der Organisation auferlegt oder vonseiten der Forscherin zugeschrieben) die betreffenden Personen zum lebenslangen Lernen und zur bildungsbereichsübergreifenden Umsetzung Stellung beziehen können. Ferner kann in dem Status einer abso-

---

117   Im Rahmen des von der DFG geförderten Projektes „Pädagogische Erwerbsarbeit im System des Lebenslangen Lernens (PAELL)" wurde die in dieser Arbeit weiterentwickelte Argumentationsanalyse zur Rekonstruktion von Argumentationen innerhalb von Gruppendiskussionen ebenfalls angewendet (vgl. Dellori & Nittel 2011; Dellori & Wahl 2012). Auch in der Analyse von episodischen Interviews (Flick 1995) und in der Analyse von Familiengeschichten (Hildenbrand 2005) hat die erweiterte Grundstruktur der Argumentationsanalyse ihre Tragfähigkeit bewiesen (Seltrecht & Dellori 2015; Seltrecht 2013).

luten Metapher auch eine Erklärung dafür liegen, dass sich keine Leitdisziplin hervorhebt, die die Definitionshoheit bei dem Konstrukt ‚lebenslanges Lernen‘ beansprucht.

Betrachtet man den erziehungswissenschaftlichen Diskurs so kann konstatiert werden, dass in einigen Studien zum Thema ‚lebenslanges Lernen‘ (vgl. z. B. Kraus 2001: 10-11; Lerch 2010: 45-46; Schreiber-Barsch 2007: 25-26), zu Beginn eine Thematisierung des Status der absoluten Metapher mit Rekurs auf de Haan stattfindet, jedoch wird diese Perspektive im weiteren Verlauf der Arbeiten nicht weiterentwickelt. Auch in der vorliegenden Studie stellte die Betrachtungsweise des lebenslangen Lernens als absolute Metapher zunächst nur eine Position (unter vielen) im erziehungswissenschaftlichen Diskurs dar. Jedoch wurde sie im Kontext der komparativen Analyse des kommunikativen Handelns der Akteurinnen und Akteure in der Interviewsituation zum zentralen empirischen Phänomen (vgl. Kapitel 7). In den jeweiligen Verständnissen lassen sich verschiedene Merkmale identifizieren, die auf den Status einer absoluten Metapher und ihre theoretische Unbestimmtheit verweisen. Den größten empirischen Merkmalsbereich stellen dabei die rekonstruierten Bedeutungskontexte des lebenslangen Lernens dar (vgl. Kapitel 7.5.4). Diese Bedeutungskontexte beeinflussen wiederum den kontextspezifischen Umgang mit der absoluten Metapher ‚lebenslanges Lernen‘, wenn es darum geht, die bildungsbereichsübergreifende Umsetzung des lebenslangen Lernens zu reflektieren.

Kontextgebundene Definitionsversuche im Umgang mit der absoluten Metapher ‚lebenslanges Lernen‘

Trotz der Heterogenität der Aussagen konnten im Rahmen der komparativen Analyse drei Definitionsversuche im Umgang mit der absoluten Metapher identifiziert werden. Es handelt sich dabei um

- Kontinuierliche pädagogische Förderung der Lernkompetenz im Lebenslauf (Kapitel 8.1)
- Parallele Inklusion der Lernenden in Einrichtungen mehrerer Bildungsbereiche des Bildungssystems (Kapitel 8.2)
- Reform einzelner Bildungsbereiche und dazugehöriger Organisationen (Kapitel 8.3).

Anhand des Datenmaterials konnte nachgewiesen werden, dass für jeden Definitionsversuch ein bestimmter Bedeutungskontext handlungsrelevant ist, jeweils dominante argumentative Praktiken angewendet werden und spezifische diskursive Praktiken der Diskurs(re)produktion zum Tragen kommen. Mit den wissenstheoretischen Ergebnissen der Arbeit wurde die Zielsetzung, auf der Grundlage von Experteninterviews den Diskurs über die bildungsbereichsübergreifende Umsetzung des lebenslangen Lernens näher zu bestimmen, erreicht. Die heterogenen Vorstellungen und Intentionen können durch den Status der absoluten Metapher begründet werden. Im Datenmaterial konnten sechs Bedeutungskontexte der absoluten Metapher ,lebenslanges Lernen' herausgearbeitet werden. Die Untersuchung zeigt auf, dass im kontextspezifischen Umgang mit der absoluten Metapher drei Definitionsversuche zur bildungsbereichsübergreifenden Umsetzung formuliert werden, wobei der Definitionsversuch einer kontinuierlichen pädagogischen Förderung der Lernkompetenz im Lebenslauf eine hohe Relevanz vor allem für die Akteurinnen und Akteure aus dem Elementar- und Sekundarbereich aufweist.

Ausblick

Die Studie hat detailliert aufgezeigt, dass es sich beim lebenslangen Lernen um eine absolute Metapher handelt, welche in Deutschland bildungspolitisch initiiert wurde. Es stellt sich die Frage, ob die Pädagogik/Erziehungswissenschaft an dieser absoluten Metapher festhalten will. Auch wenn, wie in Kapitel 7.2 dargestellt, Metaphern zum pädagogischen Denken und sprachlichen Handeln gehören, so sind aufgrund der heterogenen Bedeutungskontexte die negativen Folgen der Habitualisierung der absoluten Metapher ,lebenslanges Lernen', wie der Verschleierung oder Simplifizierung komplexer Wirklichkeiten von Erziehung und Bildung sehr hoch; zumal die in Kapitel 8 u. a. herausgearbeitete Funktionalisierung lebenslangen Lernens als Bewältigungs- und Reformstrategie bildungspolitisch forciert wird.

Hier muss ernsthaft darüber nachgedacht werden, sich wieder von den metaphorischen Anteilen ,lebens – lang' (vgl. de Haan 1991: 367) zu trennen und die Aufmerksamkeit auf den Lernbegriff und zwar als genuin pädagogischen Grundbegriff (Göhlich & Zirfas 2007) zu lenken. Wird die Trennung von den metaphorischen Anteilen nicht vollzogen, kommt es zu einer Verwässerung des pädagogischen Lernbegriffs:

> „Der Preis dieser immensen Ausweitung des Lernverständnisses ist eine zunehmende Verallgemeinerung, bei der schließlich die Differenz zu anderen Veränderungen und die Lerninhalte keine Rolle mehr spielen. Die genuin pädagogische Auffassung gerät aus dem Blick, dass nämlich jedes Lernen *Lernen von etwas durch jemand Be-*

stimmten bzw. durch etwas Bestimmtes ist." (Meyer-Drawe 2008: 17-18, Hervorhebungen im Original)

Eine Anschlussmöglichkeit ist der Diskurs über einen pädagogischen Lernbegriff, der Lernen als Erfahrung versteht (Buck 1989; Göhlich & Zirfas 2007; Meyer-Drawe 2008).

Literaturverzeichnis

Apfel, H. J./Koch, L. (Hg.) (1997): Überzeugende Rede und pädagogische Wirkung. Zur Bedeutung traditioneller Rhetorik für pädagogische Theorie und Praxis. Weinheim; München

Achtenhagen, F./Lempert, W. (Hrsg.) (2000): Lebenslanges Lernen im Beruf – Seine Grundlegung im Kindes- und Jugendalter. Band 1: Das Forschungs- und Reformprogramm. Opladen

Andrzejewska, L./Döbert, H./ John, M./Kann, C./Pohl, U./Seveker, M./Siepke, T./ Weishaupt, H. (2012): Die Erfassung des lebenslangen Lernens in einem kommunalen Bildungsmonitoring. Handreichung. In: Programmstelle „Lernen vor Ort" Projektträger im Deutschen Zentrum für Luft- und Raumfahrt e. V. (PT-DLR) für das Bundesministerium für Bildung und Forschung (Hrsg.). Bonn.
URL http://www.dipf.de/de/projekte/pdf/steufi/kbm-handreichung-die-erfassung-des-lebenslangen-lernens-in-einem-kommunalen-bildungsmonitoring [Zugriff am 26.02.2013]

Alheit, P./Dausien, B. (2010): Bildungsprozesse über die Lebensspanne: Zur Politik und Theorie lebenslangen Lernens. In: Tippelt, R./Schmidt, B. (Hrsg.): Handbuch Bildungsforschung. 3., durchgesehene Auflage. Wiesbaden, S. 713-734

Alheit, P./Hoerning E. M. (1989): Biographie und Erfahrung: Eine Einführung. In: Alheit, P./Hoerning, E. M. (Hg.): Biographisches Wissen: Beiträge zu einer Theorie lebensgeschichtlicher Erfahrung. Frankfurt a. M.; New York, S. 8-23

Arnold, R./ Lermen, M. (2005): Lernen, Bildung und Kompetenzentwicklung – neuere Entwicklungen in Erwachsenenbildung und Weiterbildung. In: Wiesner, G./ Wolter, A. (Hrsg.): Die lernende Gesellschaft. Lernkulturen und Kompetenzentwicklung in der Wissensgesellschaft. Weinheim; München, S. 45 – 59

Arntz, R./Picht, H./Mayer, F. (2004): Einführung in die Terminologiearbeit. 5. verbesserte Auflage. Hildesheim; Zürich; New York

Banscherus, U. (2010): Lebenslanges Lernen im Bologna-Prozess. In: Wolter, A./Wiesner, G./Koepernik, C. (Hrsg.): Der Lernende Mensch in der Wissensgesellschaft: Perspektiven lebenslangen Lernens. Weinheim; München, S. 221-237

Bantel, O./Schaefer, D. (1993): Grundbegriffe der Literatur. 15. Auflage. Berlin

Bauer, M. (1996): Lerntheorien. In: Hierdeis, H./Hug, T.: Taschenbuch der Pädagogik. Band 3. Baltmannsweiler, S. 1038-1049

Bayer, K. (1999): Argument und Argumentation: logische Grundlagen der Argumentationsanalyse. Opladen

Bayerisches Staatsministerium für Arbeit und Sozialordnung, Familie und Frauen/Staatsinstitut für Frühpädagogik München (2005): Der Bayerische Bildungs- und Erziehungsplan für Kinder in Tageseinrichtungen bis zur Einschulung. Berlin

Beck, U./Bonß, W. (1984): Soziologie und Modernisierung: Zur Ortsbestimmung der Verwendungsforschung. In: Soziale Welt. Jahrgang 35, Heft 4, S. 381-406

Beck, U./Bonß, W. (1989): Verwissenschaftlichung ohne Aufklärung? Zum Strukturwandel von Sozialwissenschaft und Praxis. In: Beck, U./Bonß, W. (Hrsg.): Weder Sozialtechnologie noch Aufklärung? Frankfurt a. M., S. 7-45

Beck, U./Bonß, W. (Hrsg.) (2001): Die Modernisierung der Moderne. Frankfurt a. M.

Beck, U./Bonß, W./Lau, C. (2001): Theorie reflexiver Modernisierung – Fragestellungen, Hypothesen, Forschungsprogramme. In: Beck, U./Bonß, W. (Hrsg.): Die Modernisierung der Moderne. Frankfurt a. M., S. 11-62

Beck, U./Bonß, W./Lau, C. (2004): Entgrenzung erzwingt Entscheidung. Was ist neu an der Theorie reflexiver Modernisierung? In: Beck, U./Lau, C. (Hrsg.): Entgrenzung und Entscheidung. Was ist neu an der Theorie reflexiver Modernisierung? Frankfurt a. M., S. 13-64

Blancke, S./Roth, C./Schmid, J. (1999): Employability als Herausforderung für Politik, Wirtschaft und Individuum. Konzept- und Literaturstudie. Tübingen. URL http://elib.uni-stuttgart.de/opus/volltexte/2004/1716/pdf/AB157.pdf. (Zugriff 23.02.2013]

Blumenberg, H. (1997): Ausblick auf eine Theorie der Unbegrifflichkeit. In: Blumenberg, H.: Schiffbruch mit Zuschauer. Paradigma einer Daseinsmetapher. Frankfurt a. M., S. 85-106

Blumenberg, H. (1998): Paradigmen zu einer Metaphrologie. Frankfurt a. M.

Bogner, A./Menz, W. (2002): Das theoriegenerierende Experteninterview. Erkenntnisinteresse, Wissensformen, Interaktion. In: Bogner, A./Littig, B./Menz, W. (Hrsg.): Das Experteninterview. Theorie, Methode, Anwendung. Opladen, S. 33-70

Bohnsack, R. (1989): Generation, Milieu und Geschlecht: Ergebnisse aus Gruppendiskussionen mit Jugendlichen. Opladen

Bolder, A. (2010): Arbeit, Qualifikation und Kompetenzen. In: Tippel, R./Schmidt, B. (Hrsg.): Handbuch Bildungsforschung. 3., durchgesehene Auflage. Wiesbaden, S. 813-843

Bretschneider, M./Preißer, R. (2003): Weiterbildungspässe als Instrumente zur Erkennung und Anerkennung informell erworbener Lernleistungen in Deutschland. Bonn. URL http://www.die-bonn.de/esprid/dokumente/doc-2004/bretschneider04_01.pdf [Zugriff am 10.05.2012]

Brödel, R. (2003): Lebenslanges Lernen im Spannungsfeld von Bildungsgeschichte, Politik und Erziehungswissenschaft. In: Nittel, D./Seitter, W. (Hrsg.): Die Bildung des Erwachsenen. Erziehungs- und sozialwissenschaftliche Zugänge. Bielefeld, S. 115-139

Brödel, R./Kreimeyer, J. (Hrsg.) (2004): Lebensbegleitendes Lernen als Kompetenzentwicklung: Analysen – Konzeptionen – Handlungsfelder. Bielefeld

Buck, G. (1989): Lernen und Erfahrung – Epagogik: zum Begriff der didaktischen Induktion. Darmstadt

Bundesministerium für Bildung und Forschung (BMBF)(2001): Aktionsprogramm „Lebensbegleitendes Lernen für alle". Bonn

Bundesministerium für Bildung und Forschung (BMBF) (2008): Empfehlungen des Innovationskreises Weiterbildung für eine Strategie zur Gestaltung des Lernens im Lebenslauf. Bonn. URL http://www.bmbf.de/pub/empfehlungen_innovationskreis_weiterbildung.pdf [Zugriff am 05.04.2013]

Bundesministerium für Bildung und Forschung (BMBF) (2010): Weiterbildungsverhalten in Deutschland. AES 2010 Trendbericht. Bonn. URL http://www.bmbf.de/pub/trendbericht_weiterbildungsverhalten_in_deutschland.pdf [Zugriff am 01.03.2013]

Bund-Länder-Kommission für Bildungsplanung und Forschungsförderung (BLK) (2004): Strategie für Lebenslanges Lernen in der Bundesrepublik Deutschland. Materialien zur Bildungsplanung und zur Forschungsförderung. Heft 115, Bonn

Combs, P. H. (1969): Die Weltbildungskrise. Stuttgart

Dausien, B. (2008): Lebenslanges Lernen als Leitlinie für die Bildungspraxis? Überlegungen zur pädagogischen Konstruktion von Lernen aus biographietheoretischer Sicht. In: Herzberg, H. (Hrsg.): Lebenslanges Lernen: Theoretische Perspektiven und empirische Befunde im Kontext der Erwachsenenbildung. Frankfurt a. M., S. 151-174

Dellori, C./Nittel, D. (2011): Reformoptionen von „unten". Die Rekonstruktion von beruflichen Selbstbeschreibungen im Elementarbereich mit den Mitteln der Argumentationsanalyse. In: sozialersinn. Zeitschrift für hermeneutische Sozialforschung. Heft 2, S. 173-192

Dellori, C./Wahl, J. (2012): Lebenslanges Lernen als notwendiger Bestandteil des professionellen Handelns pädagogisch Tätiger? Ergebnisse aus einer komparativ angelegten Studie zur pädagogischen Berufsgruppenforschung. In: Soziale Passagen. Journal für Empirie und Theorie Sozialer Arbeit. Heft 2, S. 217-230

Detka, C. (2005): Zu den Arbeitsschritten der Segmentierung und der Strukturellen Beschreibung in der Analyse autobiographisch-narrativer Interviews. In: ZBBS, Jahrgang 6, Heft 2, S. 351-364

Dijk, T. A. van (1980): Macrostructures: An Interdisciplinary Study of Global Structures in Discourse, Interaction, and Cognition. Hillsdale, New Jersey

DIPF/DIE/IES (2004): Machbarkeitsstudie im Rahmen des BLK-Verbund-Projektes „Weiterbildungspass mit Zertifizierung informellen Lernens", Berlin

Dohmen, G. (1996): Das lebenslange Lernen: Leitlinien einer modernen Bildungspolitik. Hrsg. vom Bundesministerium für Bildung, Wissenschaft, Forschung und Technologie, Bonn

Dohmen, G. (2001): Das informelle Lernen – Die internationale Erschließung einer bisher vernachlässigten Grundform menschlichen Lernens für das lebenslange Lernen. Bonn

Dörpinghaus, A. (2002): Logik der Rhetorik. Grundriss einer argumentativen Verständigung in der Pädagogik. Würzburg

Duden (2002): Das Bedeutungswörterbuch. Band 10, 3.; neu bearbeitete und erweiterte Auflage. Mannheim u. a.

Ecarius, J. (2002): Generation und Bildung. In: Tippelt, R. (Hrsg.): Handbuch Bildungsforschung. Opladen, S. 545-564

Edelmann, D./Tippelt, R. (2004). Kompetenz – Kompetenzmessung: ein (kritischer) Überblick. Durchblick, Heft 3, S. 7-10

Emminghaus, C./Tippelt, R. (Hg.) (2009): Lebenslanges Lernen in regionalen Netzwerken verwirklichen: Abschließende Ergebnisse zum Programm „Lernende Regionen – Förderung von Netzwerken". Bielefeld

Erpenbeck, J. (2006): Metakompetenzen und Selbstorganisation. In: Arbeitsgemeinschaft Betriebliche Weiterbildungsforschung e.V., Projekt Qualifikations-Entwicklungs-Management (Hrsg.): Metakompetenzen und Kompetenzentwicklung. Berlin, S. 5-14

Erpenbeck, J./Heyse, V. (2007): Die Kompetenzbiographie: Wege der Kompetenzentwicklung. 2. Auflage, Münster

Europäische Kommission (2000): Memorandum über Lebenslanges Lernen. URL http://www.bologna-berlin2003.de/pdf/MemorandumDe.pdf. [Zugriff am 18.12.2012]

Europäische Kommission (2001): Einen Europäischen Raum des Lebenslangen Lernens schaffen. Brüssel: Europäische Kommission. URL http://www.bologna-berlin2003.de/pdf/MitteilungDe.pdf. [Zugriff am 23.02.2013]

Europäische Kommission (2010): EUROPA 2020: Eine Strategie für intelligentes, nachhaltiges und integratives Wachstum. URL http://ec.europa.eu/eu2020/pdf/COM PLET%20 %20DE%20SG-2010–80021-06–00-DE-TRA-00.pdf. [Zugriff am 18.12.2012]

Faulstich, P. (1997): Kompetenzentwicklung. Begriffs- und Erfassungsprobleme. In: GdWZ: Grundlagen der Weiterbildung; Praxis, Forschung, Trends. Jahrgang 8, Heft 5, S. 229-231

Faure, E. et al. (1972): Learning to be. The world of education today and tomorrow. Paris. Deutsche Übersetzung: Faure, E. et al. (1973): Wie wir leben lernen. Der UNESCO-Bericht über Ziele und Zukunft unserer Erziehungsprogramme. Reinbek

Flick, U. (1995): Qualitative Forschung. Theorien, Methoden, Anwendung in Psychologie und Sozialwissenschaften. Reinbek bei Hamburg

Forster, E. J. (1996): Kritische Erziehungswissenschaft. In: Hierdeis, H./Hug, T. (Hrsg.): Taschenbuch der Pädagogik. Band 2, Baltmannsweiler, S. 408-417

Fraas, H.-J. (2003): Die Sozialisationsagenturen. In: Adam, G./Lachmann, R. (Hrsg.): Religionspädagogisches Kompendium. Göttingen, S. 148-160

230

Literaturverzeichnis

Gansen, P. (2010): Metaphorisches Denken von Kindern. Theoretische und empirische Studien zu einer Pädagogischen Metaphorologie. Würzburg

Garfinkel, H. (1978): Das Alltagswissen über soziale und innerhalb sozialer Strukturen. In: Arbeitsgruppe Bielefelder Soziologen (Hg.): Alltagswissen, Interaktion und gesellschaftliche Wirklichkeit. Band 1, Reinbek, S. 189-262

Gaus, D./Hoffmann, D./Uhle, R. (2007): Pädagogische Redeweisen: sprachliche Anschaulichkeit oder semantische Vagheit? In: Hoffmann, D./Gaus, D./Uhle, R. (Hrsg.): Mythen und Metaphern, Slogans und Signets. Erziehungswissenschaft zwischen literarischem und journalistischem Jargon. Hamburg, S. 7-14

Geffert, B. (2006): Metaphern von Schule. Hamburg

Gehlen, A. (1966): Der Mensch: Seine Natur und seine Stellung in der Welt. 8. Auflage. Frankfurt a. M.; Bonn

Geißler, K. A./Orthey, F. M. (1998): Der große Zwang zur kleinen Freiheit: berufliche Bildung im Modernisierungsprozeß. Stuttgart

Geißler, K. A./Orthey, F. M. (2001): Bildung der Marktgesellschaft. In: Zeitschrift für Pädagogik und Theologie. Heft 3: Bildung, S. 235-245

Gerlach, C. (2000): Lebenslanges Lernen: Konzepte und Entwicklungen 1972 bis 1997. Köln; Weimar; Wien

Gesetz zur Förderung der Weiterbildung und des lebensbegleitenden Lernens im Lande Hessen (Hessisches Weiterbildungsgesetz - HWBG), vom 25. August 2001 (GVBl. I S. 370) geändert durch Gesetz vom 26. Juni 2006 (GVBl. I S. 342).
    URL http://weiter.bildung.hessen.de/bas/PDF__HWBG_2006.pdf [Stand: 18.12.2012]

Giddens, A. (1984): The constitution of society. Berkley

Giddens, A. (1991): Modernity and Self-Identity. Self and Society in the Late Modern Age. Stanford

Gisbert, K. (2004): Lernen lernen. Lernmethodische Kompetenzen von Kindern in Tageseinrichtungen fördern. Weinheim; Basel

Glaser, B. G. (1992): Emergence vs Forcing. Basics of Grounded Theory Analysis. Mill Vally

Glaser, B. G./Strauss A. L. (1974): Interaktion mit Sterbenden. Beobachtungen für Ärzte, Schwestern, Seelsorger und Angehörige. Göttingen

Glaser, B. G./Strauss, A. L. (2008): Grounded Theory. Strategien qualitativer Forschung. 1. Nachdruck der 2., korrigierten Auflage 2005, Bern

Göhlich, M./Zirfas, J. (2007): Lernen. Ein pädagogischer Grundbegriff. Stuttgart

Gropengießer, H. (2004): Denkfiguren zum Lehr-Lernprozess. Metaphernanalyse nach der Theorie des erfahrungsbasierten Verstehens. In: Gropengießer, H./Janßen-Bartels, A./Sander, E. (Hrsg.): Lehren fürs Leben. Köln, S. 8-24

Gruschka, A. (1994): Bürgerliche Kälte und Pädagogik. Moral in Gesellschaft und Erziehung. Wetzlar

Guski, A. (2007): Metaphern der Pädagogik. Metaphorische Konzepte von Schule, schulischem Lernen und Lehren in pädagogischen Texten von Comenius bis zur Gegenwart. Bern

Haan, G. de (1991): Über Metaphern im pädagogischen Denken. In: Oelkers, J./Tenorth, H.-E. (Hrsg.): Pädagogisches Wissen. Weinheim; Basel S. 361-375

Harney, K./Rahn, S. (2003): Lebenslanges Lernen als Kultivierung von Wissen und Nichtwissen. Biographische Ungewissheit als Fokus der Bildungsreform? In: Helsper, W./Hörster, R./Kade, J. (Hrsg.): Ungewissheit: Pädagogische Felder im Modernisierungsprozess. Weilerswist, S. 273-296.

Helmer, K. (1992): Argumentation und Zustimmung. Über einige Möglichkeiten theoretischer Rhetorik. In: Vierteljahrsschrift für wissenschaftliche Pädagogik. 68, S. 370-387

Helmer, K. (1999): Rhetorische Argumentation in der Pädagogik. In: Dörpinghaus, A./Helmer, K. (Hg.): Zur Theorie der Argumentation in der Pädagogik. Würzburg, S. 10-22

Hessischer Kultusminister (1985): Staatliches Schulamt: Arbeitsgrundlagen. Wiesbaden

Hessisches Sozialministerium/Hessisches Kultusministerium (2007): Bildung von Anfang an: Bildungs- und Erziehungsplan für Kinder von 0 bis 10 Jahren in Hessen. Paderborn

Hildenbrand, B. (2005): Fallrekonstruktive Familienforschung. Anleitungen für die Praxis. Wiesbaden

Hof, C. (2009): Lebenslanges Lernen: Eine Einführung. Stuttgart

Hof, C. (2002): Von der Wissensvermittlung zur Kompetenzorientierung in der Erwachsenenbildung? Anmerkungen zur scheinbaren Alternative zwischen Kompetenz und Wissen. In: Literatur- und Forschungsreport Weiterbildung 49, S. 80-89

Hof, C. (2011): Lebenslanges Lernen. In: Kade, J./Helsper, W./Lüders, C./Egloff, B./Radtke, F.-O./Thole, W.(Hrsg.): Pädagogisches Wissen. Erziehungswissenschaft in Grundbegriffen. Stuttgart, S. 116-122

Hoffmann-Riem, C. (1994): Elementare Phänomene der Lebenssituation: Ausschnitte aus einem Jahrzehnt soziologischen Arbeitens. Herausgegeben von W. Hoffmann-Riem/M. Pieper. Weinheim, S. 20-70

Kade, J. (1997): Entgrenzung und Entstrukturierung. Zum Wandel der Erwachsenenbildung in der Moderne. In: Derichs-Kunstmann, K./Tippelt, R./Faulstich, P. (Hrsg.): Enttraditionalisierung der Erwachsenenbildung. Frankfurt a. M., S. 13-31

Kade, J./Nittel, D./Seitter, W. (2007): Einführung in die Erwachsenenbildung/ Weiterbildung. 2.; überarbeitete Auflage. Stuttgart

Kade, J./Seitter, W. (1996): Lebenslanges Lernen – mögliche Bildungswelten: Erwachsenenbildung, Biographie und Alltag. Opladen

Kade, J./Seitter, W. (1998): Bildung – Risiko – Genuß: Dimensionen und Ambivalenzen lebenslangen Lernens in der Moderne. In: Brödel, R. (Hrsg.): Lebenslanges Lernen – lebensbegleitende Bildung. Neuwied; Kriftel, S. 51-59

Kallmeyer, W. (1977): Verständigungsprobleme in Alltagsgesprächen. Zur Identifizierung von Sachverhalten und Handlungszusammenhängen. In: Der Deutschunterricht. Beiträge zu einer Praxis und wissenschaftlichen Grundlegung. Jahrgang 29, Heft 6: Textdidaktik und Verstehenstheorie. Stuttgart, S. 52-69

Kallmeyer, W./Schütze, F. (1976): Konversationsanalyse. In: Wunderlich, D. (Hrsg.): Studium Linguistik. Kronberg/Ts., S. 1-28

Kallmeyer, W./Schütze, F. (1977): Zur Konstitution von Kommunikationsschemata der Sachverhaltsdarstellung. In: Wegner, D. (Hrsg.): Gesprächsanalysen. Hamburg, S. 159-274

Kanfer, F. H. (1987): Selbstregulation und Verhalten. In: Heckhausen, H./Gollwitzer P.M./Weinert F. E. (Hg): Jenseits des Rubikon. Der Wille in den Humanwissenschaften. Berlin, S. 286-299

Kauder, P./Lehberger, C. (2007): Sprachliche Bilder und Metaphern in der Pädagogik – ein neuer Systematisierungsversuch. In: Hoffmann, D./Gaus, D./Uhle, R. (Hrsg.): Mythen und Metaphern, Slogans und Signets. Erziehungswissenschaft zwischen literarischem und journalistischem Jargon. Hamburg, 57-69

Kell, A. (1996): Lebenslanges Lernen – aus historischer Sicht. In: Die berufsbildende Schule, Zeitschrift des Bundesverbandes der Lehrer an beruflichen Schulen. Jahrgang 48, Heft 2, Wolfenbüttel, S. 48-56

Kelle, U. (2007): Theoretisches Vorwissen und Kategorienbildung in der „Grounded Theory". In: Kuckartz, U./Grunenberg, H./Dresing, T. (Hg): Qualitative Datenanalyse: computergestützt. Methodische Hintergründe und Beispiele aus der Forschungspraxis. Wiesbaden, S. 32-49

Keller, R. (2004): Diskursforschung: Eine Einführung für SozialwissenschaftlerInnen. 2. Auflage, Wiesbaden

Keller, R. (2005): Wissenssoziologische Diskursanalyse: Grundlegung eines Forschungsprogramms. Wiesbaden

Keller, R. (2007): Diskurse und Dispositive analysieren. Die Wissenssoziologische Diskursanalyse als Beitrag zu einer wissensanalytischen Profilierung der Diskursforschung [46 Absätze]. Fo-

rum Qualitative Sozialforschung/Forum: Qualitative Social Research, 8(2), Art. 19.
URL http://nbn-resolving.de/urn:nbn:de:0114-fqs0702198 [Zugriff am 16.08.2012]

Klieme, E./Leutner, D. (2006): Kompetenzmodelle zur Erfassung individueller Lernergebnisse und zur Bilanzierung von Bildungsprozessen. Überarbeitete Fassung des Antrags an die DFG auf Einrichtung eines Schwerpunktprogramms

Kohler, J. (2004): Schlüssel zu mehr Ausbildungsqualität und Berufsbefähigung. Schlüsselkompetenzen und „employability" im Bologna-Prozess. In: Stifterverband für die Deutsche Wissenschaft e.V.: Schlüsselkompetenzen und Beschäftigungsfähigkeit. Konzepte für die Vermittlung überfachlicher Qualifikationen an Hochschulen. Dortmund, S. 5-15

Kopperschmidt, J. (2000): Argumentationstheorie zur Einführung. Hamburg

Kraus, K. (2001): Lebenslanges Lernen – Karriere einer Leitidee. Bielefeld

Krummheuer, G. (2003): Argumentationsanalyse in der mathematikdidaktischen Unterrichtsforschung. In: Zentralblatt für Didaktik der Mathematik. Jahrgang 35, Heft 6, S. 247-256

Kuhlenkamp, D. (2010): Lifelong Learning: Programmatik, Realität, Perspektiven. Münster

Kultusminister Konferenz (2012): Sekundarstufe .
URL http://www.kmk.org/bildung-schule/allgemeine-bildung/sekundarstufe-i.html [Zugriff am 14.12.2012]

Lakoff, G./Johnson, M. (2003): Leben in Metaphern. Konstruktion und Gebrauch von Sprachbildern. 3. Auflage. Heidelberg

Langer, A./Wrana, D. (2010): Diskursforschung und Diskursanalyse. In: Friebertshäuser, B./ Langer, A./ Prengel, A. (Hrsg.): Handbuch Qualitative Forschungsmethoden in der Erziehungswissenschaft. Weinheim; München, S. 335-349

Lerch, S. (2010): Lebenskunst Lernen? Lebenslanges Lernen aus subjektwissenschaftlicher Sicht. Bielefeld

Lüders, C. (1991): Spurensuche – Ein Literaturbericht zur Verwendungsforschung. In: Oelkers, J./Tenorth, H.-E. (Hrsg.): Pädagogisches Wissen. Weinheim; Basel S. 415-438

Mandl, H./Krause, U.-M. (2001): Lernkompetenz für die Wissensgesellschaft. Forschungsbericht Nr. 145. München
URL http://epub.ub.uni-muenchen.de/253/1/FB_145.pdf [Zugriff am 01.04.2013]

Mende, D. (2009): Vorwort: Begriffsgeschichte, Metaphorologie, Begrifflichkeit. In: Haverkamp, A./Mende, D. (Hrsg.): Metaphorologie: Zur Praxis von Theorie. Frankfurt a. M., S. 7-32

Meuser, M./Nagel, U. (1991): ExpertInneninterviews – vielfach erprobt, wenig bedacht. Ein Beitrag zur qualitativen Methodendiskussion. In: Garz, D./Kraimer, K. (Hrsg.): Qualitativ-empirische Sozialforschung: Konzepte, Methoden, Analysen. Opladen, S. 441-471

Meuser, M./Nagel U. (1994): Expertenwissen und Experteninterview. In: Hitzler, R./Honer, A./Maeder, Ch. (Hrsg.): Expertenwissen. Opladen, S. 180-192

Meuser, M./Nagel, U. (2010): Experteninterviews – wissenssoziologische Voraussetzungen und methodische Durchführung. In: Friebertshäuser, B./Langer, A./Prengel, A. (Hrsg.): Handbuch Qualitative Forschungsmethoden in der Erziehungswissenschaft. Weinheim; München, S. 457-471

Meyer-Drawe, K. (1999): Zum metaphorischen Gehalt von „Bildung" und „Erziehung". Zeitschrift für Pädagogik. Jahrgang 45, Heft 2, S. 161-175

Meyer-Drawe, K. (2008): Diskurse des Lernens. München

Morel, J. (1996): Organisation. In: Thierdeis, H./ Hug, T.(Hrsg.): Taschenbuch der Pädagogik. Band 3. Gerontagogik – Organisation. Baltmannsweiler, S. 1144-1152

Nittel, D. (2003): Der Erwachsene diesseits und jenseits der Erwachsenenbildung. In: Nittel, D./Seitter, W. (Hrsg.): Die Bildung des Erwachsenen. Erziehungs- und sozialwissenschaftliche Zugänge. Bielefeld, S. 71-93

Nittel, D. (2006): Das „Haus des lebenslangen Lernens in Dreieich" – Eine innovative Organisation des Bildungswesens? In: Hessische Blätter für Volksbildung. Heft 3, S. 247-259

Nittel, D. (2012): Grounded Theory. In: Schäffer, B./Dörner, O. (Hrsg.): Handbuch Qualitative Erwachsenen- und Weiterbildungsforschung. Opladen u. a., S. 183-195

Nittel, D./Schütz, J. (2010): Die Verankerung des Lebenslangen Lernens im Berufsbewusstsein von Erwachsenenbildnern: Erste Ergebnisse einer Analyse von Gruppendiskussionen mit unterschiedlichen pädagogischen Berufsgruppen. In: Hessische Blätter für Volksbildung. Heft 2, S. 136-146

Nittel, D./Schütz, J./Fuchs, S./Tippelt, R. (2011): Die Orientierungskraft des Lebenslangen Lernens bei Weiterbildnern und Grundschullehrern: Erste Befunde aus dem Forschungsprojekt PAELL. In: Helsper, W./Tippelt, R.: Pädagogische Professionalität. Zeitschrift für Pädagogik. 57. Beiheft

Nittel, D./Schütz, J./Tippelt, R. (2014): Pädagogische Arbeit im System des lebenslangen Lernens. Ergebnisse komparativer Berufsgruppenforschung. Weinheim; Basel

Nittel, D./Seltrecht, A. (2013): Einleitung: Vom Wert einer vergleichenden Sicht auf Krankheiten. In: Nittel, D./Seltrecht, A. (Hrsg.): Krankheit: Lernen im Ausnahmezustand? Brustkrebs und Herzinfarkt aus interdisziplinärer Perspektive. Berlin; Heidelberg, S 3-12

Nuissl, E./Dobischat, R./Hagen, K./Tippelt, R. (Hrsg.) (2006): Regionale Bildungsnetze: Ergebnisse zur Halbzeit des Programms „Lernende Regionen – Förderung von Netzwerken". Bielefeld

Oelkers, J. (1991a): Topoi der Sorge – Beobachtungen zur öffentlichen Verwendung pädagogischen Wissens. In: Oelkers, J./Tenorth, H.-E. (Hg.): Pädagogisches Wissen. Zeitschrift für Pädagogik. 27. Beiheft, Weinheim, S. 213-231

Oelkers, J. (1991b): Metapher und Wirklichkeit. Die Sprache der Pädagogik als Problem. In: Oelkers, J./Wegenast, K. (Hrsg.): Das Symbol – Brücke des Verstehens. Stuttgart, S. 111-124

Oerter, R./Montada, C. (1998): Entwicklungspsychologie: ein Lehrbuch. 4., korrigierte Auflage. Weinheim.

Oerter, R./Montada, C. (2008): Entwicklungspsychologie. 6., vollständig überarbeitete Auflage. Weinheim.

Osterwald, F. (1992): Kopf, Herz und Hand – Slogan oder Argument? In: Paschen, H./Wigger, L. (Hg.): Pädagogisches Argumentieren. Weinheim, S. 191-221

Overwien, B. (2004): Internationale Sichtweisen auf „informelles Lernen" am Übergang zum 21. Jahrhundert. In: Otto, U./Coelen, T. (Hrsg.): Ganztagsbildung in der Wissensgesellschaft. Wiesbaden, S. 51-73

Overwien, B. (2005): Stichwort: Informelles Lernen. In: Zeitschrift für Erziehungswissenschaften, Jahrgang 8, Heft 3, S. 339-355

Paschen, H. (1986): Kind(heit) als pädagogisches Argument. In: Bildung und Erziehung. Jahrgang 39, Heft 2, S. 165-181

Paschen, H. (1988): Das Hänschen-Argument. Zur Analyse und Evaluation pädagogischen Argumentierens. Köln

Paschen, H. (1991): Zur argumentativen Einheit pädagogischen Wissens. In: Oelkers, J./Tenorth, H.-E. (Hg.): Zeitschrift für Pädagogik. 27. Beiheft, Weinheim, S. 319-332

Paschen, H./Wigger, L. (1992a): Zur Analyse pädagogischer Argumentationen. Bericht des Forschungsprojekts ,Bielefelder Katalog pädagogischer Argumente'. Weinheim

Paschen, H./Wigger, L. (Hg.) (1992b): Pädagogisches Argumentieren. Weinheim

Perelman, C./Olbrechts-Tyteca, L. (2004): Die neue Rhetorik. Eine Abhandlung über das Argumentieren (trans: Kopperschmidt, J./Varwign, R.). Stuttgart - Bad Cannstatt

Plett, H. F. (2001): Einführung in die rhetorische Textanalyse. 9., aktualisierte und erweiterte Auflage. Hamburg

Prange, K. (1992): ,Erfahrung' als Argument. In: Paschen, H./Wigger, L. (Hg.): Pädagogisches Argumentieren. Weinheim, S. 179-191

Purz, S. (2011): Duale Studiengänge als Instrument der Nachwuchssicherung Hochqualifizierter. Frankfurt a. M. u. a.

Regenbogen, A. (2002): Kapitel: Kritische Theorie. In: Sandkühler, H. J. (Hrsg.): Enzyklopädie Philosophie. A-Z. [Elektronische Ressource: CD-ROM] Hamburg, S. 750-752

Rentsch, T. (2009): Thesen zur philosophischen Metaphorologie. In: Haverkamp, A./Mende, D. (Hrsg.): Metaphorologie. Zur Praxis von Theorie. Frankfurt a. M., S. 137-152

Retter, H. (2002): Studienbuch Pädagogische Kommunikation. Bad Heilbrunn/OBB

Ricœur, P. (1986): Die lebendige Metapher. München

Rothe, D. (2011): Lebenslanges Lernen als Programm: Eine diskursive Formation in der Erwachsenenbildung. Frankfurt a. M.

Schäffter, O. (2001): Weiterbildung in der Transformationsgesellschaft – Zur Grundlegung einer Theorie der Institutionalisierung. Grundlagen der Berufs- und Erwachsenenbildung. Band 25, Hohengehren

Schäffter, O. (2008): Lebenslanges Lernen im Prozess der Institutionalisierung: Umrisse einer erwachsenenpädagogischen Theorie des Lernens in kulturtheoretischer Perspektive. In: Herzberg, H. (Hrsg.): Lebenslanges Lernen: Theoretische Perspektiven und empirische Befunde im Kontext der Erwachsenenbildung. Frankfurt a. M. u. a., S. 67-89

Schemmann, M. (2007): Internationale Weiterbildungspolitik und Globalisierung: Orientierungen und Aktivitäten von OECD, EU, UNESCO und Weltbank. Bielefeld

Scheuerl, H. (1959): Über Analogien und Bilder im pädagogischen Denken. In: Zeitschrift für Pädagogik. Heft 5, S. 211-223

Schmid, G. (2002): Wege in eine neue Vollbeschäftigung: Übergangsarbeitsmärkte und aktivierende Arbeitsmarktpolitik. Frankfurt a. M. u.a.

Schmitt, R. (2006): „Was Ihr einmal gelernt habt, kann euch keiner mehr wegnehmen". Metaphern in Biografien der Erwachsenenbildung. In: Nittel, D./Maier, C. (Hrsg.): Persönliche Erinnerung und kulturelles Gedächtnis. Einblicke in das lebensgeschichtliche Archiv der hessischen Erwachsenenbildung. Opladen, S. 359-369

Schmitt, R. (2013): Metaphern für Bildungsprozesse im Kontext von Krankheitserfahrungen. In: Nittel, D./Seltrecht, A. (Hrsg.): Krankheit: Lernen im Ausnahmezustand? Brustkrebs und Herzinfarkt aus interdisziplinärer Perspektive. Berlin; Heidelberg, S. 173-183

Schreiber-Barsch, S. (2007): Learning Communities als Infrastruktur Lebenslangen Lernens: Vergleichende Fallstudien europäischer Praxis. Bielefeld

Schütz, A. (1972): Der gut informierte Bürger. In: Schütz, A.; Gesammelte Aufsätze. Bd. 2, Den Haag, S. 85-101

Schütz, J./Reupold, A. (2010): Wahrnehmungen pädagogischer Akteure: Bildungsbereichsübergreifende Kooperationen. In: DIE Zeitschrift für Erwachsenenbildung. Jahrgang 17, Heft 1, S. 31-33

Schütze, F. (1978): Strategische Interaktion im Verwaltungsgericht – eine soziolinguistische Analyse zum Kommunikationsverlauf im Verfahren zur Anerkennung als Wehrdienstverweigerer. In: Hoffmann-Riem, W. u.a. (Hrsg.): Interaktion vor Gericht. Schriften der Vereinigung für Rechtssoziologie, Band 2, Baden-Baden, S. 19-101

Schütze, F. (1983): Biographieforschung und narratives Interview. In: Neue Praxis. Heft 3, Darmstadt, S. 283-293

Schütze, F. (1993): Die Fallanalyse. Zur wissenschaftlichen Fundierung einer klassischen Methode der Sozialarbeit. In: Rauschenbach, T./Ortmann, F./Karsten, M.-E. (Hrsg.): Der sozialpädagogische Blick: lebensweltorientierte Methoden in der sozialen Arbeit. Weinheim; München, S. 191-221

Schütze, H. G./Wolter, A. (2003): Higher Education, Non-traditional Students and Lifelong Learners in Industrialized Countries. In: Das Hochschulwesen. Heft 5, S. 183-189

Sekretariat der Ständigen Konferenz der Kultusminister der Länder in der Bundesrepublik Deutschland (Hrsg.) (1974): Ausbildung und Praxis im periodischen Wechsel (Recurrent Education). Bonn

Seltrecht, A. (2012): Informelles Lernen. In: Schäffer, B./Dörner, O. (Hrsg.): Handbuch Qualitative Erwachsenen- und Weiterbildungsforschung. Opladen u. a., S. 530-542

Seltrecht, A. (2013): Eine Familie – eine Geschichte? Argumentationsanalyse familial (un-)sichtbarer Leidens- und Lernprozesse. In: Herzberg, H./Seltrecht, A. (Hrsg.): Der soziale Körper. Interdisziplinäre Zugänge zur Leiblichkeit. Opladen, S. 155-186

Seltrecht, A./Dellori, C. (2015, im Erscheinen): Zur Bedeutung der Kategorie „Biografie" im beruflichen Handeln von Pflegekräften vor dem Hintergrund konstitutiver Antinomien. Argumentationsanalyse episodischer Interviews. In: sozialersinn. Zeitschrift für hermeneutische Sozialforschung

Sembill, D. (2000): Selbstorganisiertes Lernen und Lebenslanges Lernen. In: Achtenhagen, F./Lempert, W. (Hrsg.): Lebenslanges Lernen im Beruf – seine Grundlegung im Kindes- und Jugendalter. Band 4: Formen und Inhalte von Lernprozessen. Opladen, S. 60-90

Skirl, H./Schwarz-Friesel, M. (2007): Metapher. Heidelberg

Speck, P. (2005): Employability – Herausforderungen für die strategische Personalentwicklung. Konzepte für eine flexible, innovationsorientierte Arbeitswelt von morgen. 2., aktualisierte und erweiterte Auflage. Wiesbaden

Sprondel, W. M. (1979): ‚Experte' und ‚Laie': Zur Entwicklung von Typenbegriffen in der Wissenssoziologie. In: Sprondel, W. M./Grathoff, R. (Hg.): Alfred Schütz und die Idee des Alltags in den Sozialwissenschaften. Stuttgart, S. 140-154

Strauss, A. L. (1990): A Social World Perspective. In: Strauss, A. L. (Hrsg.): Creating Sociological Awareness. New Brunswick; London, S. 233-244

Strauss, A. L. (1998): Grundlagen qualitativer Sozialforschung. 2. Auflage, München

Strauss, A. L./ Corbin J. (1996): Grounded Theory: Grundlagen Qualitativer Sozialforschung. Weinheim

Strobel, C./Reupold, A./Tippelt, R. (2010): Netzwerke und Kooperationen für die Erwachsenenbildung. In: Zeuner, C. (Hrsg.): Enzyklopädie Erziehungswissenschaft Online. Fachgebiet: Erwachsenenbildung, Anbieter von Erwachsenenbildung: Einrichtungen und Organisationen. Weinheim; München, S. 1-17

Strübing, J. (2007): Anselm Strauss. Konstanz

Teichler, U./Wolter, A. (2004): Zugangswege und Studienangebote für nicht-traditionelle Studierende. In: Die Hochschule. Jahrgang 13, Heft 2, S. 64-80

Terhart, E. (2006): Bildungsphilosophie und empirische Bildungsforschung – (k)ein Missverhältnis? In: Pongratz, J./Wimmer, M./Nieke, W. (Hrsg.): Bildungsphilosophie und Bildungsforschung. Bielefeld, S. 9-36

Tippelt, R. (2003): Lebenslange Kompetenzentwicklung: Die Vernetzung von Schule, Erwachsenenbildung und Hochschule. In: Hessische Blätter für Volksbildung. Heft 1, S. 35-46

Tippelt, R./Reich-Claassen, J. (2010): Lernorte – Organisationale und lebensweltbezogene Perspektiven. In: REPORT Zeitschrift für Weiterbildungsforschung. Jahrgang 33, Heft 2, S. 11-21

Tippelt, R./Reupold, A./Strobel, C./Kuwan, H. (Hg.) (2009): Lernende Regionen – Netzwerke gestalten: Teilergebnisse zur Evaluation des Programms „Lernende Regionen – Förderung von Netzwerken. Bielefeld

Toulmin, S. E. (1975): Der Gebrauch von Argumenten (trans: Berk, U.). Kronberg/Ts

Vogel, N./Wörner, A. (2002): Erwachsenenpädagogische Kompetenz für die Weiterbildung. In: Clement, U./Arnold, R. (Hrsg.): Kompetenzentwicklung in der beruflichen Bildung. Opladen, S. 81-92

Wahrig- Burfeind, R. (Hrsg.) (2006): WAHRIG Deutsches Wörterbuch. Gütersloh; München

Weber, E. (2003): Pädagogik: Grundfragen und Grundbegriffe. Teil 1: Pädagogische Anthropologie, Phylogenetische (bio- und kulturevolutionäre) Voraussetzungen der Erziehung. Donauwörth

Weinert, F. E. (1999): Concepts of competence. Contribution within the OECD project Definition and Selection of Competencies: Theoretical and Conceptual Foundations (DeSeCo). München

Weiterbildungsgesetz Schleswig-Holstein (WBG) vom 6. März 2012.
  URL:http://www.schleswig-holstein.de/MWAVT/DE/AusWeiterbildung/Weiterbildung/
  download/WBGblob=publicationFile.pdf [Zugriff am 18.12.2012]

Wiesner, G./Wolter, A. (2005): Einleitung. In: Wiesner, G./Wolter, A. (Hrsg.): Die lernende Gesellschaft. Lernkulturen und Kompetenzentwicklung in der Wissensgesellschaft. Weinheim; München, S. 7-44

Wigger, L. (1988): Tradition als pädagogisches Argument. Beispiel aus dem Bielefelder Katalog
  pädagogischer Argumente. In: Bildung und Erziehung. Jahrgang 41, Heft 4, S. 427-444

Wigger, L. (1991): Defizite – Exempel der Argumentation. Die Landschulreform und die Wiederein-
  führung kleiner Grundschulen. In: Oelkers, J./Tenorth, H.-E. (Hg.): Pädagogisches Wissen.
  Zeitschrift für Pädagogik. 27. Beiheft. Weinheim, S. 251-272

Wigger, L. (1994): Probleme der Klassifikation pädagogischer Argumente. In: Horn, K.-P./Wigger,
  L. (Hg.): Systematiken und Klassifikationen in der Erziehungswissenschaft. Weinheim, S. 319-
  337

Wigger, L. (2001): Öffentliche Bildungsdiskurse, Argumentationstheorie und Allgemeine Erziehungswissenschaft. In: Dörpinghaus, A./Herchert, G. (Hg.): Denken und Sprechen in Vielfalt.
  Festschrift für Karl Helmer zum 65. Geburtstag. Würzburg, S. 231-253

Wigger, L. (2010): Argumentationsanalyse als erziehungswissenschaftliche Forschungsmethode. In:
  Friebertshäuser, B./Langer, A./Prengel, A. (Hrsg.): Handbuch Qualitative Forschungsmethoden
  in der Erziehungswissenschaft. 3.; vollständig überarbeitete Auflage. Weinheim; München, S.
  351-363

Wolter, A. (2010): Die Hochschule als Institution des lebenslangen Lernens. In: Wolter, A./Wiesner,
  G./Koepernik, C. (Hrsg.): Der Lernende Mensch in der Wissensgesellschaft: Perspektiven lebenslangen Lernens. Weinheim; München, S. 53-79

Wrana, D. (2003): Lernen lebenslänglich … Die Karriere lebenslangen Lernens: Eine gouvernementalitätstheoretische Studie zum Weiterbildungssystem.
  URL http://www.copyriot.com/gouvernementalitaet/pdf/wrana.pdf [Zugriff am 12.04.2013]

Wulf, Ch./Zirfas, J. (Hrsg.) (1994): Theorien und Konzepte der pädagogischen Anthropologie. Donauwörth

Verzeichnis verwendeter Internetquellen

http://www.bildungsserver.de/innovationsportal/zeigen.html?scite=5542 [Zugriff am 18.12.2012]
http://www.hessencampus.de/ueber-uns/wofuer-steht-hc/ [Zugriff am 18.12.2012]
http://www.lernen-vor-ort.info/de/98.php [Zugriff am 18.12.2012]
http://www.goethe.de/z/50/commeuro/deindex.htm [Zugriff am 02.04.2013]

Transkriptionsregeln

für Transkripte, auf deren Grundlage die Einzelfallanalysen durchgeführt wurden[118]

..	=	kurze Pause
...	=	mittlere Pause
(4 sek.)	=	Pausen, die länger als drei Sekunden andauern
(')	=	Heben der Stimme
(,)	=	ganz kurzes Absetzen einer Äußerung
(.)	=	Senken der Stimme
(-)	=	Stimme in der Schwebe
(?)	=	Frageintonation
&	=	auffällig schneller Anschluss
bestimmt	=	auffällige Betonung
deswe:gen	=	auffällige Dehnung
(gz) genau	=	gleichzeitig gesprochener Text
(unverständlich)	=	unverständlicher Wortlaut
(organisieren?)	=	vermuteter Wortlaut, nicht genau verständlich
(hustet)	=	Charakterisierung von nicht-sprachlichen Vorgängen
Kursive Schrift	=	Anonymisierung

für alle anderen Transkripte, die nicht der Einzelfallanalyse unterzogen wurden

..	=	kurze Pause
...	=	mittlere Pause
(4 sek.)	=	Pause, die länger als 3 Sekunden andauert

---

118 Die vier Transkripte, auf deren Basis die Einzelfallanalysen durchgeführt wurden, wurden von der Verfasserin selbst transkribiert. Hierfür wurden detaillierte Transkriptionsregeln angewendet (Heben und Senken der Stimme wurden mitberücksichtigt). Die weiteren 16 Transkripte des Datenkorpus wurden von einem externen Transkriptionsservice erstellt. Aus Kostengründen wurde hierbei auf die detaillierte Transkription unter Berücksichtigung des Hebens und Senkens der Stimme abgesehen.

.	=	Satzende
,	=	Komma
?	=	Frage
<u>wichtig</u>	=	auffällige Betonung
&	=	auffällig schneller Anschluss
#ja#		
#genau#	=	gleichzeitig gesprochener Text
(lachen)	=	Charakterisierung von nicht-sprachlichen Vorgängen
(unverständlich)	=	unverständlicher Wortlaut
(sehen können?)	=	vermuteter Wortlaut, nicht mehr genau verständlich
Kursive Schrift	=	Anonymisierung

The manufacturer's authorised representative in the EU is Springer
Nature Customer Service Centre GmbH, Europaplatz 3, 69115 Heidelberg,
Germany. If you have any concerns regarding our products, please
contact ProductSafety@springernature.com

Printed and bound by CPI Group (UK) Ltd, Croydon, CR0 4YY
27/04/2026
02097603-0001